动态偏好逻辑

刘奋荣◎著

科学出版社
北京

图书在版编目(CIP)数据

动态偏好逻辑/刘奋荣著. —北京:科学出版社,2010.9
ISBN 978-7-03-028960-5

Ⅰ.①动… Ⅱ.①刘… Ⅲ.①动态逻辑 Ⅳ.①TP302.2

中国版本图书馆 CIP 数据核字(2010)第177555号

责任编辑:胡升华 郭勇斌 卜 新/责任校对:纪振红
责任印制:赵德静/封面设计:无极书装
编辑部电话:010-64035853
E-mail:houjunlin@mail.sciencep.com

科学出版社出版
北京东黄城根北街16号
邮政编码:100717
http://www.sciencep.com

北京市文林印务有限公司印刷

科学出版社发行 各地新华书店经销

*

2010年10月第 一 版 开本:B5(720×1000)
2010年10月第一次印刷 印张:13
印数:1—2 500 字数:245 000

定价:38.00元

序　一

呈现在读者面前的这部著作以新颖的技术和创新的成果在国内外逻辑研究的百花坛中增添了一朵异彩纷呈的鲜花，我为此感到十分喜悦。

该书主要用逻辑形式化的方法为主体的偏好变化建立模型。对偏好本身的研究已有很长的历史，最早可以追溯到亚里士多德。20 世纪 60 年代，逻辑学家们开始对偏好进行形式化研究，到 90 年代开始有学者尝试研究偏好的动态变化。这部专著在研究现有文献的基础上，利用最新的动态认知逻辑方法，为偏好变化提出两个新模型。第一，模态的模型。这个模型采用近年来发展起来的动态认知逻辑方法，先给出模态的偏好逻辑，偏好是可能世界的一个序关系。然后，增加能够改变偏好的动态行为算子，把它扩展为动态偏好逻辑。接着，给出动态算子的规约公理，这样就可以获得动态系统的完全性。第二，一阶的模型。这个模型先给出一个优先序列，根据某种规则从这个序列推导出个体对象的偏好关系。优先序列的项是一些性质，一阶语言的片段被用来表示这个模型。在这个模型中，偏好的变化是由优先序列的变化引起的。这两个模型基于不同的直观，各有千秋。作者刘奋荣对二者进行了深入细致的比较，提出了偏好的双层理论构建，并在静态和动态两个方面对这个理论进行研究。特别是，作者证明了关于发生在两个层面上的动态变化联系的对应定理。偏好的概念并不是孤立存在的。在现实生活中，偏好常常和知识、信念等结合在一起，共同作用，决定主体的行为。因此，作者还对它们之间的相互关系进行了形式化研究。

该书的大部分阶段性成果曾经在国际研讨会的报告中被阐述。一些成果已经发表在知名的英文逻辑杂志上。这些成果已经被国外学者广泛引用并将继续发展。实事求是地说，该书是目前这一研究领域领先的专著，我感到十分喜悦的理由就在于此。

改革开放以来，中国的逻辑研究现代化事业取得了突破性进展，初步实现了逻辑研究的现代化，与国际逻辑研究水平初步接轨。但是，离全面实现逻辑研究现代化、与国际逻辑研究水平全面接轨还有相当大的差距。我们应当奋发图强，急起直追。在此情况下，该书的出版推进了中国逻辑研究的现代化事业。作者刘奋荣是一位年轻的逻辑学博士。近几年来，涌现了许多年轻博士的优秀成果。全面实现逻辑研究现代化、与国际逻辑研究水平全面接轨的希望寄托在年轻博士的身上。年轻博士，加油啊！

张家龙

2010 年 1 月 21 日

序　二

该书出现在适当的时候，研究了适当的课题。近年来，理性的主体性成为一个重要的研究课题，许多学科在这里会聚，其中当然包括逻辑学。但是，这些研究存在一个问题。迄今为止，大多数逻辑理论只是对我们关于相关情境的“信息”进行描述，探讨如何能从中获得更多的东西。可是，除了这个基本现象外，还有另一个同等重要的因素。无论我们做什么事情，甚至想什么，都取决于一定的目标，而这些目标依赖于我们对相关情境的“评价”。因此，信息和评价总是手牵手而来，它们是理性主体性的两个主要的驱动力。目前，尽管已经有一些关于偏好逻辑的研究，但该书是借助信息逻辑最新发展的成果对偏好逻辑进行系统综合和继续发展的第一部专著。此项研究的创新之处在于其“动态性”，它对那些改变信息甚至改变我们对世界的评价以及改变我们偏好的行为和事件进行了系统的逻辑研究。

该书作者首先给出了描述主体知识、信念和偏好的静态逻辑，以此作为进一步研究的基础。这一工作主要是利用统一的模态方法把现存的认知逻辑、信念逻辑和偏好逻辑组合在一起。但是，这不仅仅是一个简单的组合。偏好概念的意义十分丰富，该书为之提供了两种解释：一种解释是基于对情境的直接比较，另一种解释是基于情境属性之间的“优先序列”。作者对这两种观点都进行了发展，表明了它们作为偏好的两个自然层次如何和谐共存。这种关于偏好的“多层视角”符合主体性的现实结构体系，更接近于认知的现实。事实上，优先性方法的灵感来自语言学和认知科学中的偏好构架。

还有一个贯穿全书的主题值得我们注意，那就是偏好的“社会”特征。传统逻辑主要研究单个的主体，而信息和评价在很大程度上是互动的和社会性的。你也许可以自己推演出全新的东西，但是你还要从他人那里学习，而且，有时因为他人的观点跟你矛盾，并指出你的信念的缺陷，你最终改变自己的信念。同样，一个人的偏好并不是孤立存在的：它们不断受到他人的请求、陈述或命令的影响。这种现象可见于经典的道义逻辑，在那里一个人关于情境的偏好序也许跟他要遵从的“道德权威”的偏好序完全不同。当然，如果你是一个恪守康德哲学的伦理学家，你会努力寻找康德所谓的“义务和意愿一致”的情境。此外，偏好的这一社会特征也可见于目前关于群体、社会选择和集体行为等课题的研究中。

总之，该书作者不仅从现有的逻辑出发编织出一个自然的新课题，而且她创造性地提出了自己的理论，给出了许多关于知识、信念和偏好的新的完全动态逻辑。在进行逻辑研究的同时，她还创建了一个跨学科的“视角”：读者会突然发现，逻辑学、行为哲学、伦理学、计算机科学、社会选择理论和认知科学等学科以惊人而富有成效的方式相互关联着。

约翰·范本特姆

2010年3月31日

Preface

This book comes with the right topic at the right time. Rational agency is an important research area these days, where many disciplines meet. And these disciplines definitely include logic. But this goal at once raises a question. So far, logical theories have mostly described the *information* that we have about relevant situations, and how we can get more of it. But in addition to this basic phenomenon, there is another, equally fundamental one. Everything we do, and even much of what we think about, is determined by our goals, and these goals depend crucially on how we *evaluate* the relevant situations. Thus, information and evaluation go hand in hand, and are the two main driving forces of rational agency. Now, there has been some work on logics of preference, but this book really is the first systematic synthesis and continuation of that work with the help of new developments in logics of information. And the key new idea which makes this work is *dynamics*, the systematic logical study of acts and events that change information, and yes: that may even change our evaluation of the world, changing our preferences.

To carry out this program, the author first lays a groundwork of static logics describing agents' current knowledge, beliefs, and preferences. This combines existing systems from epistemic, doxastic, and preference logic, in one uniform modal methodology. But there is more than just combination. Preference is such a multi-faceted notion that two accounts are offered to the reader: one based on comparing situations directly, and one based on *priority orderings* between properties of situations. The author develops both views, and shows how they form two natural levels that live in harmony. This *multi- level view* of preference fits well with realistic architectures of agency, closer to cognitive reality. Indeed, the priority approach is inspired by preference frameworks in linguistics and cognitive science.

And there is even one more theme running through this book that deserves attention, the *social* character of preference. While traditional logics have focused on single agents, the realities of information and evaluation are largely interactive and social. You may see and deduce new things entirely by yourself, but chances are that you learn things from others, and also, that you change your beliefs because others contradict you, and point out flaws in your current beliefs. Likewise, your preferences do not live in isolation: they are affected continuously by requests, statements, or commands from others. This is already true in classical deontic logic, where my own preference order between situations may be very different from that of the *moral authority* whose commands I have to follow. Of course, if you are a Kantian ethicist, you will strive for situations where, as he put it so concisely, *duty and inclination coincide*. And this social character of preference shows also in current studies of groups, social choice, and collective action.

Altogether, the author weaves a natural new topic out of existing logics, but she also creates a new theory of her own, yielding a host of new complete dynamic logics for knowledge, belief, and preference. Moreover, in doing so, she creates an interdisciplinary *vista point*: readers of this book will suddenly see how areas like logic, philosophy of action, ethics, but also computer science, social choice theory, and cognitive science turn out to be related in surprising and fruitful ways.

Johan van Benthem

31 March, 2010

前　言

从20世纪80年代开始，在逻辑的研究领域发生了所谓的“动态转向”。与先前研究静态的逻辑系统及定理的证明不同，研究者们开始关注逻辑的动态特征。证明不再被看做一个人独立思考的结果，而被看做一个动态的过程。多主体的逻辑系统逐渐成为逻辑研究的一个重要课题。特别是，当信息在人们的生活中扮演着越来越重要的角色时，逻辑开始研究信息给我们的认知带来的变化以及如何对此类现象进行逻辑的抽象刻画。动态认知逻辑、信念修正逻辑等新的逻辑分支纷纷出现，成为逻辑学科的重要领域。

跟这一大的逻辑学科发展和研究的趋势一致，本书集中研究“偏好”的概念，探讨信息如何改变主体的偏好，并给出偏好改变的两个模型：模态的模型和一阶的模型。就前者而言，我们先给出静态的模态偏好逻辑，在这个逻辑中，偏好是可能世界中的一个序关系。然后，采用近年来发展起来的动态认知逻辑的方法，在偏好逻辑基础上增加改变偏好的动态行为算子，如“建议”，从而把静态的偏好逻辑扩展为动态偏好逻辑。重要的是，我们将会给出动态算子的规约公理，这样就可以获得动态系统的完全性。一阶模型的想法受到了语言学中优选论的启发，主要研究基于个体对象的偏好关系。我们先给出一个优先序列。优先序列的每一项都是关于个体对象的某一性质。然后，根据某种规则从这个序列可以推导出关于个体对象的偏好。我们用一阶逻辑语言的一个片段来描述这个模型。在这个模型中，偏好是从优先序列推导出来的。因此，优先序列的变化导致偏好的改变。我们研究了优先序列几种可能的变化方式，并得到了相应的规约公理。这两个模型有着不同的背景直观，刻画了偏好概念的不同特征。本书从语法和语义等方面对这两种方法进行了深入细致的比较，在此基础上，为偏好提出了双层理论构建。抽象地说，我们考虑分别在可能世界（或个体对象）和可能世界集（命题）这两个层次的序关系。在这两个层次之间：一方面，可能世界中的序关系能够提升为可能世界集之上的序关系；另一方面，从命题或性质的序列能够推导出可能世界之间的序关系。更为有趣的是，作用在这两个层面的序关系的动态变化有着某种对应的联系。本书详细研究了对应的动态算子之间的关系，证明了几个对应定理。此外，偏好作为理智的一个状态并非孤立存在，它常常和知识、信念等概念结合在一起，相互影响，共同作用，决定主体的行为。本书特别对偏好与知识、偏好与信念的关系进行了形式化研究，给出了认知偏好逻辑和信念偏好逻辑。

本书预设读者已经熟悉一阶逻辑和模态逻辑的基本知识。

本书的章节材料曾经在以下国际研讨会上报告过：

2005 年在苏格兰爱丁堡举行的"第 17 届欧洲逻辑、语言和信息暑期学院"（*The 17th European Summer School in Logic, Language and Information*. http://www.macs.hw.ac.uk/esslli05）"信念修正和动态逻辑研讨会"（*Workshop on Belief Revision and Dynamic Logic*）；

2006 年在西班牙马拉加举行的"第 18 届欧洲逻辑、语言和信息暑期学院"（http://esslli2006.lcc.uma.es/give-page.php）"理性和知识研讨会"（*Workshop on Rationality and Knowledge*）；

2006 年在英国利物浦举行的"第 7 届关于逻辑和博弈论、决策论基础的会议"（*The 7th Conference on Logic and the Foundations of Game and Decision Theory*. http://www.csc.liv.ac.uk/~loft06）；

2006 年在德国柏林举行的国际会议"为偏好变化建模"（*Modelling Preference Change*）；

2007 年在卢森堡举行的"规范变化的形式模型研讨会"（*Formal Models of Norm Change*. http://icr.uni.lu/normchange07/program.html）；

2008 年在中国广州举行的"第 7 届国际逻辑和认知研讨会"（*The 7th International Conference on Logic and Cognition*. http://logic.sysu.edu.cn/logic/iclc2008/index.asp）；

2008 年在中国北京举行的"证明、推理和博弈研讨会"（*Workshop on Proof, Reasons and Games*. http://fenrong.net/organization/tsinghuaworkshop.html）。

在此，向邀请我参加以上会议的组织者、在会上向我提出问题的与会学者表示衷心的感谢。

就发表情况而言，本书第 1 章对冯莱特（von Wright）著作的重新解读被扩展为新的英文论文 von Wright's *The Logic of Preference* revisited，在 *Synthese* 杂志发表。该论文对偏好概念进行哲学分析，并论述了逻辑研究与分析哲学的一般关系。第 3 章是对已经发表的论文 *Dynamic logic of preference upgrade*（Johan van Benthem, Fenrong Liu. *Journal of Applied Non-Classical Logics*, 2007, 17 (2): 157~182）的扩展。4.1~4.5 节是论文 *Preference, priorities and belief*（Dick de Jongh, Liu Fenrong. *In*: T. Grüne-Yanoff, S. O. Hansson eds. *Preference Change: Approaches from Philosophy, Economics and Psychology*. Theory and Decision Library. 2009. 85~108）的主体内容。本书把这个工作进一步扩展到多主体的情形。此

外，我们还研究了基于命题之上的偏好及其性质，这一成果发表在《哲学研究》2010年第3期。最后，第5、6章的想法和技术成果得益于在阿姆斯特丹大学逻辑、语言和计算研究所（Institute for Logic，Language and Computation，ILLC）的例行研讨会“逻辑、博弈和计算”的讨论，这些成果尚未发表。所有这些工作最初都是用英文写作的，感谢孙鑫同学帮忙完成中文翻译的初稿。郭美云阅读了本书初稿，提出了许多宝贵的意见和建议，特表谢意。

感谢国家社会科学基金青年项目（项目批号：04CZX001）对本研究的资金赞助。感谢匿名评审对结题报告的认真审读（此成果被鉴定为“优秀”）以及他们对本书提出的宝贵意见。2003～2008年，我有幸在ILLC工作，对偏好的动态研究也是我在荷兰博士项目的主体内容。感谢荷兰科学基金委（NWO）对本研究提供的资助。感谢我的两位导师约翰·范本特姆（Johan van Benthem）教授和迪克·德漾（Dick de Jongh）教授对这一工作的悉心指导和帮助。感谢博士论文答辩委员会成员 Natasha Alechina（英国诺丁汉大学）、Alexandru Baltag（英国牛津大学）、Vincent Hendricks（丹麦哥本哈根大学）、John-Jules Meyer（荷兰乌得勒支大学）和 Frank Veltman（ILLC）认真阅读论文，并在答辩会上提出了尖锐而令人深思的问题，这对于我今后的研究有着十分重要的指导意义。

与最初的英文论文①相比较，本书在内容上做了不少修订。作为背景知识，我详细介绍了认知逻辑和动态逻辑的基本知识，还有新近发展起来的动态认知逻辑，重点介绍如何在动态认知逻辑中使用规约的方法。同时，我努力将国内外同行提出的问题、评论以及我近来的思考纳入本书。此外，附录A、附录B介绍了偏好逻辑早期的一些成果，主要是哈尔登（Hallden）和冯莱特的著作。这些著作成书较早，想法富有创见，是偏好逻辑研究的奠基性成果。考虑到读者在阅读本书时也许会对偏好逻辑早期作品感兴趣，因此把这些材料附在这里，以供参考。

感谢中国社会科学院哲学研究所和清华大学人文学院哲学系的领导和老师对我一直以来的关心和帮助。他们是：张清宇、李景源、谢地坤、吴尚民、王路、万俊人、王晓朝。没有他们的大力支持，我就没有机会顺利完成这一成果。

特别感谢张家龙研究员和约翰·范本特姆教授在百忙之中欣然为本书作序。

本书难免有错误和疏漏之处，敬请各位读者批评、指正。

刘奋荣

2010年2月

① Liu F. Changing for the Better. Preference Dynamics and Agent Diversity. Ph. D Dissertation，University of Amsterdam，2008.

目　录

1 引　论

偏好是哲学、博弈论、决策论和效益理论等学科的核心概念，偏好及其逻辑性质在行为哲学和理性选择理论中尤其占有十分重要的地位。偏好的概念使得我们对世界的看法变得多姿多彩，它驱动着我们在尘世的种种行为选择。人与人之间总是在不知不觉中互相影响着彼此的偏好。例如，我们经常做出评价性的陈述，发出请求或命令，来剔除某种行为发生的可能性，或开启某种特定的可能行为。这样的现象无处不在，是我们生活的一个重要组成部分，为诸多学科尤其是哲学和社会科学研究。关于偏好研究的更为抽象的思想还出现在条件句逻辑、非单调逻辑和信念修正理论等领域。这些逻辑的语义模型往往通过相对的相似性或似乎合理性来给可能世界排序。偏好逻辑在道德哲学的最新发展中扮演着重要的角色（Fehige，Wessels，1998）。可以说，偏好逻辑已经成为哲学和社会科学的一个重要组成部分。毫不夸张地说，我们处处都能感觉到偏好的影响。

本书采取逻辑的形式化观点和方法，关注如何对偏好和偏好变化进行描述并建立模型。下面，首先我们回顾历史，考察偏好这个概念第一次是如何被逻辑学家研究的。

1.1　偏好的含义与应用

1.1.1　冯莱特对偏好逻辑研究的贡献

冯莱特（Georg Henrik von Wright）① 在1963年出版了一部重要的著作《偏

① von Wright按照音译译成“冯瑞赫特”更为妥当。不过，由于“冯莱特”已经为国内学者熟悉，本书沿用“冯莱特”的译法。

好逻辑》（*The Logic of Preference*）①。在这部著作的开篇，他列举了伦理学家们感兴趣的一系列概念，并将这些概念划分为以下三个大的类别（尽管有些概念之间的边界没有那么明确）：

- 道义的（deontological）或规范的（normative）概念：如权利、职责、命令、允许和禁止等概念。
- 价值论的（axiological）概念：如好和恶的概念、更好等比较性概念。
- 人类学的（anthropological）概念：如需要、意愿、决策、选择、动机、目的和行为等概念。

冯莱特认为，偏好这一概念是“介于两类概念之间的”：一方面关联着“更好”这一价值论的概念，另一方面与“选择”这一人类学的概念相联系。

这样，冯莱特就在诸多的哲学概念中明确界定了偏好概念的地位。这是研究偏好逻辑的哲学基础。因为偏好概念既与价值论概念“更好”相关，又与人类学概念“选择”相关，所以对偏好的研究就与这两个领域的研究紧密联系在一起。这正是我们常常看到偏好在其他领域（如经济学和伦理学）受到关注的原因所在。

当考虑偏好（preference）与更好（better）之间的关系时，冯莱特区分了两种偏好关系：外在的偏好（extrinsic preference）与内在的偏好（intrinsic preference）。他以下面的例子来阐释这两种偏好之间的区别：

> ……例如，某人说他偏爱红葡萄酒胜于白葡萄酒，因为他的医生曾经告诉他或他凭经验发现，第一种酒对他的健康更好。在这种情况下，关于更好的判断成了偏好的理由或根据。我将把与更好有这种关系的偏好称为外在的偏好。
>
> 然而，情况也可能是这样的：他偏爱红葡萄酒胜于白葡萄酒并不是因为他认为第一种酒对他的健康更好，而仅仅是因为他更喜欢第一种。那么他对一种酒的喜爱就不成为他偏好的原因。
>
> （von Wright，1963：14）

上面的这个例子十分形象地描述了外在偏好和内在偏好之间的区别。一个人同样是喜欢红葡萄酒，但是情况却可能迥然不同。也许他是出于某种原因考虑而喜欢的，也许仅仅是偏爱②，没有任何理由可言。简单地说，如果由于在某些外

① 参见附录B。

② 在英文中，动词形式的偏好是“prefer”，名词形式的偏好是“preference”。在汉语中，不大容易做类似的区分，因为偏好可以在名词或动词意义上使用。为了做一定的区分，在本书中：对应名词的preference，我们通常用“偏好”；对应动词的prefer，我们通常用“偏爱”。

在方面 p 比 q 更好而被偏爱，我们就说 p 比 q 外在地更受偏爱；如果不存在这样的原因，偏好就是内在的。

冯莱特并没有以“更好”这一概念作为他研究的起始点①，而是以一个更加初始的概念“内在偏好”作为他的出发点。他提出了包括五条公理的偏好逻辑形式系统，以此研究了偏好的一些典型性质，如传递性和非对称性。此外，冯莱特特别讨论了偏好的一个重要方面，即所谓的“ceteris paribus”（其他情形均同）。他指出，这是偏好特有的属性（van Benthem et al.，2009）。冯莱特之后，后继者们在他的研究基础上对偏好继续探寻，这些研究成果我们会在后面逐步提到。现在要指出的是，关于偏好研究的文献的确非常之丰富。

需要指出的是，我们绝不是说，上面提到的冯莱特关于外在偏好与内在偏好的划分是划分偏好的唯一或最好的方式。我们完全可以把偏好划分成道德偏好、美学偏好和经济偏好等来进行研究。然而，在本书中，我将遵从冯莱特的区分，在此基础上对偏好展开讨论。我们的主要目标是用形式化的逻辑系统将已有的对内在偏好的研究拓展到外在偏好，从而不仅可以利用逻辑的语言描述偏好，还可以描述产生偏好的理由。这样做不但对于研究外在偏好，而且对于内在偏好的研究都是一种新的尝试和贡献。

除了从冯莱特那里借用外在偏好这一概念，我们还希望研究偏好的另外一个重要的主题——偏好的改变。冯莱特也注意到了这个主题，但是他没有对此进行研究。他在《偏好逻辑》一书中曾写道：

> 我们所要研究的偏好只是主体在一种情境下的内在偏好。故我们同时排除了偏好的原因和偏好改变的可能性。
>
> （von Wright，1963：33）

冯莱特明确意识到，如果选择内在偏好的概念，他对两个问题无法进行考虑：第一，偏好的原因；第二，偏好的改变。上面我们已经讨论过第一方面，特别是，冯莱特所给的例子形象地描述了内在偏好和外在偏好之间的区别。对于第二个方面，也许最好的方式是审视我们自己的体验。显然，我们的偏好并非静止不变！一个人可以因为合理的（或不合理的）原因改变他的偏好。这样的改变可以是迅捷的，也可以是经历一段时间的；可以是有自我意识的，也可能是下意识发生的。这样，我们就引入了本书第二大研究主题：为偏好的改变构造逻辑模型。从逻辑技术的角度说，这就意味着，我们将在静态的偏好逻辑基础上建立动态的版本，给出动态偏好逻辑，从而，能够进一步探讨偏好改变的形式规律。同

① Hallden（1957）为“更好”这一概念提供了逻辑系统，参见附录 A。

时，这也有助于我们研究偏好变化与信念修正理论等的广泛联系。

追随着冯莱特的工作，过去数十年间出现了许多有关偏好的研究。由于偏好概念本身处于评价、选择、行为、道义推理和博弈论的交叉处，其重要性不言而喻，因此，偏好已成为诸多领域的一个核心研究主题。而这些领域通常都与逻辑理论相通。接下来，我将简要概述其他学者曾经研究过的关于偏好的主要问题。当然，我们不可能对浩瀚的文献进行全面总结，而只是讨论一些与本书研究的问题相关的主题以及激发本书研究灵感的一些具体研究成果。不过，我尽可能在本书中列出关于偏好研究的主要文献，有兴趣的读者尽可以选择阅读。

1.1.2 逻辑与哲学中的偏好

有关偏好的逻辑形式化的研究主要由哲学界的逻辑学家们做出。截至 2001 年，最好的概述是《哲学逻辑手册》中由汉森（Sven Ove Hansson）撰写的“偏好逻辑”一章。

与早期冯莱特的工作相比，后来的文献有不少新的重要发展。首先，在冯莱特的基础上出现了几个新的重要概念。尤其是，在 von Wright（1972）研究之后，大家开始对基于不相容的（incompatible）选择肢的偏好与基于相容的（compatible）选择肢的偏好做出区分。下面，我们将把它们分别称为“排他性的偏好”和“兼容的偏好”。前者只能运用互相排斥的（mutually exclusive）选择肢，后者则不受这种限制。这里有个典型例子：

> 在有关音乐的讨论中，有的人表示，他偏爱管弦乐胜于室内乐①，偏爱巴洛克音乐胜于浪漫主义音乐②。我们可以问他，在巴洛克室内乐与浪漫主义管弦乐之间如何抉择。假定这里所做的比较是由同一个偏好关系所解释，那么这一偏好关系所涉及的对象并不互相排斥。
>
> （Hansson，2001a：346 ~ 347）

这里的区分十分关键，偏好总是在比较事物的时候使用，但是，偏好概念的

① 管弦乐，但凡使用管乐器与弦乐器进行演奏的作品几乎都可以算作管弦乐。室内乐，在最初的时候用来与管弦乐相区别的一个概念。在西方，大型管弦乐队是在公众音乐厅建立以后才开始普及的。最初的器乐合奏多在贵族宫廷中进行。因此，有钱的贵族能养活较大规模的乐队，而比较节俭的贵族使用较小规模的乐队。这两种乐队都在室内（也就是宫廷内）进行演奏。等到大型音乐厅和大型管弦乐队出现以后，仍然在室内进行演奏的小型合奏编制就被称为室内乐。

② 产生于巴洛克时期（1600 ~ 1750）的音乐作品被称为巴洛克音乐。巴洛克音乐的特点是，它的节奏强烈、跳跃，采用多旋律、复音音乐的复调法，比较强调曲子的起伏，所以很看重力度、速度的变化。浪漫主义音乐则是继维也纳古典乐派后出现的一个新的流派，它产生在 19 世纪初。浪漫主义音乐的特点是，不论作曲或演奏，都以个性为重点，注重感情表现。

使用需要遵循一定的限制。而不同的偏好相应的性质也有所不同。有不少逻辑学家曾经专注于排他性的（或称为“不可兼容的”）偏好的性质研究，可见于很多论文。然而，在这本书中，我们既有关于排他性的偏好的研究，也有关于兼容的偏好的研究。在后面的章节中，我们将引入一个偏好逻辑的系统，在那里我们探讨关于个体对象的偏好。很自然，关于个体对象的偏好是关于不可兼容选择肢的偏好。但在本书中，我们也会讨论基于命题的偏好，而这种偏好通常是可兼容的。

就偏好而言，很多研究者对是否存在一些适合偏好的原则或“结构性质”这一问题感兴趣，例如，传递性是否应该属于偏好的一个原则。在这个方面，经济学家加入逻辑学家的行列，一起讨论关于偏好的公理化问题，即哪些性质或原则应该作为偏好最基本的性质。很多有趣的例子曾被用来论证某些形式化的原则是合理的，同样，也有不少例子被用来说明某些形式化原则是不合理的（Tversky，1969；Schumm，1975；Lee，1984）。读文献时，我们往往会看到，同样的一条性质在一篇论文中被认为是偏好必不可少的性质，而在另一篇论文中则被说成是使偏好变得十分奇怪的一种性质。类似的文献很多。这里，我想提醒读者特别注意 Hansson（1968）对这个问题的探究。这篇文章给出了一个重要的一般性结果。文章作者首先讨论了关于偏好的很多公理，并且表明这些公理实际上都蕴涵着十分奇怪甚至不能接受的理论。作者进而认为，如果我们能够限定这些公理的使用范围，它们就会变得更合理可信。可以说，偏好是否具有某一性质，并不是绝对的。就本书所研究的偏好概念而言，除了最低要求的自返性和传递性之外，我们的逻辑系统并不十分依赖偏好的其他结构化性质，尽管我们也注意到，传递性的原则也在历史上不断遭到质疑(参见 Hughes（1980）、Fishburn（1999）中的详细讨论)。换句话说，本书的研究重点不是某个具有某些性质的偏好概念，而是有关偏好的更为一般的模型特征和方法论意义。

另外，正如冯莱特已经陈述的那样，偏好与道德或评价性的概念如“好”、“坏”之间也存在十分密切的关系。有些研究者提议用二元谓词“更好”（better）来定义“好”（good）和“坏”（bad）的概念。流行的做法是将“好”定义为“比它的否定更好”，将“坏”定义为“比它的否定更坏”，von Wright（1963）和 Hallden（1957）正是这样定义的[1]。此外，Chisholm and Sosa（1966b）利用无殊-关系（indifference-related）来定义“好”和“坏”，并给出如下定义：“一个事态是好的，如果该事态比跟它无殊的一些事态更好，以及……一个事态是坏的，如果一些跟它无殊的事态比该事态更好。”Hansson

① 对这些概念的量化的研究可见 Lenzen（1983）。

(1989)概括了前者的提法并给出了“好”和“坏”的一组逻辑性质。有趣的是，在自然语言的语义学研究领域，大家似乎更欣赏相反的做法。例如，van Benthem(1982)就把诸如“更好”等二元的比较级关系用依赖语境的谓词“好”来定义。从对行为结果的“满意”观点出发，van Rooij(2007)进一步对比较级关系做了一般性的分析①。本书将不会对这些分析方法做深入的探讨，尽管有人会说本书中对基于优先序列得到的偏好的分析有点像语言学研究，因为后者研究如何从一元性质根据某种策略派生出二元的比较级关系。

偏好与道义推理之间的联系在道义逻辑中体现得最为集中。我们知道，道义逻辑也是由冯莱特创立的一个哲学逻辑分支，普遍公认的代表性文献是 von Wright(1951)。在道义逻辑中，我们采用可能世界语义。义务通常被解释为在所有“道义上可及的世界”里为真，而这样的可能世界在某些道德比较关系上是“最好的世界”。不足为奇的是，偏好关系在经典的道义逻辑里被用来解释条件化的义务。对基于偏好的道义逻辑感兴趣的读者，可以参阅文献 Hansson(1990)和 van der Torre(1997)。偏好被引入道义逻辑中后，一些长期以来受大家关注的“道义悖论”得到化解。例如，Chisholm 和 Sosa(1966a)给出内在偏好演算的一个道义解释以解决职责以外的工作问题(problem of supererogation)，即“超出了责任所要求的行为”②。van der Torre 和 Tan(1998)用结合了时态和偏好概念的道义逻辑拓展了现有的条件义务的齐硕姆(Chisholm)悖论的时态分析(van Eck, 1982)。另外，van der Torre 和 Tan(1999)将偏好概念与动态更新的观念结合起来从而为更多的悖论提供了解决办法。近年来，日本学者山田友幸(Tomoyuki Yamada)的一系列论文更是研究言语行为(如“命令”)如何影响基于偏好的道义逻辑概念。van Benthem 等(2010)则利用最新发展起来的关于偏好和偏好变化的逻辑对道义逻辑中的问题进行系统的分析。

1.1.3 决策论和博弈论中的偏好

在决策论和博弈论里，偏好同样是一个核心概念：给定一个可执行的行为集合，一个理性主体或玩家会比较这些行为所导致的结果，并会采取那些能达到他最偏爱的结果的行为。要实现这样的想法，经济理论中最典型的做法是，用量化的效益函数(utility function)对行为的结果赋值。当然，历史上也有对偏好排序的定性研究(Hansson, 1968)。回到逻辑上来，Rescher(1966)将偏好、效用和成本等在理论经济学扮演关键角色的概念一起提出来，研究这些概念在度量方

① 把他们的形式化“语境交叉原则”与 Hansson 的提议做比较会是一个有趣的问题。

② 非义务的优良表现通常被称为职责以外行为，很多圣人和英雄都是做职责以外行为的人。

面的属性以及测量它们的可能性。沿着这条思路所做的后来的研究，可以在文献 Bolle（1983）和 Trapp（1985）中找到。当我们考虑公理化偏好概念时，经典的做法是将弱偏好（“价值上更好或相等于”）作为初始关系。读者可以参考［Hansson（1968）和 Sen（1971）］中的公理化系统。

在经济学领域，另一个与偏好密切联系的概念是选择（choice）。一直以来，学者们十分关注偏好与选择之间的关系（Sen，1971；1973），他们把偏好几乎看做是与选择差不多的概念。偏好被认为是“假设的选择”（hypothetical choice），而选择被看做是显示性偏好（revealed preference）。近年来，显示性偏好在理解博弈论中的均衡概念（equilibrium）变得十分重要（Houser，Kurzban，2002）。那么，显示性偏好是如何被运用的呢？与通常的逻辑模型不同，博弈中的偏好与观察到的结果有关联。玩家的偏好要根据观察的结果被重新构建，反过来，我们能够通过使用这些由新构造的偏好概念决定的均衡来对观察到的结果做理性化解释。

也许，到这里读者会有疑问：偏好和选择到底有无区别？答案事实上是否定的，偏好毕竟不是选择。很多研究者都表明了这一观点。冯莱特早在 1963 年就指出：“很显然，可以存在内在偏好，即使不存在实际选择的问题。”（von Wright，1963：15）选择一定包含着某个实际的行动，但是偏好不一定。换句话说，偏好可以是没有被实现的主观的理智状态。这似乎在提醒我们，在考察来自不同领域的概念时必须小心谨慎。在本书中，我们不准备探讨偏好与它在一般行动中的显现之间的关系，尽管本书中用来描述偏好变化的动态框架完全可以扩展到处理这样的问题①。

1.1.4 计算机科学和人工智能中的偏好

20 世纪 80 年代以来，尤其是 90 年代，计算机科学和人工智能领域的研究者也开始关注偏好。动机很显然：“主体”（agent）在现代意义的计算机中处于核心的地位，而理性主体的信念（belief）、偏好、意图（intention）和目标（goal）决定着他们的行为（action）。因此，如何在决策论意义上的计划中表示偏好和目标就成为一个十分重要的问题。例如，Cohen 和 Levesque（1990）研究了决定理性主体在信念、目标、行为和意图方面推理的一般原则。广为人知的“BDI 模型”最先由 Rao 和 Georgeff（1991）提出，文章表明如何通过规定关于主体的信念、愿望（desire）或意图的一些条件来对不同类型的主体进行建模。BDI 模型

① 一个相关的研究领域就是所谓的社会选择理论，它研究理性主体的偏好及其如何融合不同主体的偏好：参见（Fishburn，1973）。

的进一步发展可以在 van Linder 等（1996）、van der Hoek 和 Wooldridge（2003）、Wooldridge（2000）中找到。量化决策论也对主体如何受目标驱使①，通过实施行为来实现这些目标进行研究（Boutilier，1994；Doyle，Thomason，1999；Thomason，2000）。不过，逻辑学家感兴趣的是表示偏好的语言的一般性质。例如，设法获得逻辑语言的表达力与其简洁性之间的平衡，这样的研究，可见文献（Coste-Marquis et al.，2004；Chevaleyre et al.，2006）②。

偏好的概念也出现在人工智能关于常识推理的文献中，例如，Shoham（1988）运用偏好关系对限制推理（circumscription）、时间、“惯性”（inertia）和因果关系等的处理。有趣的是，冯莱特关于偏好概念的思想也在这些文献中可以看到。例如，我们前面提到偏好的其他情形均同属性。这样的研究可见 Doyle 等（1991）、Doyle 和 Thomason（1999）。另外，Boutilier（1993）重点研究偏好概念的另外一个重要意义，“所有其他情况都正常”，其中偏好关系是基于那些最有可能或最“正常”世界所发生的。这样的偏好概念在模态逻辑框架的最新成果见 van Benthem 等（2009）。本书给出的系统同样能够处理这一偏好的概念。

1.2 偏好的形式化方法及相关研究

本书对偏好的研究受到了不同领域研究成果的影响，我在此做一简要的说明：从偏好逻辑的方法层面上说，我这里着重提到一些对本书产生重大影响的论著。Lang 等（2003）给出了关于愿望（desire）的一个逻辑，其语义包含了介于可能世界之上的两个序关系：偏好关系和常态关系（normality）。他们将愿望解释为：“在背景 A 中，我想要 B”当且仅当“最正常的 $A \wedge B$ 世界中最好的那个世界比最正常的 $A \wedge \neg B$ 的最好的世界更受偏爱”。这是如何利用两种序关系的结合对偏好和认知概念之间的相互纠缠进行刻画时要解决的典型问题。但是，在最终遇到解决这样的问题之前，我们先要引入研究偏好逻辑的形式化方法。特别是，我们主要考虑 Boutilier（1994）及其后的 Halpern（1997）给出的模态偏好逻辑。哈尔彭（Joe Halpern）从可能世界间的更好关系（betterness）开始，展示了如何将此关系扩展到可能世界集之间的关系。他还给出了基于偏序的完全的公

① 这里的目标被定义为“愿望”+“承诺”（commitment）。

② 事实上，偏好也可以在计算科学的“硬核”中找到，比如在描述计算机系统的进化方面，需要与某些“好”的标准做比较。这种趋势的实际例子是 van der Meyden（1996）关于状态传递间偏好的动态逻辑，Sergot（2004）关于系统进化的一般演算。

理化系统。这就为我们后面要用到的基本的“静态”完全性结果设定了一个模型。

以外，本书的工作还受到很多来自计算机科学的工作的影响。最重要的是，关于序列程序和一般行为的命题动态逻辑（propositional dynamic logic，PDL）（最新的专著见 Harel 等（2000））。这将会是我们描述偏好变化所用到的最主要的逻辑语言和逻辑模型。本书给出的完全的逻辑和语义将会追随动态认知逻辑的现代形式（van Ditmarsch et al.，2007），这是从 20 世纪 90 年代发展起来的一种新型的逻辑。在下一章的“预备知识”以及后面的章节中，我们将会详细讲述关于动态认知逻辑的一些基本知识和方法。

当然，还有更多的工作对本书的研究产生影响。有趣的是，最近的计算机科学领域也开始关心社会选择理论所研究的问题，如偏好的聚合（preference aggregation）。这可以看做是描述由主体构成的社会的总的行为特征，这些主体之间或者竞争，或者合作。对这些问题的综合系统的研究可见论文（Andreka et al.，2002）。这篇文章把社会选择理论、偏好逻辑和逻辑代数都放到了一起，给出了不少漂亮的技术结果。我们将采用 Andreka 等（2002）中提到的由理性主体的地位不同所引发的偏好融合的一些技术方法来更好地理解涉及内在偏好和外在偏好的一系列概念。

到此，我们实际上也完成了对与本书相关的偏好逻辑研究的综述。但是，这种综述不可能面面俱到，还有一些领域我们没有提及。例如，偏好改变与信念修正之间的联系，偏好改变的经济学基础的问题可以在论文（Rott，2001）中找到详细的论述。还有，在后面的章节我们马上会看到，对于外在偏好的处理，也在很大程度上归功于对语言学的研究，特别是优选论领域的一些结果（Prince，Smolensky，1993）。在优选论中，典型的做法是，用最满足句法、语义和语用的约束条件来描述合乎语法的句子和成功的发音，而不是使用什么语法规则。如何从一些约束条件导出偏好？这些约束条件是如何进入偏好逻辑的？这些将是本书第四章要研究的一些关键性问题①。现在，让我们先简要总结一下我们到目前为止的一些主张。

我们的出发点是冯莱特关于偏好逻辑的成果以及他对偏好概念所作的主要区分。我们讨论了 von Wright（1963）遗留下来的两个主要论题，即基于理由的外在偏好和关于偏好的动态变化。当然，我们并非说在过去几十年间完全没人注意到这两个问题。但似乎可以公正地说，大多数学者只研究了内在偏好，只关注了

① 这个理论甚至拓展到了认知科学领域中的大脑功能模型（Smolensky，2004）。

内在偏好的一些性质①。还有，我们也注意到，只有很少的文章研究过偏好的动态变化。van Benthem 等（1993）是第一个尝试用动态逻辑来研究偏好改变的。另外，受信念修正理论 AGM 理论的影响，Hansson（1995）对偏好改变做了系统的研究，提出了关于四个偏好变化算子的公设（postulate）。

基于这一研究背景，本书的目标在于展示如何在一个一致的逻辑框架中处理上面提到的两个论题：外在的偏好和偏好的动态变化。我们主要吸收和利用来自不同研究领域的方法和理念，这些领域包括：①哲学逻辑中的偏好逻辑及其发展的历史；②有关研究理性主体的计算机科学文献；③语言学中的优选理论；④信念修正理论的近期发展和动态认知逻辑。

以上我们主要回顾了其他学者在偏好研究方面所做的工作。在下面的小节中，我们将介绍本书研究的新颖之处。总体来说，依然开放的老问题是我们要研究的一个重要方面。此外，我们还要研究一些新的没有被考虑过的问题。需要提前说明的是，本书将从形式化的逻辑观点来研究这些主题。1.3 节将首先介绍技术成果背后的一些直观思想。

1.3 关于偏好的主要思想

1.3.1 偏好的原因

在很多情况下，当某人告知你他喜欢什么，偏爱什么的时候，你会很自然地问他偏爱的理由何在。对他而言，要回答你的问题就像是在辩护。但对你而言，你也许仅仅是想要获得更多的解释或信息。（有时，你也许是为了评判他的偏好是否合理。）所以，偏好可以来自于某个理由，这就是冯莱特所说的“外在偏好”。让我们用 von Wright（1963）中的例子来说明这个概念：

> 一个人偏爱红葡萄酒胜于白葡萄酒，因为他的医生曾经告诉他或他凭经验发现，第一种酒对他的健康更好。

这里，“第一种酒对他的健康更好”是他偏爱红葡萄酒胜于白葡萄酒的原因。类似的例子在日常生活中屡见不鲜：某人喜欢一辆车胜于另一辆车，因为第一辆的外形美观大方；某人偏爱一套房子胜于另一套房子，因为第一套比第二套更便宜或质量更好，或因为其他原因。

从概念的谱系看，原因与偏好处于不同的层次，原因为人们提供辩护的基

① “偏好的原因”依然是决策论和经济学的一个主题，简要的概述见 Hansson 和 Grune-Yanoff（2006）。

础。原因可以是多种多样的：可以是一般的原则，也可以是更“客观”的事实。在很多情况下，一个人可以有不止一个原因来为他的偏好作辩护。于是，在上面的房子的例子中，不仅仅房子的价格是相关的，其质量也是相关的。在这种情况下，原因可以有它们自己的结构。当然，我们可以根据它们的重要性不同来排序。例如，一个人可以认为房子的质量比它的价格更重要。

1.3.2 偏好变化

借用上面的例子，我们接着讨论。不过，先让我们对其稍作修改，使其动态化更为明显：

> 假定在他看医生之前，他偏爱白葡萄酒胜于红葡萄酒。现在医生告诉他：“红葡萄酒对你的健康更好。”然后他改变了偏好，现在他偏爱红葡萄酒胜于白葡萄酒！

这样的情境不难理解，类似的事情在现实生活中常常见到。我们不断接受新的信息，改变着我们自己的偏好。新的理由导致新的偏好。实际上，这让我们可以马上将这种思考与一般的动态信息相联系。因此，在本书中，我们将用为动态信息建模的方法来处理偏好的变化。这里我们稍微多说几句。信息动态化背后的理念是：理性主体接受到新的信息，因此更新了她们的知识和信念。这样的想法可以追溯到20世纪80年代早期，如著名的AGM公设处理信念的变化（Alchourron et al.，1985）。不过本书所要采取的方法是最近发展起来的，被称为动态认知逻辑（dynamic epistemic logic，DEL）。这种方法由于最初产生于阿姆斯特丹，从而带有了某种阿姆斯特丹学派的味道。这里，我想列出激发我灵感的一些作品：Plaza（1989）、Veltman（1996）、van Benthem（1996）、Baltag 等（1998）、Gerbrandy（1999）、van Ditmarsch 等（2007）以及到目前为止关于信念修正的最新作品 van Benthem（2007a）、Baltag 和 Smets（2008）。读者将在后面的章节中看到我是如何采用这些论著中的技术来处理动态偏好的。同时，对这种方法的选择将我们在本书中的研究与 Hansson（1995）给出的 AGM 式偏好变化逻辑区别开来，这是动态认知逻辑与 AGM 两种不同的逻辑理论之间的区别。

前面提到，偏好和原因居于不同的概念层次。原因为偏好提供了某种解释。这个想法为我们带来了一个新的视角。我们可以在两个概念层次之间游走，从原因可以导出偏好，另一方面，从偏好也可以找出原因。更有意思的是，因为在这两个层次都可以发生动态变化，所以我们也会考查如何将其中一个层次的变化与另一个层次上的变化联系起来。

1.3.3 信念也可以是偏好的理由

到现在为止，有一个问题我们尚未考虑，即不确定性（uncertainty）。假设下面的情况：当某人试着给其偏好做出解释时，在有些情况下，他可能没有精确的信息可以提供。相反地，他可能会说“我相信天要下雨，所以我带了雨伞”之类的话。注意，这里说话者用了“相信”这样的语词。换句话说，在这种情形下，一个人的偏好依赖于他的信念，而信念就成了偏好的又一个可能原因。当然，不难想象，人们可以因为不同的信念而有不同的偏好。这样，偏好这一概念就变得更加丰富了，因为认知的概念在其中发挥着一定的作用。类似地，当我们考虑偏好变化的时候，也应当考虑到认知概念的因素：若一个人的偏好是基于一定信念，那么，一旦他的信念发生了变化，偏好也就会发生相应的变化。

然而，关于偏好逻辑的研究文献到目前为止尚未注意到信念和偏好的这种相互交织的关系。事实上，这两个概念之间相互交织，互相影响的现象在其他领域是很正常的，尤其是在决策论领域。在决策论中，一直有为基于不确定性的决策建立模型的传统（Savage，1954；Jeffrey，1965）。不过，这个领域的大部分模型依赖于对效益和不确定性的量化表示（这里的不确定性和效益可以理解成信念和偏好的概念）。例如，一个理性主体可以不知道他的行为可以得到多少效益，但他可以用效益的概率分布来表示。行为的最终价值可以由效益和概率来计算。对这些模型想了解的读者，可以参考决策论的任一教科书。与我们之前的讨论的问题相关的内容是，在决策论中用概率来表示世界的主要原因是，我们能够以信念作为做出决策的基础。与决策论的量化不同，在本书中我们也会使用信念，研究信念和偏好的关系，但大部分是在定性的意义上，没有量化的计算①。

1.4 关于偏好的研究与相关领域的联系

正像最开始提到那样，本书的工作是顺着一定的逻辑研究传统而展开的。在与已有的偏好逻辑文献对比之余，我相信我的研究成果对以下提及的其他一些领域的今后研究也有一定的参考价值。

对决策论和博弈论领域而言，偏好和偏好变化的定性观点也许会令寻找定性模型的决策论研究者耳目一新。定量的方法固然可以更为细致、精确，但是，有时候我们需要更为抽象地考虑问题，而不是遗失在数据计算中。

① 与这里的定性的方法相对，Liu（2009c）给出了一种量化的方法。

类似地，对偏好的研究对信念的动态逻辑是有启发性的。这一影响已经在发生作用，其中的一个例子是 Baltag 和 Smets（2008）。Baltag 和 Smets 明确承认，他们所提出的新的信念算子和规约公理的技术受了 van Benthem 和 Liu（2007）的影响。

更进一步说，因为此处提到的偏好的模型都是很抽象的，故它们可以应用到与偏好逻辑相邻的领域中去，如道义逻辑。我个人一直相信，规范和义务的改变也可以用与偏好改变相似的方式来建立模型。事实上，目前已经有包括（Zarnic，2003）在内的很多此类研究，还有山田友幸近期的一些论文，其中最具代表性的是 Yamada（2007）。实际上，他们的工作反过来也影响了我对偏好的一些想法。

在行为哲学方面，一直存在实践推理的“识别主义者”（recognitional）和“构造主义者”（constructivist）之间的争论。本书引入的处理内在偏好与外在偏好的不同的方式也许可以为这两派之间的区别和联系提供一个更为综合的观点[①]。我们的两个关于偏好的概念精确地表达了这样的观点之间的区别。对于偏好逻辑与行为哲学之间进一步的联系的讨论，也可参见两篇博士论文 Girard（2008）和 Roy（2008）。具体的细节，我们也将在后面的章节逐步提及。

下面，我将用更具有技术性的术语陈述本书的结构，以此说明我的直观思想是如何用逻辑形式化的方法来实现的。

1.5 本书的结构

本书的组织结构如下：

在第 2 章，因为本书大部分章节的逻辑技术方法是源于动态认知逻辑，在该章我们主要介绍动态认知逻辑的基本概念及其定义。我们会分别介绍认知逻辑和动态逻辑，然后考察如何使用动态认知逻辑刻画信息的更新。作为动态认知逻辑的一个特例，我们会介绍公开宣告逻辑。特别地，我们详细介绍了规约公理是如何起作用的。同时，我们也会给出几个基本的逻辑系统，并给出其完全性证明。

在第 3 章，关于内在偏好的第一个逻辑模型将被给出。该模型包括一个可能世界的集合，用以表示不同的相关情形，可能世界之间有“更好”的客观的序关系。当我们“提升”这个序到命题层面（命题被看做可能世界的集合）上时，

① 根据“识别主义者”的观点，理性的实践推理包含了尝试找出哪些可行的选择是好的，并依此作选择。根据“构造主义者”的观点，理性的实践推理包含了顺应纯形式的连贯的或者程序上的理性。更多的讨论参见（Wedgwood，2003）。

更好的关系为命题之间的偏好关系提供了“偏好的理由”[①]。根据量词组合的不同，可以区分很多种不同的“提升”方式，我们将要重点考虑 $\forall\exists$-版本。它的主要想法是，如果对每一个 φ 世界都至少有一个可及的、更好的 ψ 世界，我们说一个主体偏好 ψ 胜过 φ。这些提升以及很多其他类型的陈述都可以用一个经典的基于更好关系模型的模态语言来表达。至于偏好改变的动态过程，主要的想法是这样的：建议或命令之类的陈述可以改变世界间的更好的序关系，从而“更新”主体的偏好。我们将会给出关于知识更新和偏好变化的一个完全的逻辑，并给出新的规约公理。这样，我们就得到一个知识和偏好混在一起的动态系统——偏好和知识的改变由新信息所引发。这个系统也可以应用在其他一些方面，可以用来为义务的变化、相互冲突的命令以及对认知不可能的事情感到“后悔”等现象进行建模。除了考虑建议改变偏好这样特定的例子外，我们还给出了更新作为关系变化的一般形式，其中，动态认知逻辑的规约公理可以自动地派生出来。

第 4 章为外在偏好提供了第二个逻辑模型。这个模型研究个体对象之上的偏好，显然，这是在比较不相容的选择肢。这个模型的提出受到了语言学中优选论的启发，基本的想法是这样的：首先，定义一个由“约束条件”（constraint）构成的有序的“优先序列”（priority sequence），这些约束条件是个体对象的相关性质。这个序列根据性质的重要性进行排列。其次，我们再检查一个对象是否具有优先序列所表达的性质，这样就得到偏好。可以看出，约束条件为偏好提供了原因。典型地，原因和导出的外在偏好之间的关系由该章所谓的“表示理论”（representation theorem）所刻画[②]。直观上讲，这些结果说明了人总可以为某些给定的对象之间的偏好找到原因。最后，在主体只拥有不完全信息的现实情形中，我们引入了信念。特别地，信念会以不同的方式帮助我们形成偏好。有关不同类型的主体在不确定性面前如何获得他们的偏好，我们会看到三种不同的定义。偏好的改变显然可以由两个不同的原因导致。优先序列本身的改变、信念的改变都可能导致偏好的改变。

在第 5 章，我们分别从语义和语法的角度对第 3 章和第 4 章的两个模型进行比较。首先，我们引入一个抽象的结构模型，来融合“原因”（序化命题的集合）和互相关联的可能世界间的“更好序”。其次，我们研究了从命题的序集派生偏好的一般方式以及相反的方向：如何将世界间的偏好关系提升到一个命题的序集。有趣的是，当在这些序之间前后游走的时候，我们发现了两个层次的具体的序 - 变化算子之间的紧密的对应，我们将会证明一些具体的可定义的结果。这

① 注意“更好”是作用在不相容的选择肢上的偏好。

② 跟通常一样，这些结果可以被看做完全性理论的结构化版本。

些结果的一般背景是偏序的“优先图”，来自于偏好融合的文献——这似乎是我们的具体模型背后最美妙的数学框架。我们也会在这一层面证明可定义的结果，并将其与动态认知逻辑的信念修正中的“优先性更新”做比较。最后，我们简要考察不同的逻辑系统所用到的不同的形式语言，并将它们作比较。

在第 6 章，我们将会把纯粹的偏好拓展到偏好与知识和信念的相互交织，给出认知偏好系统和信念偏好系统。而且，我们同样考察当面临新信息的时候在这样的系统中，知识、信念和偏好将如何发生变化。这一章还会给出一些新的偏好概念的定义。我们将会看到，可以用不同的方法定义基于知识或信念的偏好。最后，我们指出，现实生活中的偏好概念意义丰富、层次多样，要表达这样的偏好，也许需要把前面的偏好逻辑系统结合起来，建立一个多层次的“信念偏好谓词逻辑”。这样，不仅可以研究基于对象的偏好，也可以研究世界之间的偏好。

在第 7 章，我们将给出一些与本书研究相关的开放问题，希望有兴趣的读者可以沿着本书的思路继续对相关问题进行探索。

最后，在本书结尾处我们添加了两个附录。附录 A 是对哈尔登 1957 年提出的关于“更好”的逻辑的一个综述。“更好”和“与……一样好”是他研究的主要概念。为此，他给出了两个理论，分别被称为系统 **A** 和系统 **B**，我们介绍这两个系统的构成及其定理。此外，我们重点介绍他对“可比较性”和“无殊性”等问题的观点和讨论。附录 B 是综述冯莱特 1963 年提出的偏好逻辑，介绍他对偏好概念的哲学分析，对偏好、选择、效益和概率等概念相互之间联系的论述。特别是，冯莱特给出偏好逻辑的形式语言及其公理系统，重点介绍偏好 - 表达式变形方法。当然，读者会发现，当前偏好逻辑研究领域的热点问题在这些先驱们的著作中已经有颇多论述，有时候，回顾历史往往会为我们在新时期的研究提供灵感和思路。

2 关于知识和行为的逻辑

在开始研究动态偏好逻辑之前，本章将首先介绍一些预备知识或背景知识。我们主要介绍动态认知逻辑的基本技术和方法，以便读者更好地理解后面章节中的逻辑结果。当然，我们还是预设，读者已经熟悉一阶逻辑和模态逻辑。并且，我们预设读者熟悉模态逻辑里一些基本的证明方法和技巧。本章从讨论认知逻辑开始，接着介绍动态逻辑。其次，我们给出动态认知逻辑，并着重介绍一个特殊的逻辑系统，即公开宣告的逻辑，从而使读者从这个简单的系统中了解动态认知逻辑系统的复杂技术，因为这些技术是本书处理偏好动态改变的主要方法。之后，我们会讨论动态认知逻辑的一般方法论。最后，我们把动态认知逻辑推广到更为一般的情形，介绍在其他复杂的行为模式下如何对信息的更新进行逻辑刻画。

2.1 认知逻辑

认知逻辑是研究知识（knowledge）的逻辑。知识和信念在我们的日常生活中扮演着非常重要的角色。事实上，我们每个人的行为都基于自己的知识和信念。行为跟知识和信念之间有着密切联系。关于知识问题的思考已经有很悠久的历史，古希腊的哲学家就问：“我们知道什么?”“什么可以被认知?”“说一个人知道什么意味着什么?”同样在中国哲学史上，有我们很熟悉的故事——庄子和惠子谈论鱼之乐，惠子曰：“子非鱼，安知鱼之乐?”庄子曰：“子非我，安知我不知鱼之乐?”这都反映了中国古代哲学家早已在思考人的认知问题。

20 世纪 50 年代和 60 年代，哲学家们开始试图对知识的推理做形式化分析，最有影响的著作是欣蒂卡（Jaakko Hintikka）1962 年的著作《知识和信念》，这是第一部系统研究知识和信念问题的专著。欣蒂卡的主要兴趣在于用逻辑形式化的方法研究知识和信念的本质属性，当然，他采用的形式化的主要方法是模态逻辑。当时，对适用于知识的具体公理的选择有过激烈的争论，这反映了大家对知识概念有着不同的理解。

近年来，来自不同领域（包括经济学、语言学、人工智能和理论计算机科学）的研究者们再度对知识和信念产生了浓厚的兴趣。但是与20世纪50年代和60年代仅仅研究认知逻辑系统不同，他们对知识和信念关注的角度发生了很大变化。他们关注更多的是知识、信念和行为之间的关系，而且往往在实际应用的背景之下思考问题。譬如说，一个机器人为了完成一项任务需要知道什么？它知不知道自己知道某件事情？拥有多少知识它才会做某件事情？一个经济学意义上的主体如何根据已有的信息做出投资的决定？他知不知道其他主体的知识？一个数据库何时应该对一个问题回答“我不知道”？我们注意到，这样的关注有两个突出的特征。第一，他们关注的是多主体（multi-agent）的情境而不是单主体。我们知道，在传统的研究中，当哲学家们分析知识属性的时候，倾向于思考单主体的情形。可是，要研究互动的交流、计算机中的不同终端之间的协助，关键的问题在于搞清楚多主体之间是如何进行交互作用的。因此，这样的研究不同于以往哲学认识论的研究。第二，思考知识和信念往往与行为联系在一起。也就是说，从关注静态的知识转向了动态的认知过程，从关心“是什么”的问题转向了“如何是”的问题。研究者们开始考虑传输信息的行为，考虑什么样的言语行为可以对知识和信念发生变化。行为和知识的变化紧密地联系在了一起。这就是20世纪80年代著名的动态转向（dynamic turn）。

对于以上提到的两方面的问题已经有很多研究成果，范金（Ronald Fagin）等的著作《知识的推理》（*Reasoning about Knowledge*）第一次对以知识为基础的多主体的逻辑推理系统做了深入的分析，而且，他们还引入了“公共知识”（common knowledge）的概念。我们知道，刘易斯（David Lewis）在讨论社会约定的时候第一次提出这个概念（Lewis，1969）。他指出，一个事物要成为约定，它必须首先是团体成员的公共知识。例如，我们规定绿灯表示“行”，红灯表示“停”，我们事先假定司机们都知道这个事实。人工智能界的著名学者麦卡锡（John McCarthy）在研究常识推理的时候，也把公共知识定义为“傻瓜”知道的知识。公共知识之所以如此重要，在于它是多主体达成协议的前提条件，因此是分析团体中各个主体之间的互动作用的关键概念。我们知道，对于知识和信念以及它们之间的关系一直存在不同的理解和观点，迈耶（John-Jules Meyer）和范德胡克（Wiebe van der Hoek）的《人工智能和计算机科学中的认知逻辑》（*Epistemic Logic for AI and Computer Science*）正是基于这些不同的理解给出了不同的认知逻辑系统，特别是，他们吸收了缺省逻辑等非单调逻辑的成果，构造了认知缺省逻辑。20世纪90年代，关于信息引起的知识变化和信念变化进一步受到逻辑学家的极大关注，出现了许多新的文献。由范德胡克等著的《动态认知逻辑》

(*Dynamic Epistemic Logic*) 于2007年出版，这本书详细介绍了动态认知逻辑的背景和技术结果。范本特姆的专著《信息流的逻辑动态》(*Logical Dynamics of Information Flow*) 即将于2010年出版，这部著作更是进一步发展动态认知逻辑的技术和思想，把它与信息流的一般思想结合起来，处理更多样化的社会交往行为。事实上，动态认知逻辑已经成为一种方法论，可以用来处理信念、意图等其他的认知态度的改变。在本书中，我们同样会采用动态认知逻辑的方法来处理偏好的动态改变。这也正是我们用这一章对动态认知逻辑进行深入介绍的一个主要原因。国内在认知逻辑方面的研究成果也有一些。20世纪80年代初，马希文开始研究认知逻辑，他的学生周昌乐曾出版专著《认知逻辑导论》，他们在介绍国外认知逻辑研究成果的基础上提出了自己的系统。郭美云的博士论文《带有群体知识的动态认知逻辑》介绍了动态认知逻辑的最新发展，并重点研究了认知逻辑中群体知识的一些相关问题。

下面，我们将会严格定义认知逻辑的语言、语义和公理系统等。

定义 2.1.1 (认知逻辑的语言) 令 P 是原子命题的集合，G 是主体的集合。p 表示任意的原子命题，a 表示任意的主体。多主体的认知逻辑的基本语言 L 由下面的规则定义：

$$\varphi ::= p \mid \neg \varphi \mid (\varphi \wedge \psi) \mid K_a\varphi$$

这个定义说的是，原子公式是认知逻辑的合式公式。并且，我们还可以从简单的公式利用否定符“$\neg$”、合取符“$\wedge$”以及知道算子“K_a”构造复杂的公式。公式 $K_a\varphi$ 被解释为“主体 a 知道 φ”。注意，认知逻辑的语言是命题逻辑语言的一个扩展。即，对每个主体 a 而言，我们加入了新的一元算子 K_a。当然，这里所说的主体可以是人，可以是机器人，可以是博弈中的玩家，也可以只是一个计算机程序。另外，按照习惯，我们遵循逻辑中基本算子之间的相互定义或简化的规定。换句话说，有了否定符和合取符，我们可以定义其他的逻辑联结符如下：

$$\varphi \vee \psi ::= \neg(\neg\varphi \wedge \neg\psi)$$

$$\top ::= p \vee \neg p$$

$$\varphi \to \psi ::= (\neg\varphi \vee \psi)$$

$$\varphi \leftrightarrow \psi ::= (\varphi \to \psi) \wedge (\psi \to \varphi)$$

有了上面引进的所有符号，我们就可以用认知逻辑的语言表达现实中出现的更为复杂的情形。例如：

$\neg K_a \neg \varphi$(或 $\langle K \rangle_a \varphi$) (主体 a 认为 φ 是可能的)

$K_a\varphi \vee K_a \neg \varphi$ (主体 a 知道 φ 是否成立)

$K_a \neg K_a \varphi$ (主体 a 知道他自己不知道 φ)

注意，$\langle K\rangle_a$是K_a的对偶算子。最后一个公式表明，我们可以在认知逻辑的语言中表达一个主体关于他自己或其他主体的知识。在人与人的交往中，这类知识起着十分重要的作用。

下面，我们再看一个具体的例子，两个主体之间的问和答。我们用Q表示问问题的那个主体，用A表示回答问题的主体。

Q：辛亥革命是1911年爆发的吗？

A：是的。

我们用φ表示“辛亥革命于1911年爆发”。当Q提出问题时，Q传递的信息是他不知道φ是否成立，这个认知状态可以用认知语言表示为：

$$\neg K_Q\varphi \wedge \neg K_Q\neg \varphi$$

并且他向A提出问题，因为Q认为A可能知道：

$$\langle K\rangle_Q(K_A\varphi \vee K_A\neg \varphi)$$

A肯定回答后，他所传递的信息是他知道φ，他让Q知道φ，Q知道A知道φ，如此等等，直至任意有穷深度的叠加，这样就产生了*公共知识*，表示如下：

$$C_{\{Q,A\}}\varphi$$

我们在后面会进一步介绍公共知识这个概念。

定义2.1.2（认知逻辑的语义）　给定可数的原子命题集P和有穷的主体集G，一个克里普克模型$\boldsymbol{M}=(S, \{\sim_a \mid a\in G\}, V)$定义如下：

(1) S是可能世界的集合，

(2) V是对命题变元的赋值函数，

(3) 对每个主体$a\in G$，都有一个认知可及关系$\sim_a$连接s到所有他不能区分的可能世界。

一旦给定了模型，我们就可以讨论公式的真假，解释在什么情况下一个公式在模型的某个世界上是真的。下面给出真值解释的定义：

定义2.1.3（公式的真值解释）　给定一个模型$\boldsymbol{M}$和一个状态$s\in S$，我们递归定义一个公式在$\boldsymbol{M}$，s上是真的：

$\boldsymbol{M}, s\models p$，当且仅当，$s\in V(p)$。

$\boldsymbol{M}, s\models\neg\varphi$，当且仅当，并非$\boldsymbol{M}, s\models\varphi$。

$\boldsymbol{M}, s\models\varphi\wedge\psi$，当且仅当，$\boldsymbol{M}, s\models\varphi$并且$\boldsymbol{M}, s\models\psi$。

$\boldsymbol{M}, s\models K_a\varphi$，当且仅当，任意的$t$，若$t\sim_a s$，则$\boldsymbol{M}, t\models\varphi$。

当然，我们可以解释形如$\langle K\rangle_a\varphi$和包含其他联结词的公式。下面，我们只给出

关于 $<K>_a \varphi$ 的解释：

$M, s \models <K>_a\varphi$，当且仅当，存在 t，$t \sim_a s$，且 $M, t \models \varphi$。

公理化 一个逻辑是一些公式的集合。我们可以从语义的角度来刻画这些公式：即，选择那些在一个模型类上有效的公式的集合。公理化则是用语法的方法说明一个逻辑是什么。也就是说，给出公式集（公理的集合）所包含的公理和推理规则。

定义 2.1.4 基本的认知逻辑 **K**（其中，对每个主体 a，有算子 K_a）由下面的公理和推理规则构成：

(1) 所有命题逻辑重言式的特例。

(2) $K_a(\varphi\rightarrow\psi)\rightarrow(K_a\varphi\rightarrow K_a\psi)$。

分离规则（MP）：从 $\varphi\rightarrow\psi$ 和 φ，推出 ψ。

必然化规则（Nec）：从 φ，推出 $K_a\varphi$。

公理（2）指出，如果一个主体知道一个蕴涵式，并且他知道蕴涵式的前件，那么他也知道蕴涵式的后件。当然，关于这个公理一直存在着一些争论，有人认为它是导致臭名昭著的“逻辑全知问题”的罪魁祸首。我们不准备在这里对此问题详加讨论，不过，若读者对认知逻辑中“逻辑全知问题”及其解决方案感兴趣，可以参考 Agotnes（2004）的工作以及他近几年来的系列论文。

定理 2.1.1 公理系统 **K** 对于模型类 $\mathscr{K}$ 而言既是可靠的，又是完全的。

还有一些关于知识的性质，虽然不是系统 **K** 的定理，但是也很自然。例如，$K_a\varphi\rightarrow\varphi$（$\boldsymbol{T}$ 公理）意思是“是知识的东西一定是真的”。一般而言，这个原则是有效的。除此以外，还有一些性质涉及主体的内省能力。例如，如果一个主体知道 φ，那么他知道他知道 φ 吗？相反，如果一个主体不知道 φ，那么他知道他不知道 φ 吗？前者被称为正内省（positive introspection），而后者则被称为负内省（negative introspection）。在计算机科学领域，大多文献采用 **S5** 的认知逻辑系统。也就是说，除了刚刚提到的 $\boldsymbol{T}$ 公理，我们再加入刚刚提到的两个内省公理。这样，系统 **K** 就扩展到系统 **S5**，从而包含下面的有效原则。

$K_a\varphi\rightarrow\varphi$ （真值公理）

$K_a\varphi\rightarrow K_a K_a\varphi$ （正内省）

$\neg K_a\varphi\rightarrow K_a\neg K_a\varphi$ （负内省）

根据模态逻辑中经典的对应理论（van Benthem，1976），上面的三个公理一起对应框架上的等价关系。

定理 2.1.2 公理系统 **S5** 对于等价模型类既是可靠的，又是完全的。

定理 2.1.3 公理系统 **S5** 具有有穷模型性，即，任意的公式 φ 在等价模型类上是可满足的，当且仅当，φ 在等价模型类的一个有穷模型上是可满足的。而且，**S5** 是可判定的，即，对任意的等价模型类 $\mathscr{M}$，对任意的公式 φ，存在一个判定程序，在有穷的时间里可以确定 φ 在 $\mathscr{M}$ 中是否是可满足的。

以上这些定理的证明与模态逻辑中的证明没有实质的区别，所以，不准备在这里详述。读者可以参阅 Blackburn 等（2001）有关证明的技术细节。

接下来，我们引入一个基本的模型论概念“互模拟”（bisimulation）。这个概念通常被用来研究两个模型之间的关系。从经典的认知语言的观点去看，这个概念表述两个认知模型表达相同信息的情形。

定义 2.1.5（认知互模拟关系） 认知模型 $\boldsymbol{M}$，$\boldsymbol{N}$ 之间的一个*互模拟关系*是指模型 $\boldsymbol{M}$，$\boldsymbol{N}$ 中的状态 s，t 之间的二元关系 $\equiv$ 使得，如果 $s\equiv t$，那么

（1）s，t 满足相同的命题变元；

（2）如果 sRs'，那么存在世界 t' 满足 tRt' 并且 $s'\equiv t'$；

（3）相同的 Z 字形条件中的反方向也成立。

对每一认知模型（$\boldsymbol{M}$，s）而言，总有一个最小的互模拟模型（$\boldsymbol{N}$，s），后者叫做前者的“互模拟收缩”。后者是（$\boldsymbol{M}$，s）中认知信息的最简单的表达。接下来的结果证明通过对公式结构的递归容易得到。

命题 2.1.1（互模拟的不变性）

对两模型 $\boldsymbol{M}$，$\boldsymbol{N}$ 之间的每一互模拟关系 $\equiv$，若 $s\equiv t$，则 s，t 满足认知语言中的相同公式集。

下面是命题 2.1.1 的逆。

定理 2.1.4（模型的认知可定义性） 每一有穷模型（$\boldsymbol{M}$，s）有一认知公式 δ（$\boldsymbol{M}$，s）使得对所有模型 $\boldsymbol{N}$，t，下列两者是等价的。

（1）$\boldsymbol{N}$，$t\models\delta$（$\boldsymbol{M}$，s）；

（2）$\boldsymbol{N}$，t 同 $\boldsymbol{M}$，s 有一个互模拟关系 $\equiv$ 使得 $s\equiv t$。

有关它的简单证明请参阅 van Benthem（2006a）。这两个定理意味着，在当前模型中，我们可以对某个状态做出最强的认知断定。具体地说，互模拟收缩中的每一世界在相应的模型中具有唯一的认知定义。关于认知有效式的完全公理化等问题，请参阅 Meyer 和 van der Hoek（1995）。

群体知识 在多主体的认知逻辑中，我们不仅谈论单个主体的知识，也会讨

论群体的知识。下面是几个十分有用的表示“群体知识”的算子：

普遍知识 $E_G\varphi$。

对于 $a\in G$，$E_G\varphi$ 是所有 $K_a\varphi$ 公式的合取。

公共知识 $C_G\varphi$。

$C_G\varphi$ 在 s 上真，即是说群体 G 中的任一成员从 s 出发，对于在任意有限步内（如 $\sim_1$，$\sim_2$，$\sim_1$，$\sim_3$）通达的所有可能世界来说，φ 在其中都真。

隐含知识 $I_G\varphi$。

$I_G\varphi$ 在 s 上真，即是说对于通过所有 $\sim_a$ 关系的交和 s 通达的所有可能世界来说，φ 在其中都为真，其中 $a\in G$。

这几个概念分别刻画了群体在不同程度上所共享的知识。在此，我们不准备对它们做深入研究，也不准备进一步介绍包含所有这些算子的认知逻辑的公理化，有兴趣的读者可以参考文献（Roelofsen，2005；Fagin et al.，1995；van Ditmarsch et al.，2007）。这里，我们只给出包含公共知识的认知逻辑的公理。基于 **S5**，带有公共知识的完全的逻辑，还需要添加下面两条公理。

$C_G\varphi\leftrightarrow\varphi\wedge E_GC_G\varphi$ （均衡公理）

$(\varphi\wedge C_G(\varphi\rightarrow E_G\varphi))\rightarrow C_G\varphi$ （归纳公理）

因为在本书中我们不会重点讨论群体知识以及与群体知识相关的问题，所以，我们对群体知识的讨论到此为止。

2.2 动态逻辑

从 2.1 节，我们可以看出：一般而言，认知逻辑仅仅能静态地描述主体的认知状态。为了描述信息更新所引起的知识变化，我们必须明确地把行为考虑进来。我们知道，动态逻辑是关于行动或程序的逻辑，这个逻辑分支最初产生于计算机科学。这一节我们将扼要介绍动态逻辑的初步知识。

定义 2.2.1（动态逻辑的语言） 动态逻辑的语言由公式 $\boldsymbol{F}$ 和程序表达式 $\boldsymbol{P}$ 两部分组成，采取 ***BNF*** 的形式将这种双层语言定义如下：

$$\boldsymbol{F} ::= \text{命题原子 } p,q,r,\cdots \mid \neg \boldsymbol{F} \mid (\boldsymbol{F}\wedge\boldsymbol{F}) \mid <\boldsymbol{P}> F$$

$$\boldsymbol{P} ::= \text{基本程序 } a,b,c,\cdots \mid (\boldsymbol{P};\boldsymbol{P}) \mid (\boldsymbol{P}\cup\boldsymbol{P}) \mid \boldsymbol{P}^* \mid (\boldsymbol{F})?$$

动态逻辑的语言由命题部分和程序部分构成。在命题公式 $\boldsymbol{F}$ 中，唯一需要说明的是合式公式 $\langle\boldsymbol{P}\rangle\boldsymbol{F}$，注意公式 $\boldsymbol{F}$ 的前面是一个程序。在语义模型中，这意味着每个可及关系是“加标的程序转换关系”，这里说的“标”表明转换是由哪个程序实现的。在程序表达式中，首先我们有基本的程序 a，b，…。然后，有作用在程序上的一些基本算子，构造复杂的程序。组合算子；表示一个程序之后接着实施另一个程序。∪表示程序的选择。星号算子 * 则是指某个程序被重复执行，又被称为克里尼（Kleene）迭代算子。$(\boldsymbol{F})$？是验证公式 $\boldsymbol{F}$ 是否为真。注意在动态逻辑语言定义中，两个部分实际上是相互定义的，$\boldsymbol{F}$ 类合式公式 $\langle \boldsymbol{P}\rangle \boldsymbol{F}$ 中包含程序 $\boldsymbol{P}$，而程序类合式公式 $(\boldsymbol{F})$？则包含公式 $\boldsymbol{F}$。

定义 2.2.2（动态逻辑的语义和真值解释） 动态逻辑的语义模型是在 $\boldsymbol{M}=(S, \{R_a \mid a\in A\}, V)$ 上得到解释。这里 A 是基本程序的集合，R_a 是由程序 a 决定的状态之间的转换关系。直观上，可以把这种模型看做带有状态和可能的基本转换的进程图。下面用递归的方式来定义两个真值概念：

$\boldsymbol{M}, s\models\varphi$，公式 φ 在状态 s 为真。

$\boldsymbol{M}, s_1, s_2\models\pi$，从 s_1 到 s_2 状态转换对应程序 π 的成功执行。

这里是归纳项：

$\boldsymbol{M}, s\models p$，当且仅当，$s\in V(p)$。

$\boldsymbol{M}, s\models\neg\psi$，当且仅当，并非 $\boldsymbol{M}, s\models\psi$。

$\boldsymbol{M}, s\models\varphi_1\wedge\varphi_2$，当且仅当，$\boldsymbol{M}, s\models\varphi_1$ 且 $\boldsymbol{M}, s\models\varphi_2$。

$\boldsymbol{M}, s\models\langle\pi\rangle\varphi$，当且仅当，存在 s' 使得 $\boldsymbol{M}, s, s'\models\pi$ 且 $\boldsymbol{M}, s'\models\varphi$。

$\boldsymbol{M}, s_1, s_2\models a$，当且仅当，$(s_1, s_2)\in R_a$。

$\boldsymbol{M}, s_1, s_2\models\pi_1;\pi_2$，当且仅当，存在 s_3 使得 $\boldsymbol{M}, s_1, s_3\models\pi_1$ 且 $\boldsymbol{M}, s_3, s_2\models\pi_2$。

$\boldsymbol{M}, s_1, s_2\models\pi_1\cup\pi_2$，当且仅当，$\boldsymbol{M}, s_1, s_2\models\pi_1$ 或者 $\boldsymbol{M}, s_1, s_2\models\pi_2$。

$\boldsymbol{M}, s_1, s_2\models\pi^*$，当且仅当，在 $\boldsymbol{M}$ 中存在从 s_1 到 s_2 有限 π 转换序列。

$\boldsymbol{M}, s_1, s_2\models(\varphi)?$，当且仅当，$s_1=s_2$ 并且 $\boldsymbol{M}, \varepsilon_1\vdash\varphi$。

这里，公式中有通常的布尔运算，同时，要使得存在模态公式 $<\pi>\varphi$ 为真，只要程序 π 能被执行达到的状态中有一个状态使得公式 φ 在上面为真即可。这里的程序是通常算子的正规（regular）构建：关系的组合、布尔选择、克里尼迭代和公式验证。更为复杂的经典程序控制算子可以通过这些基本算子来表示，例如：

IF ε THEN π_1 ELSE π_2	可以表示为	$((\varepsilon)?;\pi_1)\cup((\neg\varepsilon)?;\pi_2)$
WHILE ε DO π	可以表示为	$((\varepsilon)?;\pi)^*;(\neg\varepsilon)?$

动态逻辑 动态逻辑有效的完全公式集包括下面的公式（Harel et al.，2000）：

- 相对任意模态算子 [π] 的极小模态逻辑中的所有法则；
- 相对存在算子的计算规则：

$$\langle \pi_1 ; \pi_2 \rangle \varphi \leftrightarrow \langle \pi_1 \rangle \langle \pi_2 \rangle \varphi$$

$$\langle \pi_1 \cup \pi_2 \rangle \varphi \leftrightarrow \langle \pi_1 \rangle \varphi \vee \langle \pi_2 \rangle \varphi$$

$$\langle \varphi ? \rangle \psi \leftrightarrow \varphi \wedge \psi$$

$$\langle \pi^* \rangle \varphi \leftrightarrow \varphi \vee \langle \pi \rangle \langle \pi^* \rangle \varphi$$

- 归纳公理：$(\varphi \wedge [\pi^*](\varphi \rightarrow [\pi]\varphi)) \rightarrow [\pi^*]\varphi$。

这里，我想提醒读者注意，上面提到的动态逻辑的计算法则大部分都是等值式，而且，右边的公式是比左边较为简单的动态逻辑公式。这是动态逻辑所特有的，读者会在后文中看到这一点如何在动态认知逻辑中得到体现。

一旦给定了关于知识的认知逻辑和表示状态间动态转换的动态逻辑，我们就具备了刻画信息更新的基本要素。2.3 节将给出这两个逻辑的组合，即动态认知逻辑。

2.3　动态认知逻辑

要分析在主体之间交往中信息的流动以及由此引发的主体认知的变化，动态认知逻辑自然成为一个重要的工具。顾名思义，动态认知逻辑是对认知逻辑和动态逻辑的融合。下面，我们首先介绍两种方式，可以实现这里所说的融合。

抽象的动态认知逻辑　我们可以分别合并动态逻辑和认知逻辑的语言及它们的模型中的成分。这就形成了抽象的关于知识和行为的逻辑：参见 Moore（1985）中的方案，或 van Benthem（2001）中的不完全的信息博弈。一般而言，大家采取认知多主体 **S5** 和动态逻辑的合并。这样融合的系统为我们进一步研究带有限制条件的逻辑提供了很好的基础。例如，如果我们要求主体交流过程中有完美的记忆力，能记得所有之前发生的事情和相关的信息流动，则系统中需要加入下面的交换公理。

$$K_a[\pi]\varphi \rightarrow [\pi]\, K_a\varphi$$

对于多主体交流的一般性研究，抽象的动态认知逻辑也许是最好的工具。

一个特例　前面提到的公开宣告逻辑是动态认知逻辑的一个具体实例。公开宣告命题 φ 之后，当前的认知模型 $\boldsymbol{M}$，s（s 是现实世界）更新到 $\boldsymbol{M}|\varphi$，s，如图 2.3.1 所示。

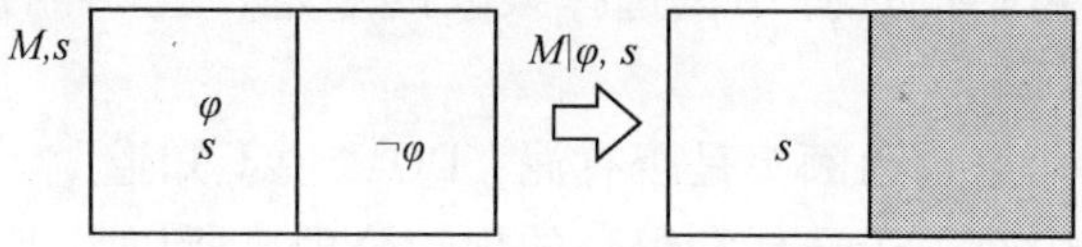

图 2.3.1　剔除当前不满足 φ 的所有世界

这里，论域的状态是认知模型（所有的认知模型或其中的一部分），基本的行为是公开宣告$!A$，其中，A 是一个认知公式。公开宣告是部分函数：如果 A 真，那么可以对它诚实宣告并产生唯一更新；否则，宣告不能执行。从动态逻辑的角度看，这恰好是抽象进程模型的具体认知实例。这种逻辑具有组合的动态－认知断言：

$$[!A]\varphi \quad (\text{“真实宣告}A\text{后},\varphi\text{成立”})$$

这种逻辑系统把认知融入动态逻辑并能反映出论域更新的具体变化。文献 Plaza（1989）和 Gerbrandy（1999）中给出一个完全且可判定的公开宣告的公理系统，包括以下主要公理：

$$\langle !A\rangle p \leftrightarrow A \wedge p$$
$$\langle !A\rangle\neg\varphi \leftrightarrow A \wedge \neg\langle !A\rangle\varphi$$
$$\langle !A\rangle(\varphi \vee \psi) \leftrightarrow \langle A!\rangle\varphi \vee \langle !A\rangle\psi$$
$$\langle !A\rangle K_a\varphi \leftrightarrow A \wedge K_a(A \rightarrow \langle !A\rangle\varphi)$$

根本上，$\langle A!\rangle\varphi$ 可以看做 φ 对 A 的相对化。以上公理也可以通过模态必然算子来表述，例如，上面最后一个公理也可表述为

$$[!A]\,K_a\varphi \leftrightarrow A \rightarrow K_a[!A]\varphi$$

这个公理和前面提到的完美记忆类似。顺便说一句，关于公共知识，只需要用下面二元形式对以前的认知语言适当扩充：

C_G（A，φ），表示 φ 是由 A 定义的子模型上的公共知识。

仅仅使用绝对公共知识不能定义上述公式，但结合动态－认知的组合断言，可以找到如下的规约法则：

$$\langle !A\rangle C_G\varphi \leftrightarrow A \wedge C_G(A,\langle !A\rangle\varphi)$$

van Benthem 等（2006a）按照这种思路进行了详细探讨，且对公共知识和行为作了进一步的组合。特别是，van Benthem（1999～2002）定义了一个更全面的动态认知逻辑。我们会在下面的小节中专门介绍公开宣告的逻辑，着重说明其中包含的技术细节。

带有程序构建的动态认知逻辑　公开宣告仅仅是一个基本的交往行为。人与人之间的交谈可能会包括更加复杂的说话程序。说一件事后再说一件事后等同于

程序的组合，在所包括的选择中去选择某人的断定，且“泥孩难题”中还包括一个简单的迭代：

WHILE“你不知道自己额头是否有泥”DO“说不知道”

因为动态逻辑中有关于选择和组合的规约公理，所以，带有组合和选择程序构建的基本更新逻辑与仅带有基本宣告 $!A$ 的更新逻辑是一样的。但是，如果添加对于宣告的迭代，系统将发生改变，甚至会失去可判定性。

2.4 公开宣告的逻辑

现在，让我们重新回到上面提到的问答情境，重点解释公开宣告逻辑（public announcement logic，今后记做“PAL”）：

Q：辛亥革命是 1911 年爆发的吗？

A：是的。

事实上，A 的回答是对 Q 做了一个宣告，用 P 表示这个宣告。我们可以用图示的方式表示这里发生的信息变化。真命题 P 的公开宣告改变了当前的模型，这一变化过程如下：

对任意模型 $\boldsymbol{M}$，可能世界 s 和 s 中为真的公式 P，$(\boldsymbol{M}|P, s)$ 是 $\boldsymbol{M}$ 的子模型，其论域是集合 $\{t \in \boldsymbol{M} | \boldsymbol{M}, t \models P\}$。从 $\boldsymbol{M}$ 到 $\boldsymbol{M}|P$ 发生的变化在图 2.4.1 中得以显示。

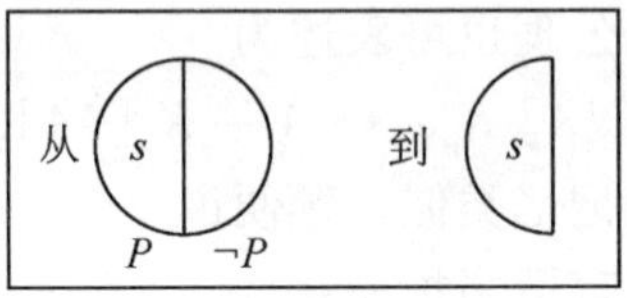

图 2.4.1　从 $\boldsymbol{M}$ 到 $\boldsymbol{M}|P$ 发生的变化

关键是，公式的真值在这一更新步骤中可以发生变化。值得注意是，不知道 P 的主体在宣告后知道了 P。真值随着时间的变化而发生变化是十分微妙的事情。因此，在合适的逻辑形式系统中，系统化地刻画这样的变化是非常有意义的。

定义 2.4.1（公开宣告逻辑的语言）　公开宣告逻辑（PAL）的语言是在认知语言中增添了行为模态词，定义如下：

公式 $P ::= p | \neg \varphi | \varphi \wedge \psi | K_a \varphi | C_G \varphi | [A] \varphi$。

行动模态词 $A ::= !P$。

定义 2.4.2（真值解释）　动态的行为模态词的语义解释如下：

$M, s \models [!P]\varphi$，当且仅当：如果 $M, s \models P$，那么 $M|P, s \models \varphi$。

在公开宣告的条件下，有如下完备的信息变化逻辑演算：参见 Gerbrandy（1999），Plaza（1989）。

定理 2.4.1　不带公共知识的公开宣告逻辑包括下面的公式和推理规则：

所有命题逻辑重言式的特例

$K_a(\varphi \to \psi) \to (K_a\varphi \to K_a\psi)$

$K_a\varphi \to \varphi$　（真值公理）

$K_a\varphi \to K_aK_a\varphi$　（正内省）

$\neg K_a\varphi \to K_a\neg K_a\varphi$　（负内省）

$[!P]q \leftrightarrow (P \to q)$　（对任意原子命题 q）

$[!P]\neg\varphi \leftrightarrow (P \to \neg[!P]\varphi)$

$[!P](\varphi \wedge \psi) \leftrightarrow ([!P]\varphi \wedge [!P]\psi)$

$[!P]K_a\varphi \leftrightarrow (P \to K_a[!P]\varphi)$

分离规则（*MP*）：从 $\varphi \to \psi$ 和 φ，推出 ψ。

必然化规则（*Nec*）：从 φ，推出 $K_a\varphi$。

例 2.4.1（规约公理的可靠性证明）　我们只证明宣告后知识变化的规约公理，因为它是动态认知逻辑最重要的一条公理。首先，我们比较更新前后的两个模型：(M, s) 和 $(M|P, s)$。画出相关的图形将有助于我们理解下面的证明。公式 $[!P]K_a\varphi$ 的意思是在 $M|P$ 中，所有与 s 有 $\sim a$ 可及关系的可能世界都满足 φ。在 M 中相应的可能世界是与 s 有 $\sim a$ 可及关系且满足 P 的那些可能世界。而且，考虑到在更新过程中公式的真值是可以改变的，所以正确描述 M 中的那些可能世界不再是它们满足 φ，而是 $[!P]\varphi$——它们在更新后变成了 φ。其次，当 P 在公开宣告成真后，$!P$ 只是部分执行。因此，我们需要做出断定，在右边的条件中 $!P$ 正在执行，也就是讲，P 必须是真的。将所有的这些加在一起，$[!P]K_a\varphi$ 表达的意思与 $P \to K_a(P \to [!P]\varphi)$ 相同。但是考虑到算子 $[!P]$ 只是在做部分执行的影响，我们能够将最终的公式简化为它的等值式 $P \to K_a[!P]\varphi$。 ■

这种类型的证明可以看做对规约条件进行的某种启发式的分析，下文中我们碰到的新的规约公理都可以采用类似的方法进行解释或证明。上面的分析有两个主要特征。首先，这种分析是组合的，它逐步打开动态模态词 $[!P]$ 后面的“附加条件”，这些附加条件也是递归定义的，由简单命题到复合命题。其次，动态的“规约公理”将我们的动态认知语言中的每一个公式逐步化归为只包含静态的纯认知语言的等价公式。就模型而言，这样的分析意味着当前的静态模型已经包含了主体间交流后他们的知识发生变化的所有信息。用一个口号来讲，就是："当下的认知状态已经包含了关于未来的认知信息。"当然，这个特性对静态的基本语言是有所要求的：该语言必须够丰富，能够进行提前解析动态行动所产生的影响。

另外，就逻辑而言，规约程序意味着，公开宣告逻辑是完全的，因为基本的认知逻辑是完全的。另外，公开宣告逻辑是可判定的，因为它在静态认知的基本语言中是可判定的。

关于 *PAL* 的一些语义关键点

我们现在简单地回顾 PAL 的一些语义特征，这对理解后面同类型的动态逻辑是非常有益的。

在真值和持久性方面的改变 一般地，新信息不会改变原子事实，但会改变主体的无知或有知的状态。在断定 $K_a\varphi$ 和 $C_G\varphi$ 时，真值的变化可能是很微妙的，一些真命题甚至在宣告后有可能变成假命题，这是一种反常的特性。下面是一个关于摩尔（Moore）类型断定的例子：

$\neg K_a p \wedge p$："你不知道 P，但是 P 是真的"。

在宣告后，事实 p 变成了公共知识，然后同时第一个合取肢就为假命题了。然而，对于其他的断定确实有以下性质：在宣告后它们的确可以成为公共知识。例如，下面的所有公式对这条性质都成立：

$$(\neg)p,(\neg)q,\cdots|\varphi \wedge \psi|\varphi \vee \psi|K_a\varphi|C_G\varphi$$

特别地，PAL 显然包含一个子逻辑——只宣告事实而不涉及认知算子命题的逻辑。在这种情况下，任何宣告$!P$ 都产生 P 的公共知识，并且规约过程更简单。

作为动态模态词的条件句 实际上，规约公理 $[!P]K_a\varphi \leftrightarrow P \rightarrow K_a[!P]\varphi$ 等值于下面的公式：

$$[!P]K_a\varphi \leftrightarrow P \rightarrow K_a(P \rightarrow [!P]\varphi)$$

这一点我们在上面的关于规约公理的可靠性证明中已经看到。在右边，前件 P 刚好陈述了宣告 P 这一行为可以执行的前提条件，即 P 必须为真。公理的其余部分是在说明下面的两个观点是等价的：

（1）主体知道增加信息 P 后 φ 成立；

（2）主体知道 P 蕴涵$[!P]\varphi$，这里的$[!P]\varphi$ 再次描述了更新后 φ 为真。

我们前面已经提到，只要 φ 是非认知事实的命题，则我们完全可以忽略 φ 和

$[!P]\varphi$ 之间的区别。在这种情况下，关于知识的公理将规约成更简单的版本[1]。

条件句 $A\Rightarrow B$ 类似于动态模态词 $[!A]B$，这是一个老话题了。在 PAL 的背景下，下面的事实表明我们可以直接地从极小模态公理中得到两条公理：

事实 2.4.1 下面的规则对于动态宣告的条件句是有效的：

(1) 后件的合取（$A\Rightarrow B$，$A\Rightarrow C$ 蕴涵 $A\Rightarrow B\wedge C$）；

(2) 在后件中向上的单调性（$A\Rightarrow B$ 蕴涵 $A\Rightarrow B\vee C$）。

对于下面的这些性质，在具体的动态更新模型中则存在着反例：自返性、在前件中向下的单调性、前件的析取、严格的传递性和严格的单调性。

尽管如此，在系统中有一些新的条件有效。例如，我们看下一条条件句规则，它并非经典但却很有趣：$A\Rightarrow(B\Rightarrow C)\leftrightarrow(A\Rightarrow B)\Rightarrow C$。它将对应于下面将要介绍的迭代原理。上面已经提及，仅就非认知的前件和后件而言，更新不改变其真值，并且条件句是普通的模态蕴涵式。这里，我们把完备的动态更新条件句逻辑留做一个开放的问题[2]。

迭代 在现实生活中或程序使用的情境中，有一些复杂的交流需要重叠使用模态算子来进行形式化，这就需要动态逻辑中所谓的“迭代”（iteration）。PAL 的语言通过重叠模态算子来描述这种断定，例如：

$$[!A][!B]\varphi$$

有趣的是，逻辑有一条有效原则，说的是，两次连续断定的效果也可以只通过一次断定来完成，见以下的事实：

事实 2.4.2 $[!A][!B]\varphi\leftrightarrow[!(A\wedge[!A]B)]\varphi$ 是一条有效的 PAL 公理。

的确，这条原理是模式有效的，即它的每一个代入特例是有效的。注意，模式有效性并不是所有 PAL 公理的特征。让我们看一下前面提到的关于原子命题的规约公理：

$$[!P]q\leftrightarrow P\rightarrow q$$

如果我们用一个任意的认知公式替代 q，显然它是不成立的。PAL 的模式有效式能否可以被公理化？这个问题仍然不为人所知，更不用说它是否是可判定的问题了。

讨论迭代之后一个很自然的想法是用复杂的指令描述复杂的交流。具体来

① 类似于信念修正中用“拉姆齐测试”处理条件句的办法。

② 对于 PAL 完整的语言，van Benthem（2003b）对抽象的结构规则提出了完备的描述，这些规则对动态推理是有效的。

说，就是通过使用计算机程序中三个众所周知的算子来实现：

(1) 序列复合；

(2) 安保选择：如果…则…否则 …

(3) 安保迭代：当…执行…

在实际的交流中，有很多因素需要考虑。例如，我们讲话的时候在一定程度上都是有序的，说完一句接着说另一句。另外，我们所要说的事情还可能依赖于具体的环境。例如，在讲奉承话或威胁的话时，我们需要不断重复，直至达到想要的效果。要对现实的复杂的交流进行逻辑刻画，需要有丰富的语言，语言的语法和语义要足够简单。这样的逻辑类似于命题动态逻辑 PDL 中的语法和语义。一些关键的逻辑技巧和结果也与 PAL 相似。例如，对于认知互模拟，它的公式也有不变性。但是，意想不到的是关于系统的复杂性问题，请看下面的结果：

定理 2.4.2 带所有 PDL 程序运算的 PAL 是不可判定的，甚至是不能公理化的。

2.5 动态认知逻辑的方法论

定理 2.4.1 为我们展示了动态认知逻辑的基本特点。首先，我们选择一个静态的逻辑语言和与其相匹配的模型来表达群体的信息状态。接着，将相关的包含 - 信息的事件分析为改变模型的一种更新。这些事件能在动态扩张的语言中被清楚地表达出来，该语言也能通过这些事件发生以后成立的命题来陈述这些事件对认知所产生的影响。一般而言，这样的方法可以被用来“动态化”任意给定的逻辑系统。换句话说，在传统的子结构的逻辑基础上，我们需要增加一个动态的超结构：

静态的基本逻辑——动态扩张

那么，如何看待这样得到的逻辑系统？对我们又有什么方法论上的启迪？在静态层次上，我们有很大的自由度对模型进行选择，然后可以确保得到一个完备的公理系统。在此基础上，可以开始添加关于动态的内容。在动态的部分，核心的内容是一组刻画动态事件（event）影响的规约公理集。在规约公理集起作用的状况下，每一个动态语言中的公式都等值于相应的一个静态公式，而后者往往更简单。因此，静态逻辑中的很多性质可以直接为动态逻辑所继承，例如，如果静态的基本逻辑是可判定的，那么它的动态扩张也是可判定的①。

① 这样的规约实际上没有说明计算复杂性的问题：通过公理的翻译可能使得公式的长度成指数倍地增加。但实际上，Lutz（2006）的研究结果表明，对于 PAL，可满足的复杂性依旧是认知逻辑的复杂性，也就是说，是 Pspace-完备的。

如此说来，动态认知逻辑的设计是模块化的，它独立于任何静态模型及其语言的特性。具体来说，PAL 的规约公理并不依赖于任何有关认知可及关系的预先假设。因此，定理 2. 4. 1 成立仅当基础的模型是任意的，才使最小的 K 逻辑系统有效。的确，一些关于动态认知逻辑的经典教材建立它们的逻辑系统的时候都是从头开始。因此，在下文中我们将主要关注动态的超结构部分。不过，静态结构和动态结构之间也存在着相互作用、互相影响的联系，下面举例说明。

例 2. 5. 1 保持框架条件。

假定我们在基本的模型之上增加有关可及关系的性质条件，如等价关系。这实际上给出了更新方法的一个相应的限制：更新应该保持框架条件。对于等价关系以及其他可以被全称一阶公式定义的条件而言，我们都可以确保这些性质条件能够在更新后的子模型中仍然成立。在 2. 6 节中，我们将要介绍更一般的“乘积更新”（product update）。在乘积更新过程中，唯一确认被保持的框架性质是那些被普遍的霍恩子句（Horn clause）① 所定义的性质。自返性、对称性和传递性都是能够用普遍的霍恩子句定义的。但是，像可及关系是线性序这样的性质，则并不是普遍的霍恩子句可定义的，因此，这个性质在更新过程中不能被保持，并且新的模型可能会失去这种性质。Kooi（2005）对类似问题有一些技术上的研究成果。

下面，我们再讨论一个关于静态语言和动态语言之间的相互作用。这里主要的着眼点是规约公理，因为我们知道，规约公式是连接这两种语言的一个桥梁。首先需要指出的是，对于每个新算子，并非一定能够找到它的规约公理。为了得到规约公理，有时我们需要先扩展基本的静态语言。下面是一个典型的例子。

例 2. 5. 2 丰富静态语言以得到规约公理。

对于扩展基本认知语言的新算子，并非一定能够找到它的规约公理。假定我们增加一个新的认知算子到公开宣告逻辑语言中去，如公共知识②。我们用符号“$C_G\varphi$”表示“φ 是群体 G 中的主体的公共知识”。从语义上讲，$C_G\varphi$ 是指“φ 在所有经过有限步可及关系运算后可通达的所有可能世界中是真的”。当我们考虑包括公共知识在内的认知更新时，我们需要找到公式 $[!P]C_G\varphi$ 的规约公理。遗

① 在数理逻辑中，一个霍恩句子就是最多包含一个正字符（positive literal）的一个句子（字符的析取）。这样的句子以著名的逻辑学家 Alfred Horn 命名，Horn 在 1951 年第一次指出这种句子的重要性。霍恩句子在逻辑编程和构造主义逻辑中扮演着重要的角色。霍恩句子可以是命题逻辑中的句子，也可以是一阶逻辑中的句子，这取决于我们考虑的是命题的字符还是一阶的字符。

② 公理化系统不难得到，详细讨论参见文献（van Ditmarsch et al. , 2007）中 4. 8 节的讨论。郭美云（2006）对带群体知识的动态认知逻辑也有更深入的研究。

憾的是，它的规约公理不存在。为了得到 $C_G\varphi$ 的一个规约公理，需要首先引入一个新的概念——条件公共知识来扩展基本的认知语言①。

$$C_G(P,\varphi)$$

从语义上说，$C_G(P,\ \varphi)$ 是指 φ 在所有经过有限步可及关系运算后可通达的可能世界中是真的，并且所有通过的世界都满足 P。因此，一般的公共知识算子 $C_G\varphi$ 实际上是条件公共知识的一个特例，即 C_G（$\top$，φ）。一旦我们有了这个新算子，在 PAL 中对于公共知识，我们就有下面有效的规约公理。

$$[!P]C_G\varphi \leftrightarrow C_G(P,[!P]\varphi)$$

这里，要注意等值式后边［$!P$］的作用。在等值式的左边，用$!P$ 更新之后我们看到的是 $\boldsymbol{M}|P$ 中满足 φ 的可能世界，但是，在初始模型 $\boldsymbol{M}$ 中，它们对应于满足公式$[!P]\varphi$ 的可能世界。我们知道，条件公共知识不属于基本的认知语言，但它也满足互模拟不变的性质。添加了条件公共知识算子的认知逻辑也是完备的，可以对已有的认知逻辑完备性的证明稍做修改即可。在这些扩张的基础上，我们就得到一个有效的规约公理来扩充 PAL。注意，现在的语言更加丰富，要得到动态的扩展逻辑，我们必须让规约公理起作用于新的更强的公共知识算子，而不只是 $C_G\varphi$。下一条定理给出了这一问题的结果（van Benthem et al.，2006a）。

定理 2.5.1 带条件公共知识的 PAL 通过增加规约法则后可以被完全地公理化，规约法则如下：

$$[!P]C_G(\varphi,\psi) \leftrightarrow C_G(P\wedge[!P]\varphi,[!P]\psi)$$

条件公共知识 $C_G(P,\varphi)$ 再次成为预先解析的一种方式，它说的是，在当前模型中，在学习事实 P 之后将会获得公共知识。

以上关于公共知识的例子告诉我们，尽管规约公理具有十分重要的意义，但是寻找规约公理的过程需要艰辛的工作，有时候还不得不面临失败。

最后，需要指出的是，在动态认知逻辑中，动态的算子远远不仅仅是公开宣告那样的简单行动。相反，很多复杂的行为都有可能，如前面提到的“秘密告知”、“欺骗”等。不管动态的行为何等复杂，重要的问题还是要得到规约公理。可以说，规约公理是动态认知逻辑的核心，理解了它们也就掌握了动态认知逻辑的精髓。

① 参见 van Benthem 等（2006a）对这个问题的系统研究。

2.6 在其他行为模式下的信息更新

对信息更新的研究大体上有以下两个主要方向：一个方向是通过新的模型和更新机制扩大研究的广度，另一个方向是增进对已有更新逻辑更深入的理解。本节关注的是后者，强调交流中一些重要的逻辑问题。通过本节的介绍，我们希望快速概览一些到现在尚未提及的问题。

对过去断言的追踪 一些逻辑难题往往涉及过去状态的信息，例如，当某人说“你说的话并不使我感到吃惊”（McCarthy，2002）时，这说明在过去的状态上听话人已经知道。而对这样的句子所引发的更新，不是现有的更新机制能够刻画的。这里需要给出一个新的更新定义，而且，这样的更新必须能够保持在过去状态上的更新，而不仅仅是在完成更新之后就丢弃先前的场景。在这一限制下，我们需要一种更为丰富的模型框架，这个框架也许应该包括有关交流类型等的协议信息。

私密和隐藏 现在，我们开始考虑比公开宣告更复杂的社会交往活动。例如，交流主体之隐藏信息，这种隐藏也许是善意的，也可能是因为观察力有限所致。下面是一个来自 van Benthem（1998）的有趣例子：

> 我们俩人都持有一个密封的信封。两封信的内容分别是邀请参加一个逻辑演讲和参加阿姆斯特丹狂欢夜，这是公共知识。但是我们并不知道每个信封里的具体内容。现在，我打开信封，并阅读信中的内容，但是没有让你看到我的信的内容。你的信封还没有打开，那么，哪些信息因为我的行为改变了呢？我现在已经知道自己信封的内容。然而你也看到了某些变化，即你知道我知道。这也是公共知识。如此等等。这背后的一般原理是什么呢？

我们可以把上面故事中的初始信息状态用图 2.6.1 表示。

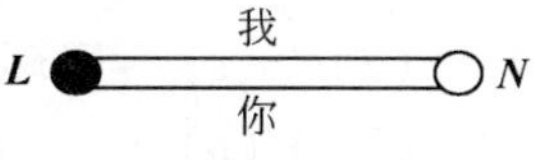

图 2.6.1

两个主体分别用“你”和“我”表示。模型中有两个可能的状态：一个状态表示信封里装着邀请参加逻辑演讲的信（L），另一个状态则表示信封里装着邀请参加狂欢夜的信（N）。而且，最初我们俩人都不清楚自己的信封到底装着哪个信。前一个状态是现实的状态。

现在考虑我打开信封之后所发生的情形。直觉上讲，我自己立即知道了自己手中的信封装着哪一个信了，因此，更新剔除了对于我的认知不确定性关系。而

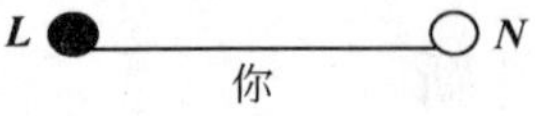

图 2.6.2

两个可能世界依然存在，因为“你”仍旧处于一种“无知”状态。更新模型如图 2.6.2 所示。

由图 2.6.2 可以看出，对于两种可能的状态，你仍然不能区分。类似上面的更新在别的社会交往中也普遍存在。例如，在纸牌游戏中，当某位选手把纸牌公开给其他选手看，而不是给所有选手看时，类似的更新就会发生。然而，纸牌更新有时候会扩张模型的大小。要解释模型变大的情形，用上面的例子说，假设我打开自己的信封，但是，你不能辨别我是否读了信。而事实上我确实阅读了信。在这种情况下，直观上更新模型就变为图 2.6.3。

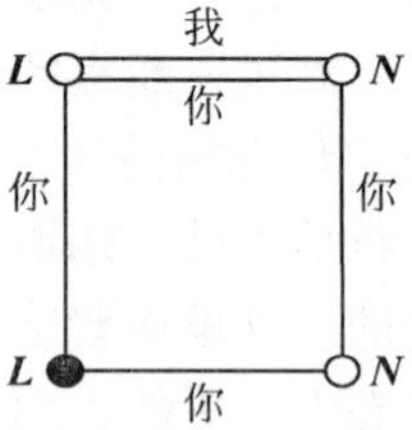

图 2.6.3

这个模型更大，也更复杂。不过，读者可以尝试从中读出主体的知识。

文献（Gerbarandy，1999；Baltag et al.，1998；van Ditmarsch，2000）提出了关于这种复杂的社会交往的更新方法。其主要思想如下：为复杂交流建立的模型包括两个部分：当前的信息模型 $\boldsymbol{M}$ 以及事件模型 $\boldsymbol{E}$。行动要想被执行，必须满足行为发生所要求的事前条件（pre condition）。例如，诚实公开宣告 $!A$，在 A 为真的世界中能够发生。新的更新模型则是这两个模型的乘积 $\boldsymbol{M}\times\boldsymbol{E}$。若 e 的事前条件在 $\boldsymbol{M}$，s 上可满足，则乘积模型的状态（s，e）标明了在 s 发生了事件 e 后达到的新状态。较为严格的定义如下：

定义 2.6.1（乘积更新） 给定初始状态模型 $\boldsymbol{M}=(S, \sim_a, V)$ 和事件模型 $\boldsymbol{E}=(\boldsymbol{E}, \sim_a, PER)$，$PRE$ 表示事前条件，乘积更新为 $\boldsymbol{M}\otimes\boldsymbol{E}=\{S\otimes\boldsymbol{E}, \sim_a, V'\}$，其中

(1) $S\otimes\boldsymbol{E}=\{(s,e)\in S\times\boldsymbol{E}, \boldsymbol{M}, s\models PRE(e)\}$。

(2) $(s,e)\sim_a(t,f)$，当且仅当：$s\sim_a t$ 且 $e\sim_a f$。

(3) $V'(p)=\{(s,e)\in S\times\boldsymbol{E}: s\in V(p)\}$。

这里，第一条说明的是，更新模型中的状态是由状态和事件组成的序对，并且，事件的事前条件在状态上必须成立。第二条定义更新模型中的认知关系。直观上说，若在新模型中两个状态对于主体 a 而言是不可区分的，当且仅当，在旧模型中 a 不能区分两个可能世界，而且，在事件模型中 a 也不能区分发生了哪个事件。

带着乘积更新的观点，我们重新回到上面的例子中，看看那里的更新是如何具体发生的。假设故事中的两个事件分别是“读演讲的信”（read L）和“读狂

欢夜的信（read N）”。事件模型可以表示为图 2.6.4。

图 2.6.4

“read L” 的事前条件是信封里装着邀请参加逻辑演讲的信，同样，“read N” 的事前条件是信封里装着邀请参加狂欢夜的信。事实上，还有一个行动“什么都不做（do nothing)”，它的事前条件是“$\top$”。在这里“我”可以区分前两个行动，“你”却不能。乘积更新得到的新模型有四个状态：(L, read L)、(L, do nothing)、(N, read N)、(N, do nothing)。通过乘积更新定义可以确定这些状态对于两个主体的不确定关系，读者可以验证，这恰好与前面的直观图一致。

显然，在乘积更新模型中认知命题的真值可以发生改变。动态认知逻辑的这种分析确实令人兴奋，它使用一个适当的语言，把模型 $\boldsymbol{M}$ 中真的认知公式和关于事件 $\boldsymbol{E}$ 表达的认知信息以一种奇妙的方式组合在一起。动态认知逻辑还有很多有趣的应用，特别是，可以利用它来分析博弈现象背后的逻辑规律，如 van Ditmarsch（2000）。当然，动态认知逻辑本身仍在发展中，有不少开放的问题等待我们去探索，有兴趣的读者可以参考 van Benthem（2006b）所列举的一些问题。

更新进化的模型 从上面的介绍可以看出，乘积更新与公开宣告不一样，它能扩张初始模型 $\boldsymbol{M}$ 的大小。下面是一个信息模型扩张的简单例子。

例 2.6.1 假设对群体 $\{1,2\}$ 公开宣告事实 P，但 2 不确信这是有关 P 的宣告。或者恰好有个恒等行为 Id（它可以在任何情况下发生），而 2 不能区分是关于 P 的宣告还是发生了恒等行为。在这种情况下，带有 P 和 $\neg P$ 的两个世界的模型更新后就变成了具有 3 个世界的新模型：$(P,\text{“}P!\text{”}),(P,Id),(\neg P,Id)$。

这种模型扩张的事例常常发生在博弈中。选手开始于一个初始状态模型 $\boldsymbol{M}$，例如发纸牌，事件模型 $\boldsymbol{E}$ 包括选手所有可能的行动——根据选手的轮次，受到事前条件的限制，这些事件在一定的状态上发生。我们知道，对博弈进行形式化建模的一种方式就是建立所谓的扩展型博弈（博弈树），在博弈树中，更新进化模型就是由树模型上所有节点的所有可能的发展进化组成。以下给出更精确的定义。

定义 2.6.2 给定初始状态模型 $\boldsymbol{M}$ 和事件模型 $\boldsymbol{E}$，更新进化模型 TREE（$\boldsymbol{M}$, $\boldsymbol{E}$）是一个无穷的认知模型，它是由所有连续的乘积更新层的不相交拷贝组成的

$$\boldsymbol{M},\ \boldsymbol{M}\times\boldsymbol{E},(\boldsymbol{M}\times\boldsymbol{E})\times\boldsymbol{E},\cdots$$

这里的“不相交”刻画了认知不确定性在更新进化中的承继关系。即若主体对两个初始状态不能区分，对接着发生在这两个状态上的两个事件不能区分，那

么，主体对更新后的两个状态还是不能区分。

这里，我想提及两个研究性问题：

第一，主体的多样性问题[①]。我们上面所讨论的更新进化模型背后有一个预设。即在整个更新进化过程中，我们假设主体的记忆力是完美的，他知道在博弈中已经发生的事件、已经产生的更新等。然而，现实主体的记忆力往往是有限的，不可能记住所有发生过的事情。对于这样的主体，上面的更新定义不再能够刻画其信息更新机制，需要重新给出更新的定义。van Benthem 和 Liu（2004）对这两种主体的特征及其在博弈进化模型中的表现做了深入的研究。这一研究方向在笔者后来的研究中得到继续深入的探讨，论文（Liu，2004，2006a，2009b）对不同主体在同样的任务或情境中的不同行为表现做了系统的逻辑刻画。

第二，模型扩张对互模拟的稳定性。从上面我们看到，乘积使得更新模型开始膨胀变大。这一点值得我们特别注意，在包含复杂交流行动的室内博弈中，如“Cluedo”（van Ditmarsch，2000），这一点尤其明显。但是我们想说的是，模型的无穷大似乎是一种假象——因为在很多博弈中，信息的复杂度会增加，模型变大。但是在接近博弈结束的时候模型又会变小。这种现象本质上就是认知的互模拟收缩。下面举例说明。

例 2.6.2（互模拟下的稳定性） 考虑包括两个可能世界的模型，P 和 $\neg P$ 分别在两个世界上为真，主体 1 不能区分这两个世界，主体 2 可以区分，现实世界是 P 为真的那个世界（图 2.6.5）。

现在，诚实宣告 P 发生，主体 1 可以听到，但是主体 2 认为也许有一个 Id 事件发生，这个情境的事件模型可以表示为图 2.6.6。

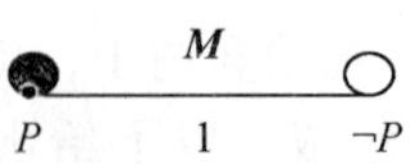

图 2.6.5

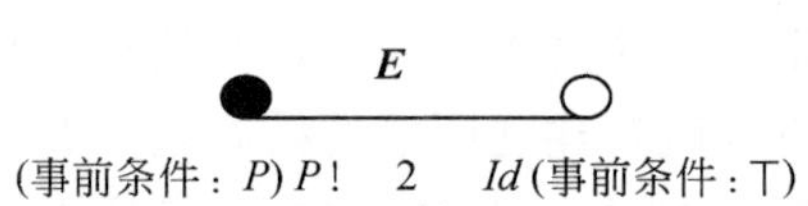

图 2.6.6

我们假设这样的事件发生两次，TREE（$\boldsymbol{M}$，$\boldsymbol{E}$）的两个积更新层次如图 2.6.7 所示。

① 这是笔者近年来研究的另一个课题，更多细节见 van Benthem 和 Liu（2004）、Liu（2004，2006a，2009b）。

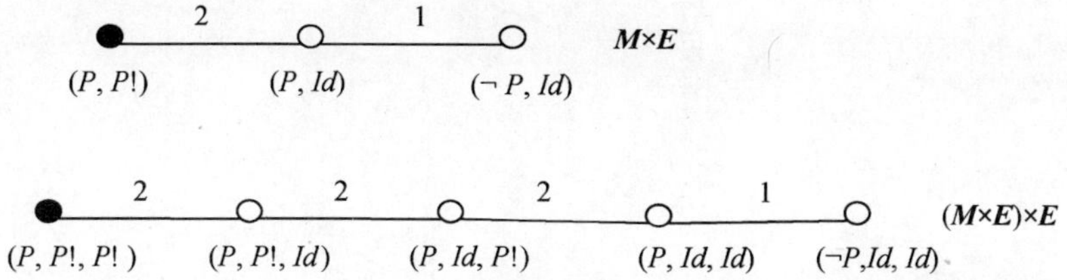

图 2.6.7

这两层之间有一个认知互模拟，$(\boldsymbol{M}\times\boldsymbol{E})\times\boldsymbol{E}$ 中靠左的三个世界和 $\boldsymbol{M}\times\boldsymbol{E}$ 中的（*P*，*P*!）相关联。因此，$(\boldsymbol{M}\times\boldsymbol{E})\times\boldsymbol{E}$ 和 $\boldsymbol{M}\times\boldsymbol{E}$ 是互模拟的。并且，在更新进化模型中潜无穷次的迭代更新以互模拟为模保持有限。

到此，我们结束了对动态认知逻辑的简要介绍。当然，我们只是介绍了跟后面的动态偏好逻辑有直接关系的内容。对于动态认知逻辑的其他问题，读者可以参考 van Ditmarsch 等（2007）和最新的专著（van Benthem，2010）。从第 3 章开始，我们研究偏好。读者将会看到，本章提及的技术细节如何被一步步运用到对偏好变化的建模中去。

3 动态偏好逻辑：模态的模型

3.1 偏好变化的触发机制

在引论中我们已经提到，偏好的概念出现在许多研究领域中，如行为哲学、决策论、优化理论以及博弈论等。理性的主体往往利用世界或行为之间的偏好来预测其他主体的行为。有关偏好研究的更为抽象的想法还出现在条件句逻辑、非单调逻辑和信念修正理论等领域。在这些逻辑的语义模型中，往往通过相对的相似性或似乎合理性来给可能世界排序。

偏好逻辑　在文献中出现的各种各样的偏好逻辑主要描述不同的但可以比较的形式结构（Hansson，2001a）。偏好关系可以是介于可能世界之间，也可能介于不同的行为之间。当我们用偏好的概念来比较不同的世界或行为时，相应的偏好陈述可以很弱，也可以很强——而且，这些陈述可能是更“客观”一些，也可能更“主观”些。诸如“我喜欢日落胜过喜欢日出”这样的陈述，可以仅仅从“什么对我更好”的角度来理解，也可理解成更复杂的命题态度，此态度包含我对与此陈述相关事件的信念。在本章中，我们将采用客观的方法，即模型上的二元偏好关系支持一个一元的模态词：“在至少与当下的世界一样好的世界中为真。”这种方法是有传统的。例如，Boutilier（1994）和 Halpern（1997）就采取这种对偏好的理解来建模。van Benthem 等（2006c）表明，当增加某些模态算子（如全称模态词）使用混合语言时，新的语言可以定义如条件句、纳什均衡以及有关博弈的逆向归纳法等概念。这样的语言还可以表达各种介于命题之间的偏好。从语义的角度看，命题之间的偏好就是可能世界集上的偏好关系。在下文即将介绍的语言中，我们还明确添加一个认知算子，这样就可以表达相对于某个主体而言“什么对他是好的或者更好的”态度。

偏好的动态变化　然而，本章主要关心的问题是动态的偏好变化。众所周知，偏好不是静止不变的，它们会随着权威人士发出的命令、朋友提供的好建议而改变；甚至我们自己对于世界和行为的赋值也可能导致它们之间比较关系的改变。这些变化有各种各样的触发机制。例如，直观地说，如果人们接受命令发出者对他们偏好的影响，那么下面的命令

"确保 φ 发生!"

至少会导致接受者对可能世界的重新排序：主体喜欢那些 φ 成立的世界胜过那些 φ 不成立的世界。而且，随着关于现实世界知识的增加，带有目标的计划过程可能会逐渐地诱发我们在心目中产生有关行为的偏好，以此作为朝向预期目标的行为方式。关于偏好的上述描述和其他动态方面的说明，可以参阅 van Benthem 等 (1993)、Hansson (1995)、Zarnic (2003)、van der Torre 和 Tan (1999)、Yamada (2006) 等文献。

另外，上面提到的有关想法几乎全部以这样或那样的方式体现在条件句逻辑的动态语义学中 (Spohn, 1988; Veltman, 1996)。在条件句逻辑的静态的刘易斯型的语义学中（有时大家称之为"球形语义", sphere semantics)，条件句 $\varphi \Rightarrow \psi$ 表示的大概是这样的意思：

ψ 在所有那些最合理的 φ-世界中为真。(#)

于是，接受一个条件句的合理方案可以理解为对主体的一种指示：为了使条件 (#) 成立而对相应的偏好关系做出调整，这不是对当前偏好的真假描述。简而言之，我们不妨来考察一下称之为"缺省断定"的例子：

"正常情况下，φ 成立"

正如 Veltman (1996) 指出的那样，在有关信息更新的动态意义下，此种断定并不会使得 $\neg\varphi$-世界从当前模型中消除，而只是调整 φ-世界和 $\neg\varphi$-世界之间的相对关系。注意，这与第 2 章讲到的公开宣告的更新方式不同。公开宣告 φ 会导致 $\neg\varphi$-世界被剔除。

第一种偏好变化的触发机制：朋友的建议 导致偏好改变的触发方式有很多。为了更好地研究它们，动态偏好逻辑试图为我们提供某种形式机制，从而可以对这些触发方式发生作用的过程进行分析。为了实现此目标，我们考虑一个简单的情境，称之为"建议"。设想某人起先对"出去旅行" (p) 和"待在家里" ($\neg p$) 没有特别的偏好。现在某人的朋友来访并且对他说：

"让我们去旅行吧!"

这个过程可以用图 3.3.1 表示。

在初始模型中，我们用 s 表示去旅行的可能状态，t 表示待在家里，箭头指向的状态是被偏好的状态。在朋友的建议之后，"接受"建议意味着在初始模型中原有的任何有关待在家里的偏好被删除掉了。图 3.1.1 表示过程从初始模型到升级后模型的变化。

(a) 初始模型　　(b) 升级后的模型

图 3.1.1

注意，在上述例子中，建议会消除已经存在的偏好链接，但是它并不增加新的链接。另外，需要指出的是，除了在图中画的箭头外，本章约定偏好关系总是具有自返关系，我们在图中省略不画。稍后，我们将会非常详细地研究上述的触发机制，以此作为研究更一般的偏好升级问题的切入点。即便如此，从比较的角度而言，还需要考虑另外一种改变偏好的触发方式。它们并不删除模型中的关系链接，而是增加链接。

第二种偏好变化的触发机制：命令　在图 3.1.1 中，接受了建议之后，主体变得更倾向于去旅行。于是去旅行成了他的"优先"选择。如果从道义的角度来理解偏好关系，我们可以说，旅行成了他的"职责"。一般而言，建议的效力要远远弱于命令。接受建议并不意味着主体就会更喜欢 p-世界（相比于$\neg p$-世界）。这完全取决于主体自己已有的偏好结构。如果主体对 p 和$\neg p$ 没有特别偏好（即在图中用双箭头表示），那么接受建议确实能使主体产生偏好。不过主体可能没有能力比较上述两种情境，如在有两个不相关的世界的模型中（图 3.1.2）：

从关系减少的意义看，建议并不能使原来的世界变得可以比较。然而，如果"出去旅行"是命令的话，那么可以确信主体现在更偏好于 p（即旅行）。于是需要在图 3.1.2 中增加偏好关系的链接，使得对$\neg p$ 世界的偏好变弱。我们在本章还要研究如何处理那些增加链接的偏好升级。

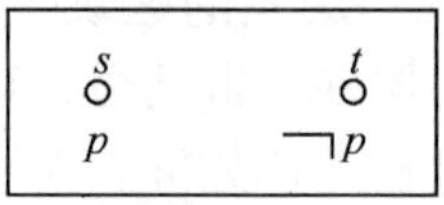

图 3.1.2　两个没有偏好关系的世界模型

有关偏好升级的动态逻辑　不管是消除偏好关系的链接还是增加链接，现有的动态认知逻辑传统中的有关信息更新系统都已经凸显了偏好更新的现象（Gerbrandy，1999；Baltag et al.，1998；van Benthem，2007a；van Ditmarsch et al.，2007）。在动态认知逻辑中，新出现的断定或命题可以改变当前的模型或其上的可及关系。在上面提到的例子中，当前的偏好关系随着建议或命令的出现而发生改变。因此，为了区别知识和偏好的改变，我们在本书中会使用"偏好升级”，而尽量不使用偏好更新。但是这里并没有其他的意味，例如，升级后的偏好并非比之前的偏好更“高级”。本章的主要目的是通过给出动态的偏好逻辑，表明偏好升级是一种自然的现象，可以从逻辑的角度对其进行研究。当然，这样就会有新的逻辑系统出现。我们将采用动态认知逻辑中新近发展出来的信息更新的方法，表明偏好改变这样的动态过程也可以在这样的框架下进行研究。

本章的结构如下：在3.2节，我们会提出一种新的融合认知和偏好的逻辑，即认知偏好逻辑。它的语义模型中不仅包括可能世界上的认知关系，而且也包括偏好关系。这样我们就可以探讨知道或不知道某人的偏好，或者甚至后悔最好的情形不会发生等问题。在3.3节，我们将为偏好升级给出形式定义，重点强调前面提到的“建议”如何改变人们对被建议的命题（相对于它的否定）的偏好。注意，模型中变化的是关系，而可能世界不会被剔除。有趣的是，这里给出的偏好升级的定义同时表明，我们对信息更新可以采用另一种形式化方法进行研究。3.4节将为静态的偏好语言定义一个动态的版本，在那里偏好升级和信息更新可以共存。根据通常的规约公理，我们不难证明这个新系统的完全性。这里的规约公理主要用来递归地分析行为的事后条件。这是我们第一次关于信息更新和偏好升级的动态变化的组合的“存在性证明”。在3.5节，我们将考察更一般的偏好升级的实例：首先给出链接消除的一般模式，然后采用“事件（行为）模型”为信息提供一个彻底的“乘积更新”描述。这就需要为动态认知逻辑的行为模型增加有关主体关于事件之间的偏好。3.6节将略述动态偏好升级逻辑在缺省推理、道义逻辑中的一些应用。3.7节是对其他相关工作的简单概括。3.8节则是本章研究的一些结论以及今后的进一步研究方向。

总体来说，本章提出了处理偏好升级的一种新想法，并且，我们从逻辑方法论的角度为它提供了一种存在性证明。本章并不准备讨论偏好本身的意义，或者由它缘起的领域产生的所有的逻辑问题。关于偏好升级机制与各种触发机制的关系、偏好的各种意义、对偏好变化的量化建模以及它的进一步应用前景的更广泛和深入的讨论请参阅本书其他章节和论文（Liu，2006b，2009c）。

3.2 认知偏好逻辑

本章采用的主要语言由以下两部分组成：来自 van Benthem（2006c）的偏好模态语言和认知逻辑语言。

定义 3.2.1 给定命题变元集 $P(p \in P)$ 和主体集分别为 $G(a \in G)$。认知偏

好语言可以由下列方式给出：

$$\varphi ::= \bot \mid p \mid \neg\varphi \mid \varphi \wedge \psi \mid K_a\varphi \mid [pref]_a\varphi \mid U\varphi$$

直观地，$K_a\varphi$ 表示“主体 a 知道 φ”，而 $[pref]_a\varphi$ 的意思是指主体 a 认为的那些至少跟当前世界一样好的世界满足 φ。U 是一个称全称模态算子①。

那么上述的形式语言是怎么跟自然语言会话中出现的“偏好”联系起来呢？有人倾向于把 $\langle pref\rangle_a\varphi$ 理解成“主体偏好 φ”。不过一般而言，形式化系统和自然语言的用法之间存在着一定的距离。例如，只说主体看到某个更好的世界满足 φ 来定义主体偏好 φ 似乎太弱，而用□形式的模态词 $[pref]_a\varphi$ 则又显得太强。Hansson（2001a）对偏好的意义做了详细深入的讨论，并且分析了偏好的意义与相应的形式语言是否匹配的各种情况。这里我们仅仅指出下列几个事实。首先，我们的形式语言允许模态词的组合，这样可以表达偏好更为丰富的意义。例如，$[pref]_a\langle pref\rangle_a\varphi$ 可以用来表示：在有穷的连通模型中，某个最好的世界具有性质 φ。同样，我们的语言也可以表示“所有最好的世界满足 φ”（van Benthem et al.，2006c）。需要强调的是，我们这里讨论的偏好关系是介于可能世界之上，而不是介于命题之上。而文献当中关于偏好的一般性解释通常建立于命题之间，或者从语义的角度来看，在世界集（以可能世界为元素组成的集合）之间。而我们的语言也可以定义基于命题之间的偏好（如 $U(\psi\rightarrow\langle pref\rangle_a\varphi)$ 表示“相比 ψ，主体 a 更偏好 φ”的一种较强意义，即对每个 ψ-世界 s，都至少有一个它可达的 φ-世界，使得对主体而言，这样的世界至少跟 s 一样好。）当然，人们也可以像 von Wright（1963）中那样定义偏好的概念。冯莱特的偏好概念采用了“$\forall\forall$”的形式，即，若相对于所有的 ψ-世界，主体更偏好所有的 φ-世界，则主体偏好 φ 胜过 ψ。另外，冯莱特也探讨了偏好的其他情形均同的特性，因为当对可能世界进行比较时这个问题自然会出现。不过，在这里，我们还是采用比较简单的模态语言，主要是考虑到这样的语言能够以一种清晰的方式“解析”那些更为复杂的偏好陈述，同时，基于这样的静态语言我们可以更好地扩展语言并且处理动态的偏好。

定义 3.2.2 每个认知偏好模型是个四元组 $M=(S,\{\sim_a\mid a\in G\},\{\leqslant_a\mid a\in G\},V)$。其中，$S$ 是可能世界集，$\sim_a$ 是通常意义下对于主体 a 来说的认知可达关

① 为了技术上的方便，我们通常把相应的普遍模态算子转换成存在性模态算子 $\langle K_a\rangle$，$\langle pref_a\rangle$ 和 $E\varphi$。从直观的语言表达角度去理解它们可能会显得更加困难。不过它们可以帮助发现和检验哪些规则是有效的，同时在一般的语义论证中它们也有作用。

系（它是等价关系）①，V 是对命题变元的赋值。而且 $\leqslant_a$ 是世界集上的自返和传递关系。

直观地，$s\leqslant_a t$ 表示“对主体 a 而言，t 至少跟 s 一样好”，或者“t 弱好于 s”。如果 $s\leqslant_a t$ 但并非 $t\leqslant_a s$，那么称 t 严格好于 s（相对主体 a），记作 $s<_a t$。如果 $s\leqslant_a t$ 并且 $t\leqslant_a s$，那么就说主体对 s 和 t 是无殊的（indifferent）。不少文献的模型中还明确把现实世界写到模型中来，而我们这里不采用这样的方式。

需要注意的是，我们并不要求这里的偏好关系是连通的（connected）②。简单而言，这里的连通性说的是，对于任意的两个世界，总是可以比较的。在本章中，一般而言，我们允许存在真正不可比较的世界。主体对它们没有偏好，不是因为两个世界之间没有区别，而是因为主体没有办法或手段去比较那些世界。这样的语义类似于极小条件句逻辑的语义。当然，在某些具体的情况（如博弈中基于效用或行为后承结果的比较而形成的经典偏好序）下，要求模型中的关系具有连通性就变得十分必要和恰当。

定义 3.2.3 给定一个认知偏好模型 $\boldsymbol{M}=(S,\{\sim_a|a\in G\},\{\leqslant_a|a\in G\},V)$ 和世界 $s\in S$，施归纳于公式 φ 的结构，如下定义可满足关系 $\boldsymbol{M},s\models\varphi$（表示公式 φ 在模型 $\boldsymbol{M}$ 的 s 中为真）：

（1）$\boldsymbol{M},s\models p$，当且仅当，$s\in V(p)$。

（2）$\boldsymbol{M},s\models\neg\varphi$，当且仅当，并非 $\boldsymbol{M},s\models\varphi$。

（3）$\boldsymbol{M},s\models\varphi\wedge\psi$，当且仅当，$\boldsymbol{M},s\models\varphi$ 并且 $\boldsymbol{M},s\models\psi$。

（4）$\boldsymbol{M},s\models\langle K\rangle_a\varphi$，当且仅当，存在某个 t：$s\sim_a t$ 并且 $\boldsymbol{M},t\models\varphi$。

（5）$\boldsymbol{M},s\models\langle pref\rangle_a\varphi$，当且仅当，存在某个 t：$s\leqslant_a t$ 并且 $\boldsymbol{M},t\models\varphi$。

（6）$\boldsymbol{M},s\models E\varphi$，当且仅当，存在某个 t：$\boldsymbol{M},t\models\varphi$。

表达力 正如前面指出的那样，在全称模态词的帮助下，van Benthem 等（2009）已说明上述语言中纯模态偏好部分可以表达大量命题之间的偏好概念，包括冯莱特最初提出的偏好概念。根据 Boutilier（1994），上述语言在运用偏好算子 $\langle pref\rangle_a$ 的情况下可以把非迭代的条件句 $\varphi\Rightarrow\psi$ 嵌入下述公式。

$$U(\varphi\rightarrow\langle pref\rangle_a(\varphi\wedge[pref]_a(\varphi\rightarrow\psi)))$$

如果再加上认知算子，我们还可以表达偏好和知识之间的相互关系。下面的两个

① 在有些方案中，学者们不一定用等价关系来解释知识算子，有许多相应的采用不同可达关系的哲学论证。他们主要用模型类的方法来说明不同的关系。关于等价关系或其他模型类的认知逻辑的完全性，请参阅经典文献，如 Fagin 等（1995）或 Blackburn 等（2001）。

② 在刘易斯为条件句逻辑而建立的球形模型中，关系要满足连通性。

例子分别表示：①关于“偏好”自省性的一种直观解释；②一种令人遗憾但是却普遍的现象。

- $\langle pref\rangle_a\varphi \to K_a\langle pref\rangle_a\varphi$：偏好正自省。
- $\langle pref\rangle_a\varphi \wedge K_a\neg\varphi$：后悔。

我们将在后面讨论认知－偏好混合的一些基本规则。

公理化系统和完全性　给定前面提到的认知偏好模型，我们的认知偏好逻辑能够在经典模态逻辑的框架下被完全地公理化（Blackburn et al.，2001）。

定理 3.2.1　认知偏好逻辑相对于认知偏好模型是完全的公理化系统。

证明：完全采用经典模态逻辑中的技术可以证明。

当然，经典模态逻辑的其他一些技术结果同样在这里起作用。在形式语言中附加一些额外的公理，可以进一步刻画模型类的框架条件。下面请看基于经典模态框架－对应理论的两个例子：

命题 3.2.1　下面的两个陈述成立。

（1）偏好框架 $\mathscr{F}=(S,\{\sim_a \mid a\in G\},\{\leqslant_a \mid a\in G\})$ 满足连通性，即 $\forall x\forall y$：$x\leqslant_a y \vee y\leqslant_a x$，当且仅当下面的公式在框架中有效：

$$(\varphi\wedge E\psi)\to\langle pref\rangle_a\psi\vee E(\psi\wedge\langle pref\rangle_a\varphi)$$

（2）偏好自省公理 $\langle pref\rangle_a\varphi\to K_a\langle pref\rangle_a\varphi$ 在认知偏好框架 $\mathscr{F}$ 上有效真当且仅当它满足下列一阶条件：

$$\forall s\forall t\forall u:(s\leqslant_a t\wedge s\sim_a u\to u\leqslant_a t)$$

不过，我们在本章中将使用上面描述的极小系统，把对这些额外公理的讨论暂且放在一边。

3.3　为偏好升级建模

认知信息更新的简单回顾　有关认知信息更新的基本范例是公开宣告。假定某主体不知道 p 的真假，但通过宣告 $!p$ 得知 p 是事实。于是可以得到模型变化（图 3.3.1）。其中，在原先静态模型中虚线表示主体在原先情境下的不确定性，即不能区分世界 s 和 t。

公开宣告 p 把原认知模型中的 $\neg p$-世界全部剔除掉了，然后主体在新的模型中就知道 p。文献中有大量的关于公开宣告和更复杂的认知事件的动态认知逻辑，不同的主体以不同的方式修改信息。我们在上一章已经简单给出了一些相关的预备知识，供读者参阅。

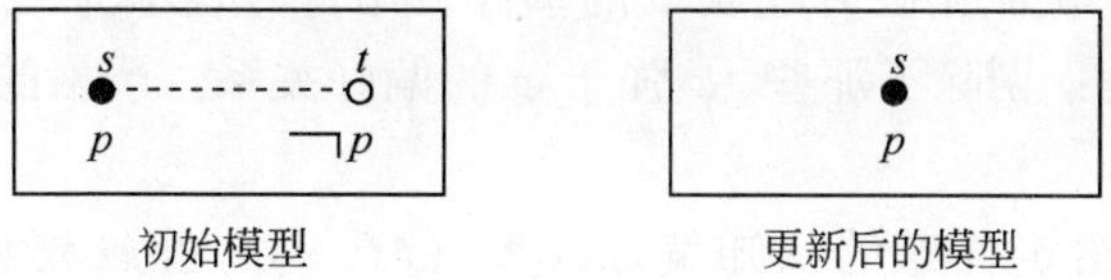

图 3.3.1

这些逻辑本质上都是以相同的设计方案进行运作的。首先，选择一类模型，设计适当的静态语言描述它们，用来表达相关的信息结构。通常，它们是经典认知逻辑中以某种版本形式出现的模型。其次，为认知行为定义更新机制，用来改变给定的模型。对于“公开宣告”，这一更新机制简单地表现为可能世界的剔除，从而生成可定义的子模型。

关于真命题 φ 的公开宣告 $!\varphi$ 把当前模型（$\boldsymbol{M}$, s）（s 为现实世界）转化成模型（$\boldsymbol{M}_{!\varphi}$, s），它的世界集正好是集合 $\{w \in S \mid \boldsymbol{M}, w \models \varphi\}$。原来的可及关系和赋值在限制的定义域中继续保留。

更加复杂的行为则把当下的认知模型 $\boldsymbol{M}$ 更新为乘积模型 $\boldsymbol{M} \times \boldsymbol{E}$，其中，$\boldsymbol{E}$ 是包括所有相关事件或行为的“事件模型”。

通过展示如何使用信息事件本身，静态语言获得了动态扩张。对于公开宣告，上述类型的一个典型的动态－静态断定如下：

$[!\varphi]K_a\psi$：在真实地公开宣告 φ 后，主体 a 知道 ψ。

关于动态模态词的语义解释简单如下：

$$\boldsymbol{M}, s \models [!\varphi]\psi\text{，当且仅当，如果 } \boldsymbol{M}, s \models \varphi\text{，那么 } \boldsymbol{M}_{!\varphi}, s \models \psi\text{。}$$

于是，按通常的办法可以采用递归的方式，对事件的效果做完备的描述，从而可以对交流和其他复杂的认知过程进行组合分析。下面我们看一个重要的实例，是有关公开宣告逻辑中的规约公理（公开宣告真命题后使得主体 a 获得了一种认知可能状态）：

$$\langle !\varphi \rangle \langle K \rangle_a \psi \leftrightarrow \varphi \wedge \langle K \rangle_a \langle !\varphi \rangle \psi$$

如第 2 章讨论的那样，从语义的角度看，这条公理反映的是那些具有完美记忆力的主体的更新过程。从计算的角度看，类似上述的公理可以帮助我们建立从动态认知陈述到静态认知陈述的递归算法，从而允许我们利用已知的适用于基础语言的判定程序对动态语言进行判定。

把“升级”看做“关系变化”　与处理“公开宣告”的经典做法一样，现在我们定义前面提到的偏好变化的机制。那么，我们考虑的静态模型自然是 3.2 节中提到的认知偏好结构，即下面的四元组：

$$\boldsymbol{M} = (S, \{\sim_a \mid a \in G\}, \{\leqslant_a \mid a \in G\}, V)$$

假设“触发”机制是公开建议 φ 的事件，用符号表示为“$\#\varphi$”。公开建议所导致的模型变化是：剔除了那些 $\neg\varphi$ 强于 φ 的偏好关系。严格的形式定义如下。

定义 3.3.1 给定任意的认知偏好模型（$\boldsymbol{M}$，s），升级模型（$\boldsymbol{M}_{\#\varphi}$，$s$）定义如下：

（1）（$\boldsymbol{M}_{\#\varphi}$，$s$）跟模型（$\boldsymbol{M}$，$s$）具有相同的论域、赋值、认知关系以及现实世界，而发生变化的是偏好关系。

（2）新的偏好关系现在变为

$$\leqslant_a^* = \leqslant_a - \{(s, t) \mid \boldsymbol{M}, s \models \varphi \text{ 且 } \boldsymbol{M}, t \models \neg\varphi\}$$ ①

在不影响理解的前提下，今后我们将省略表示主体的下标。

实际上，为“建议”所定义的升级是用可定义的子关系取代原来的偏好关系。我们也可以用下列来自动态逻辑的记法来表示上述的升级过程［动态命题逻辑的最新参考书是 Harel 等（2000）］。

$$R ::= R - (?\varphi; R; ?\neg\varphi)$$

我们将在 3.5 节进一步考察更普遍的关系变化运算。例如，相对于消减链接，若我们增加链接，完全可以利用这里的动态格式来表达。例如，我们可以把关系 - 扩张定义为：

$$R ::= R \cup (?\neg\varphi; \top; ?\varphi)$$

其中，$\top$ 是全通关系，使得每一个 φ-世界偏好于每一个 $\neg\varphi$-世界。与上面定义的偏好升级模型相匹配，我们可以给出偏好升级的一种动态语言。这是 3.4 节的主要任务。在此之前，我们不妨考虑刚刚定义的关系变化的一些逻辑性质。

升级对逻辑性质的“保持” 在考虑偏好升级所引发的模型变化时，一个最重要的问题是动态算子是否能保持初始的静态模型的性质。换句话说，静态模型上的关系的性质在升级之后是否依然成立。对于涉及公开宣告 $!\varphi$ 的更新，答案是肯定的——因为我们有一般的逻辑事实：子模型保持那些普遍定义的关系性质，如自返性、传递性和对称性等。对于偏好关系的“升级”而言，我们要考虑的偏好关系中能够保持的性质是自返性和传递性（认知关系保持不变）。遗憾的是，这里没有一个一般性结果，因为我们只有下列与子模型的保持性结果相对应的结果：

命题 3.3.1 在子关系下保持的一阶性质正是那些可用否定原子命题、∧、

① Harrenstein（2004）以集合论的形式分析了新定义的偏好关系。

∨、∃、∀定义的性质。

自返性和传递性都不满足上述所要求的句法形式。不过，如果采用模型中的一些具体性质，我们还是可以证明下面的命题。

命题 3.3.2 偏好升级后的模型 $\boldsymbol{M}_{\#\varphi}$ 保持自返性和传递性。

证明： 既然我们从不删除环（s，s），自返性显然是一直被保持的。至于传递性，用反证法证明。假设 $s\leqslant^* t\leqslant^* u$，但并非 $s\leqslant^* u$。根据 $\#\varphi$ 的定义，有 $\boldsymbol{M}$，$s\models\varphi$ 并且 $\boldsymbol{M}$，$u\models\neg\varphi$。取中间点 t。情况一：$\boldsymbol{M}$，$t\models\varphi$。那么 $\leqslant$ 中的链接（t，u）应该被删除。情况二：$\boldsymbol{M}$，$t\models\neg\varphi$。这种情况下删除的是链接（s，t）。不管哪种情况都将导致矛盾。 ■

另外，升级 $\#\varphi$ 不会保持模型的连通性。我们已经在第一节的例子（图 3.2.2）中表明了，升级常常导致偏好关系中连通性的丧失。

新的信息更新模式：剪切链接而不是剔除世界 在本章所介绍的系统中，更新和升级不是两个完全分离的行为，因此我们考虑模型变化的时候要综合两个行为产生的影响。例如，如果想为前面提到的“后悔”现象建构模型，$!\varphi$ 的认知更新就不应该删除 $\neg\varphi$-世界，原因在于，主体可能仍然想要提到它们，甚至可能“哀悼”它们的缺失。解决上述“后悔”的一种可行办法是重新定义公开宣告的更新，把其看做“剪切链接”的关系变化，而不是简单的剔除世界的操作。为了区别第 2 章定义的公开宣告逻辑中的动态算子 $!\varphi$，我们把这里谈论的剪切链接的更新机制记作 $\varphi!$。注意感叹号“！”现在在命题 φ 的后面。相应地，我们把这种更新后模型记做 $\boldsymbol{M}_{\varphi!}$。在实际应用中，我们还会使用两类不同的公开宣告来表示相应的更新——不过，我相信不会发生歧义，读者能在具体的语境下区分开来。关于模型上的更新 $\varphi!$ 的语义定义如下。

定义 3.3.2 更新模型 $\boldsymbol{M}_{\varphi!}$ 的可能世界集和赋值跟原来的模型 $\boldsymbol{M}$ 一样，把原来的可达关系 $\sim_a$ 换成 $\boldsymbol{M}$ 中 φ-区域和 $\neg\varphi$-区域没有交叉的形式，用前面的动态语言表示为

$$(?\varphi;\ \sim_a;\ ?\varphi)\cup(?\neg\varphi;\ \sim_a;\ ?\neg\varphi)$$

命题 3.3.3 在纯认知逻辑中做公开宣告，$!\varphi$ 和 $\varphi!$ 的更新作用是相同的。

我们新定义的更新模式还有不少优点。事实上，这种更新方式最先是由 Snyder（2004）在为无记忆力的主体进行信息更新建模时提出来的（van Benthem，Liu，2004）。在那种情况下，模型中的认知可及关系跟经典的动态认知逻辑中理想主体的认知可及关系有很大不同。而且，在我们现有的背景下，为了陈

述“后悔”的现象，我们需要说明下述公式的一致性：$K_a p \wedge \langle pref\rangle_a \neg p$。这个公式的大体意思是：我知道 p 成立，但如果 p 不成立，那实际上更好。新定义的更新机制允许这个公式的一致性。

链接剪切也有一些奇怪的性质。例如，宣告 $\varphi!$ 和 $(\neg\varphi)!$ 对当前的模型来说将产生相同的结果：它们都删除 φ-世界和$\neg\varphi$-世界之间的链接。唯一的不同之处是前者只能在满足 φ 的当前世界中发生，而后者则是在满足$\neg\varphi$ 的世界中发生。当然，我们可以通过有效的逻辑规则来描述这种区别，不过，我打算把这个问题留给读者。

讨论：更新和升级 区分两种信息更新的模式对于我们构造更新－升级逻辑也有意义，不同的更新模式都可以与升级相组合，这样，原则上我们可以得到两种不同的组合逻辑。如果执行 $!\varphi$ 删除的是所有主体认为非现实的世界，相应的偏好陈述将自动地调整为关于主体所知道的那些事实。这是现实主义者的行为，他们从来不对洒落的牛奶哭泣。对现实主义者 a 来说，下列组合的宣告/偏好原则是有效的，至少对原子陈述（如 p），即使被宣告并不会改变它们的真值。

$$[!p][pref]_a p$$

不过，对那些比较怀旧的主体来说，这样的原则不是有效的，因为他们还沉浸在对结果的悲痛之中。对他们而言，更新相当于链接－剪切 $\varphi!$，他们坚持自己对于所有世界之间的偏好，新的事实甚至还可能引发他们的遗憾，正如下面的公式所描述的情境：

$$\langle pref\rangle_a \neg p \rightarrow [p!](\langle pref\rangle_a \neg p \wedge K_a p)$$

3.4 动态认知升级逻辑

语言和语义 下面我们为更新和升级引入一种更丰富的动态语言。它的静态部分就是前面 3.2 节提到的语言，不过它的动态词汇包括公开宣告 $\varphi!$ 和建议$\#\varphi$。很容易解释原先的剔除世界型的公开宣告，因此，我们在这里只强调更新的新版本。

定义 3.4.1 给定 P 为命题变元集，G 为主体集，$p\in P$，$a\in G$。动态认知偏好语言按照下面的方式给出：

$$\varphi ::= \bot \mid p \mid \neg\varphi \mid \varphi\wedge\psi \mid K_a\varphi \mid [pref]_a\varphi \mid U\varphi \mid [\pi]\varphi$$

$$\pi ::= \varphi! \mid \#\varphi$$

我们完全可以把命题动态逻辑中常用的程序算子，如“组合”、“选择”、“迭代”，加入动态行动的词汇；但是，在本章我们不准备讨论包含这些算子的复杂的行为模式。

定义 3.4.2　给定认知偏好模型 $\boldsymbol{M}$，关于一般公式的真值定义不变，下面我们只给出两个新增加的行动模态词的真值定义：

$(\boldsymbol{M}, s) \models [\varphi!]\psi$，当且仅当，如果 $\boldsymbol{M}, s \models \varphi$，那么 $\boldsymbol{M}_{\varphi!}, s \models \psi$。

$(\boldsymbol{M}, s) \models [\#\varphi]\psi$，当且仅当，$\boldsymbol{M}_{\#\varphi}, s \models \psi$。

注意，偏好的升级事件没有事前条件的限制，换句话说，建议可以在模型的任意世界上被执行。

偏好升级逻辑　现在我们正式定义偏好升级逻辑。相对于认知偏好模型，3.2 节引入的静态语言提到的所有有效原则依然成立。而且，关于公开宣告的一般公理也成立，除了我们已经做的一个修正：通常更新 $\varphi!$ 删除所有的 $\neg\varphi$-世界，而更新 $\varphi!$ 保留模型中的所有世界，代之以剪切掉链接。对于纯认知动态公理，上述两者并无什么区别。但是，对于全称模态词，由于它涉及模型中的整个论域，因此这两种更新的作用会有所区别。对于通常世界剔除的公开宣告系统，存在模态词的规约公理是：

$$\langle !\varphi\rangle E\psi \leftrightarrow \varphi \wedge E\langle !\varphi\rangle\psi$$

但是，下面将要提到的规约公理与它稍有不同，因为 $E\varphi$ 仍可指向在更新后那些曾经是 $\neg\varphi$ 的世界。下文对此还会有进一步的评论。首先，我希望读者先关注新内容：偏好升级以及它与更新新模式之间的相互作用。为了方便起见，我们使用模态词的存在形式来表达。

定理 3.4.1　下列公式是有效的：

(1) $\langle\varphi!\rangle p \leftrightarrow (\varphi \wedge p)$

(2) $\langle\varphi!\rangle\neg\psi \leftrightarrow (\varphi \wedge \neg\langle\varphi!\rangle\psi)$

(3) $\langle\varphi!\rangle(\psi \wedge \chi) \leftrightarrow (\langle\varphi!\rangle\psi \wedge \langle\varphi!\rangle\chi)$

(4) $\langle\varphi!\rangle\langle K\rangle_a\psi \leftrightarrow (\varphi \wedge \langle K\rangle_a\langle\varphi!\rangle\psi)$

(5) $\langle\varphi!\rangle\langle pref\rangle_a\psi \leftrightarrow (\varphi \wedge \langle pref\rangle_a\langle\varphi!\rangle\psi)$

(6) $\langle\varphi!\rangle E\psi \leftrightarrow (\varphi \wedge E(\langle\varphi!\rangle\psi \vee \langle\neg\varphi!\rangle\psi))$

(7) $\langle\#\varphi\rangle p \leftrightarrow p$

(8) $\langle\#\varphi\rangle\neg\psi \leftrightarrow \neg\langle\#\varphi\rangle\psi$

(9) $\langle\#\varphi\rangle(\varphi \wedge \psi) \leftrightarrow (\langle\#\varphi\rangle\psi \wedge \langle\#\varphi\rangle\chi)$

(10) $\langle\#\varphi\rangle\langle K\rangle_a\psi \leftrightarrow \langle K\rangle_a\langle\#\varphi\rangle\psi$

(11) $\langle\#\varphi\rangle\langle pref\rangle_a\psi \leftrightarrow (\neg\varphi \wedge \langle pref\rangle_a\langle\#\varphi\rangle\psi) \vee (\langle pref\rangle_a(\varphi \wedge \langle\#\varphi\rangle\psi))$

(12) $\langle\#\varphi\rangle E\psi \leftrightarrow E\langle\#\varphi\rangle\psi$

证明： 前四个公式是公开宣告逻辑中众所周知的有效的规约公理。第五个是关于 $\langle\varphi!\rangle$ 和 $\langle pref\rangle_a$ 的交换律，表示认知更新并不改变任何偏好关系这样的事实。有关 $E\varphi$ 的特殊情况我们前面已经讨论。

接下来是一组有关偏好升级的相似的规约原则。公式 7 类似公式 1，不过更简单些——因为那里没有 $\#\varphi$ 的事前条件：建议总是可以执行的。这里只是表明原子事实在升级的过程并不改变。接下来的两条公理表明偏好升级是函数。然后是偏好和知识的交换原则，表明升级并不改变任何关于认知关系的事实。

公式 11 是至关重要的，因为它准确地解析了偏好关系改变前后模型的变化。实际上，它表述的是下面的一个事实：在用建议 φ 升级之后，从当前世界到 φ-世界的偏好链接成立，当且仅当，在升级之前就有相同的链接存在。这就意味着，满足条件的关系没有被剪切，这就排除了存在从 φ 的世界指向 $\neg\varphi$ 世界的链接的情形。关于链接保持的三种情况，等值式右边的两个析取肢对其做了简单的描述。因为升级有可能改变了公式的真值，因此我们必须很谨慎地说，在偏好升级之前，链接所指向的世界应当满足 $\langle\#\varphi\rangle$ 而不是 φ。

公式 12 则只是表示偏好和存在模态词的交换原则。 ■

这样定义的动态认知升级逻辑（dynamic epistemic upgrade logic，DEUL）可以解释信息更新和偏好变化的一般过程。可以说，这些动态的变化都是可能世界之间的序发生变化，而这一变化也引发了可能世界集或命题之上的序变化。事实上，前面定义的模态语言的表达力是很强的，它能够表达命题之间的偏好。当介于可能世界上的偏好关系发生变化的时候，介于可能世界集上的关系也发生变化，这样，我们就获得了关于命题偏好的新变化。下面我们举例说明。请看前面提到的有关偏好的 ∀∃-概念。

$P^{\forall\exists}(\varphi,\psi)$，当且仅当，$U(\psi\to\langle pref\rangle_a\varphi)$。

命题 3.4.1 下列等价关系成立

$\langle\#A\rangle P^{\forall\exists}(\varphi,\psi)$，当且仅当，$P^{\forall\exists}(\langle\#A\rangle\varphi,\ \langle\#A\rangle\psi)\wedge P^{\forall\exists}((\langle\#A\rangle\varphi\wedge A),\ (\langle\#A\rangle\psi\wedge A))$。

证明： 一个简单的计算就可以证明 DEUL 公理化系统在实践中是如何被运用的。

$\langle\#A\rangle P^{\forall\exists}(\varphi,\psi)\leftrightarrow\langle\#A\rangle U(\psi\to\langle pref\rangle_a\varphi)$

$\leftrightarrow U(\langle\#A\rangle(\psi\to\langle pref\rangle_a\varphi))$

$\leftrightarrow U(\langle\#A\rangle\psi\to\langle\#A\rangle\langle pref\rangle_a\varphi)$

$\leftrightarrow U(\langle\#A\rangle\psi\to(\neg A\wedge\langle pref\rangle_a\langle\#A\rangle\varphi)\vee(\langle pref\rangle_a(A\wedge\langle\#A\rangle\varphi)))$

$$\leftrightarrow U(\langle \#A\rangle\psi \wedge \neg A \rightarrow \langle pref\rangle_a \langle \#A\rangle\varphi) \wedge U(\langle \#A\rangle\psi \wedge A \rightarrow \langle pref\rangle_a (\langle \#A\rangle\varphi \wedge A))$$

$$\leftrightarrow P^{\forall\exists}(\langle \#A\rangle\varphi, \langle \#A\rangle\psi) \wedge P^{\forall\exists}((\langle \#A\rangle\varphi \wedge A), (\langle \#A\rangle\psi \wedge A))$$ ■

类似地，我们也可以分析冯莱特关于命题之间的"$\forall\forall$"的概念，在此意义下可把新的偏好同前面提到的偏好概念联系起来。不过，这里我希望读者能够完成相应的计算①。

另外，正如前面提到的，这里的认知升级逻辑能够处理那些复杂的组合情形，诸如"后悔"等现象。例如，指令序列$\#p$；$\neg p$！（p 为原子命题）将首先让 p 引人注意，随后 p 又变得不可获得。逻辑对此可以进行探讨。例如，在 3.3 节结尾处提到的有效的"后悔原则"。

$$\langle pref\rangle_a p \rightarrow [\#p][\neg p!](\langle pref\rangle_a p \wedge K_a \neg p)$$

DEUL 可以分析那些由 Zarnic （2003）、Yamada （2006） 提议的为获得某种实践目标而接受连续发出的命令或不断进行推理的基本命题情景。

命题 3.4.2　DEUL 可由上述规约公理完全地公理化。

证明：我们已经证明了规约公理的可靠性，所以足以把 DEUL 的语言中的每一个公式最终转换成静态公式，使其不含有"宣告"或者"建议"这样的动态的模态词。这样，我们可以利用静态语言中的完全性定理来证明 DEUL 的完全性了。 ■

用相同的规约方法还可证明 DEUL 是可判定的。

于是我们得到了本章第一个重要结论：

正像知识更新的系统一样，偏好升级有一个完全的组合式逻辑。而且，偏好升级的系统还可以与知识更新系统共存。

有趣的新问题：一贯性（coherence）　尽管在信息更新和偏好升级之间有着技术上的相似性，但它们在直观上还是有所不同。一个典型的例子是关于"一贯性"的直观含义。在单纯的公开宣告逻辑中，跟断定序列的一贯性唯一相关的方面似乎是：

（1）不要在现实世界中做出不一致的和假的断定；不要浪费别人的时间。

（2）不要在整个群体中断定"公共知识"，因为那不会改变原有的模型。

但如果在与升级结合的情况下，还可以有其他方面的区分。例如，两个互相冲突

① 有人可能会更极端一点，他们坚持动态偏好－变化的行动直接在命题的层面上进行，与更深层的世界－层次无关。这体现在诸如信念修正理论的各种版本中：主体相信某些命题。在此方面我们也有一些想法；不过它会涉及命题集上的牢固关系（entrenchment）和偏好关系这两者的关系。这是一种更为语法化的方法，它提出了许多设计方面的问题，与本章使用的可能世界语义构架所要解决的问题一样多。

的建议序列所产生的效果：

$$\#p;\#\neg p$$

不是不一致的，但它仍然有些奇怪的方面。一般说来，这样的序列会导致模型中的关系不是连通的，因为它删除了居于 p-世界和 $\neg p$-世界之间的所有两边的箭头。考察哪些升级序列是一贯的是件有趣的事，因为在那里，偏好关系的连通性被保留了下来。

现实中，人们经常采用建议发布者们的权威程度来解决这样的冲突。在某种意义上信息更新也有类似的情形发生。人们经常从不同的来源获得矛盾信息；我们需要利用“可靠性”（reliability）概念用来区分那些信息，从而实现某些有意义的整体更新。这两个问题都超出了本章的范围，因为不管是更新还是升级，上述问题都涉及现实信息更新事件和它们转变的理想模型变化（由动态认知逻辑提供）之间的鸿沟。

3.5　关系变化和乘积升级

规约公理反映可定义的运算　对于逻辑学家，经典的认知更新 $!\varphi$ 从本质上是把模型 $\boldsymbol{M}$ 相对化为可定义的子模型 $\boldsymbol{M}_{!\varphi}$。在定义两边的模型真值关系可表示为下列标准形式。

命题 3.5.1　断定 φ 在相对化的模型中成立，当且仅当它的句法相对化版本在旧模型中为真：

$$\boldsymbol{M}_{!\varphi}\models\psi\text{，当且仅当 }\boldsymbol{M}\models(\psi)^{\varphi}\text{。}$$

在上述意义下，关于公开宣告的规约公理不过是表达模态断定 $\langle !\varphi\rangle$（上面提及的左手边）的归纳事实，进而把它的右边变成相对化的指令，得到 $(\psi)^{\varphi}$。

类似的想法也可以应用到偏好升级 $\#\varphi$。这次，模型上的相关语义算子是基础关系的重新定义（redefinition）。对新的链接 - 剪切更新算子 $\varphi!$ 也同样成立。van Benthem（2006a）指出：在论域一定的情况下，相对化（relativization）和重新定义可以弥补各种逻辑理论之间经典的相对解释概念的缺陷，而乘积更新则涉及更复杂的还原过程：新的论域的对象是序组，它们由旧的论域对象形成。在此意义下，DEUL 的规约公理反映了某种简单的归纳定义，或许也可称为公式的语法重新解释。这一算子并不改变任何逻辑算子，不过根据定义，它改变重新定义后的关系符号的出现形式。当然它们的差别是细微的。有关偏好的关系符号通过模态词，只是隐含地出现在我们的模态语言中。这也是前面提到的核心规约公理能够反映下列抽象递归形式的原因所在。

$$\langle R:=\mathrm{def}(R)\rangle\langle R\rangle\varphi\leftrightarrow\langle\mathrm{def}(R)\rangle\langle R:=\mathrm{def}(R)\rangle\varphi$$

关系改变的动态逻辑　我们可以进一步定义关系变化的过程，从而使它们在相应的动态逻辑中有意义。前文已经提及了下面的情况

$$R:=R\cup(?\neg\varphi;\top;?\varphi)$$

这里，我们能够再次立即得到规约公理，因为从命题动态逻辑易得下列有效式：

$$\begin{aligned}&\langle R\cup(?\neg\varphi;\top;?\varphi)\rangle\psi\\ &\leftrightarrow\langle R\rangle\psi\vee\langle ?\neg\varphi;\top;?\varphi\rangle\psi\\ &\leftrightarrow\langle R\rangle\psi\vee(\neg\varphi\wedge E(\varphi\wedge\psi))\end{aligned}$$

此例实际还表明了一个更一般的结果，我们现在把它陈述如下。

命题 3.5.2　对于任意的关系变化算子，若它是 PDL 可定义的（其中不含迭代算子），那么在动态认知逻辑内存在一个完全的规约公理集。

证明：显然，对于以上述形式出现的新关系 $R^{\#}$，可以等价地表述为由下列公式形成的有穷组合的有穷并：

（1）原子关系 R_i；

（2）对基础语言中公式的测试$?\varphi$。

这样，PDL 中有关选择、组合和测试的经典公理就可以利用基本模态公式 $\langle R_a\rangle\varphi$ 把陈述 $\langle R^{\#}\rangle\varphi$ 重新表述为一个复合句。■

这样的 PDL-风格分析的方法甚至可以自动地导出规约公理。

例 3.5.1　升级运算是下面的关系－变化。

$$R:=(?\neg\varphi;R)\cup(R;?\varphi)$$

所以，最重要的规约公理可以按下述方式导出。

$$\begin{aligned}&\langle\#\varphi\rangle\langle R\rangle\psi\\ &\leftrightarrow\langle(?\neg\varphi;R)\cup(R;?\varphi)\rangle\langle\#\varphi\rangle\psi\\ &\leftrightarrow\langle ?\neg\varphi;R\rangle\langle\#\varphi\rangle\psi\vee\langle R;?\varphi\rangle\langle\#\varphi\rangle\psi\\ &\leftrightarrow\langle\neg\varphi\wedge R\rangle\langle\#\varphi\rangle\psi\vee\langle R\rangle(\varphi\wedge\langle\#\varphi\rangle\psi)\end{aligned}$$

后者正是我们前面找到的手写版本。■

不过我们还可以做得更好，可以做到像（关于信息更新）动态认知逻辑那样的一般性——在本章的后面将会看到。

乘积更新　关于剔除可能世界的公开宣告的一般性形式是乘积更新（Gerbrandy，1999；Baltag et al.，1998；van Ditmarsch et al.，2007）。下面是一个简单的回顾。

定义 3.5.1 一个事件模型是一个三元组 $\boldsymbol{E}=(E,\ \sim_a,\ PRE)$。其中，$\boldsymbol{E}$ 是事件的非空集，$\sim_a$ 是 $\boldsymbol{E}$ 上的二元认知关系，PRE 是从 $\boldsymbol{E}$ 到所有认知命题集合的函数。函数 PRE 背后的直观意义是它为事件可以发生的事前条件：事件 e 在世界 s 中可以执行的必要条件是世界 s 满足事前条件 $PRE(e)$。

定义 3.5.2 给定认知模型 $\boldsymbol{M}$ 和事件模型 $\boldsymbol{E}$，乘积更新模型 $\boldsymbol{M}\times\boldsymbol{E}$ 定义如下：

- 它的论域是 $\{(s,\ e)\mid s$ 是 $\boldsymbol{M}$ 中的世界，e 是 $\boldsymbol{E}$ 的事件，$(\boldsymbol{M},\ s)\models PRE(e)\}$。
- 新的不确定关系满足 $(s,\ e)\sim_a(t, f)$ 当且仅当：同时满足 $s\sim_a t$ 和 $e\sim_a f$。
- 世界 (s,e) 满足命题原子 p，当且仅当：s 在 $\boldsymbol{M}$ 中已经满足它。

评论 3.5.1 注意，要保留所有旧的可能世界，同时又要运用前面提到的新宣告算子 $\varphi!$，我们需要再次剪切关系链接来把序对 $(s,\ e)$ 分离出来。在这些序对上，$(\boldsymbol{M},\ s)$ 不满足事件 e 的事前条件。

定义 3.5.3 含有新动态模态词 $\langle\boldsymbol{E},\ e\rangle$ 的语言指的是组合的认知行为，对它们的解释如下。

$\boldsymbol{M},\ s\models\langle\boldsymbol{E},\ e\rangle\varphi$，当且仅当：$\boldsymbol{M}\times\boldsymbol{E},(s,\ e)\models\varphi$。

乘积更新是迄今为止最强有力的认知更新的演算。就公开宣告而言，我们得到的是一个完全的和可判定的逻辑，其包括描述事后条件的所有可能形式一个规约公理集（Baltag et al., 1998; van Benthem et al., 1993; van Benthem et al., 2006a）。

乘积升级 现在，我们设法在认知事件模型中引入偏好关系，来表示主体对不同事件的不同偏好。究其原因，这些偏好可能来自对事件发生导致的获利情况多少或者其他利益的考量。不过，正如条件句逻辑中的模型那样，这些关系也可以是抽象的相对合理性关系。

定义 3.5.4 认知偏好模型上的乘积升级也是前面提到的认知模型 $\boldsymbol{M}\times\boldsymbol{E}$。不过，在新模型中我们保留所有的由世界和事件构成的序对 $(s,\ e)$；它们是没有实现的可能性，主体仍然可以对它们后悔。接下来的任务是建立新的偏好，这里按照前面提到的直接乘积规则给出新的偏好关系：

$(s,\ t)\leqslant_a(u,\ v)$，当且仅当，$s\leqslant_a u$ 并且 $t\leqslant_a v$。

这样的乘积升级至少涵盖前面提到的升级指令 $\#p$。请看图 3.5.1 中的事件模型。

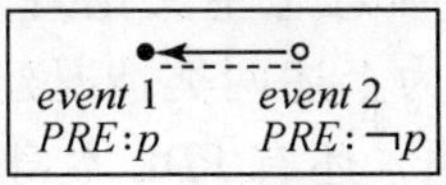

图 3.5.1　两个无法区分的事件

这里主体不能在认知上区分事件 1 和事件 2，但是，主体有相对于它们的偏好关系。注意，同样的，我们省略偏好关系的自返图标。

命题 3.5.3　$M_{\#\varphi} \cong M \times E^{\#\varphi}$，其中，事件模型 $E^{\#\varphi}$ 有两个事件："确保 φ 发生"（事件 1），"确保非-φ 发生"（事件 2）。而且，事件 2≤事件 1。

证明：从认知角度看，因为每个世界中只可发生一个事件，$M \times E^{\#\varphi}$ 的可及部分仅仅复制旧模型 M。既然所有的事件对之间的可及关系成立，旧的认知可及关系在乘积规则的作用下得到了复制。至于新的偏好结构，请看 M 中的任意序对（s，t）（$\neg\varphi$ 在 s 下成立）。于是乘积模型 $M \times E^{\#\varphi}$ 含有唯一的对应序对

$$[(s, \text{事件}2), (t, \text{事件}1)]$$

上述乘积升级规则给出了一个从左到右的偏好。M 复制的唯一行不通的地方是出现旧偏好和事件偏好不匹配的情况。不过这种情况仅仅发生在当 $\#\varphi$ 与现存的链接不一致的时候，即当 $s \leqslant t$ 时，有 $M, s \models \varphi$ 且 $M, t \models \neg\varphi$。■

所以，利用公开宣告和认知乘积更新，一个简单事件模型足以研究更新或升级的基本机制。

更加概括地说，通过放入足够多的事件和事前条件，我们可以用前面提到的相同办法处理每一升级规则（把当前偏好关系转成 *PDL*-可定义的子关系）。当然还可以有更加复杂的事件模型。例如，模型包括更多的世界，或主体有更复杂的偏好关系。用同样的方法可以表述更新和升级复合现象更加精致的情形。

假设偏好的升级规则和认知可及关系的更新规则具有技术上的相似性，不难得到下列结果。

定理 3.5.1　乘积更新和偏好升级的动态逻辑可以通过动态–认知–风格的规约公理完全地被公理化。

我们这里不打算列出所有的公理。这里，把它留作常规的练习。

于是，我们得到本章第二个重要结论：

偏好升级可以和迄今所知的最丰富的知识更新机制自然地结合。

结合的优势　上面提到的这种结合本身也有独立的研究兴趣。从哲学的角度

看，一个众所周知的问题是基于状态之上的偏好（跟“结果主义伦理学”相关）和基于行为之上的偏好（跟“唯意志主义伦理学”相关）的区别（Scheffler，1997）。而我们的更新系统可以为上述两类情况建模，还能够研究它们的相互作用。此外从计算的角度考虑问题，还有 PDL 本身的“动态道义”版本，从世界之间的偏好出发，进而研究行动之间的偏好（Meyer，1988；van der Meyden，1996）。Pucella 和 Weissmann（2004）主要是接着 van der Meyden（1996）的研究方向进行，提出把关系变化看做“改变策略”的一种方式。Rohde（2005）为此提供了一般的背景知识，称之为“蓄意破坏的模态逻辑”。在这样的模型中，可以剪切模型中的任意链接。

所以，我们的乘积升级系统也可以看做是一个命题动态逻辑的“偏好化”的版本。

3.6 例证：缺省推理和道义推理

以上我们为由于外来信息所引发的偏好改变给出了一个模型。在本节，我们将在两个具体的情境中说明这一模型如何起作用。我们的目标并不是要说明现有的系统完全可以被应用到很多地方，而是想表明本章所研究的逻辑问题与其他具有独立研究兴趣的真实问题相对应。

缺省推理 首先，我们一起看在实践推理中形如“如果 φ，那么 ψ”的一条缺省规则。

“如果我现在乘火车，今晚我就可以到家”。

这是所谓的可废止的条件句（defeasible conditionals），这样的条件句断定可以从 φ 中得到 ψ，同时，并不排除存在 $\varphi\wedge\neg\psi$-世界的可能性（这种情况被看做是例外）。不过，直观上讲，我们的模型也不排除这样的例外，而是在使用缺省规则的情况下使它们“降级”。Veltman（1996）提出了动态处理办法，影响颇为深远。他把缺省看做改变当前偏好序（世界之间）的指令。最简单的情况是，一个断定 φ 就是一个被建议的命题。用费尔特曼（Frank Veltman）的话来说，即是有一个指令“正常情况下，φ 成立”。在我们看来，可以采用关系变化来处理缺省以达到相同的效果，正如 3.3 节所做的那样。假设我们想给作为新信息的缺省规则“正常情况下，φ 成立”某种“优先权”，因为在执行此缺省后，所有最好的世界都变成 φ-世界。这里还有一个更极端的程序，它能够使上述提到的直观思想生效。

定义 3.6.1 假设所有的 φ-世界好于所有 $\neg\varphi$-世界；在 φ-和 $\neg\varphi$-的范围内，

保留旧的偏好排序不变①。从形式化的角度看，这就是较早提到的具有 PDL-风格的关系 - 变化中的一种：旧偏好关系 R 变成了下面的形式：

$$(?\varphi;R;?\varphi)\cup(?\neg\varphi;R;?\neg\varphi)(?\neg\varphi;\top;?\varphi)$$

有意思的是，这正是本章较早研究的关于公开宣告 $\varphi!$ 的链接剪切版本和 3.4 节考察的含有关系扩张的升级运算的结合。

命题 3.6.1　关系的缺省信息处理过程能够被完全地公理化。

证明：采用 3.5 节的方法，根据给定的 PDL-形式，自然有最为重要的规约公理，然后可以进一步得出

$$\langle\#\varphi\rangle\langle pref\rangle\psi\leftrightarrow(\varphi\wedge\langle pref\rangle(\varphi\wedge\langle\#\varphi\rangle\psi)\vee(\neg\varphi\wedge\langle pref\rangle(\neg\varphi\wedge\langle\#\varphi\rangle\psi))\vee(\neg\varphi\wedge E(\varphi\wedge\langle\#\varphi\rangle\psi))$$ ■

于是，在偏好升级理论背景下，我们可以得到关于缺省逻辑的一个合理版本。在这样的系统中，有效规则可以通过规约公理被系统地公理化，这不同于以往文献中提到缺省逻辑的特设性的公理。

不过，还有一些问题需要解决。例如，关系 - 变化版本特别强调最后一个建议所起的作用，实际上，最后一个建议似乎具有了命令的力量。这在许多情况下显得太强了，因为它使得其他任何事情都要依赖于最后听到的信息。一个更加合理的情境是：给定一系列的指令，它们都可以导致偏好的变化，但是，这些指令并不一定是同样迫切的。我们需要最终找出自己承担的所有义务。不过，整合这些指令的方法部分取决于我们所选的策略，部分取决于情境中的另一个参数，即指令施发者的相对影响力或威信。类似情形同样发生的一个具体场景是优选理论。排列有序的约束条件决定了权威者的重要性的次序，然后，我们需要计算违反约束条件的次数。这要参阅 Prince 和 Smolensky（1993）关于优先论的详细介绍以及第 4 章对有关问题的逻辑研究。

从缺省逻辑到信念修正　因为新的事实可能改变先前的结论，缺省逻辑跟信念修正自然联系在了一起。更一般地，如果采用基于相对合理性的世界排序（Grove，1988；Rott，2006），偏好变化的分析看起来非常适合用来分析信念修正。论文（van Benthem，2007a）已经表明，本章发展出来的用于处理关系变化的技术能够用于分析各种信念修正的现象，并且能完全地公理化它们的性质。

道义逻辑和命令　类似地，我们可以考虑上述方法在道义逻辑中的应用，有关道义逻辑的基本知识，可以参阅 Aqvist（1987）。在最初阶段，道义逻辑是研

① 信念修正研究领域通常把此看成是“词典顺序”的变化。Nayak（1994）最先提出这样的想法。

究有关“义务”的断定：

$O\varphi$ 表示“应当 φ”

而且，道义逻辑也研究条件句型的义务陈述 $O(\varphi|\psi)$。这里所说的义务是由某个道德权威机构规定的。所有真的 O-陈述表示主体在当下阶段所具有的全体义务总和。

在道义逻辑的经典语义里，$O\varphi$ 被看做在道义可达关系上的全称的模态词。不过它的直观意义通常理解成，φ 应当在所有那些最理想的可能世界（从当前的世界看）中为真。这里再次提出了世界上的偏好序。于是我们可以再一次应用偏好升级的情景去动态地思考上述问题。

不妨这样来考察变化过程：起初世界之间没有任何偏好，然后某个道德权威机构开始“道德说教”，这意味着他们给世界之间引入了评价性区分。如果这一过程进展顺利，我们可以得到关于世界的一种新的排序。由此，我们当下的义务可能被重新计算，调整成在所有最好世界中为真的断定。在上述方式下，一个命令序列是否有意义可能不仅仅取决于一致性，而第三节提到的“一贯性”问题现在看起来更有意义。

偏好升级中的向后看、或向前看　道义逻辑也向我们提出了新的问题。其中，一个语义的直观解释是，经过某个命令（如“你不应该杀人”），其主要命题在所有最好的可能世界中将为真。所以命令具有某种将来－导向的特性：

“确保 φ 成立”应该导致一个新的情形使得 $O\varphi$ 在其中为真。

然而正如 3.5 节看到的那样，并不是每一个升级 $\#\varphi$ 都有这样的结果，即，使得 φ 变得在那些新的最偏好的世界中为真。实际上，如何理解形如“确保 φ 成立”的命题存在着一定的困难。动态认知逻辑处理事件时主要关心它们的事前条件。所以主体从事件中得到的信息是过去－导向的，它们用来描述事件发生时的情况。但即使是简单的认知事件都可以改变世界上断定的真值。例如，公开宣告把无知状态变成有知的状态。

不过，我们并不容易定义诸如“获知某个命题为真”这样的行为。当然，对于具有简单的事实效果的行为（如开门），我们似乎可以直接定义（van Benthem et al.，2006c），但是现在还不清楚在比较复杂的情况下这样做究竟意味着什么。例如，在考虑群体的时候，似乎不能把关于无知和知识的命题任意进行“确保…成立”（see to it that，STIT）的组合，复杂的道义命令也是如此。因此，道义推理是否需要将来－导向的更新和升级看起来也是一个有趣的问题。关于此类 STIT 算子的时态逻辑，请参阅 Belnap 等（2001）。

3.7 其他相关的研究

本章中的一些技术想法已经有很长一段历史了，实际上，在文献中也有许多利用“动态化”办法处理偏好、缺省和义务的方案。我们只在文中提及了一些相关的方法，并没有做出任何详细的比较。Meyer（1988）可能是第一个从动态的观点来看待道义逻辑，其主要结果是认为道义逻辑可以规约为动态逻辑的适当版本。现在已经有一个系列的常规道义逻辑学术会议（DEON），这样的联系在计算机科学中变得更为突出。与之相一致的另一种处理办法可以追溯到 Spohn（1988），Veltman（1996）为缺省规则提供了更新语义，他们把缺省规则的意义定位于那些能修改预期模式的方法中。这是条件句和其他自然语言中采用的“更新语义”的一般方式中的一部分。van der Torre 和 Tan（1999）采用更新语义学的思想对有关义务的道义推理进行形式化，不过，其动机主要来自于计算机科学。在他们看来，规范句子的意义在于这些句子给适用于主体的“理想关系”所带来的变化中。van der Meyden（1996）进一步结合道义逻辑和动态逻辑，区分了两种许可（premission）概念。其中，“自由选择许可”需要新的“许可的动态逻辑”，偏好可以在行为之间保持。相对于上述丰富语义的不同系统的完全性定理已经被提出。把信念变化作为出发点，Hansson（1995）界定了偏好变化的四种类型，即修正、收缩、加和减，同时表明它们满足偏好理性变化的合理性公设。为了处理如何通过增加或消除转换的办法刻画主体的策略，Pucella 和 Weissmann（2004）提供了有关许可的动态逻辑的动态版本。Demri（2005）简化了范德梅登（van der Meyden）的一个命题动态逻辑的扩张，得到了 EXPTIME（指数时间）的判定程序，同时表明动态逻辑如何处理主体的策略。从范本特姆的“蓄意破坏的博弈”出发，Rohde（2005）研究了含有能描述删除任意转换（transition）算子的广义模态逻辑，那里并未涉及类似我们本章中分析的固定的升级定义。此类逻辑的模型检测是 PSPACE-完全（多项式空间 - 完全）的，可满足性是不可判定的。Pacuit 等（2006）指出，主体的义务经常依赖于他所知道的内容，由此他们定义了类似我们认知偏好语言的相关语言，不过是在时间树模型的模式下。他们还区分了诸如“知道某人的义务”和“有义务知道”这样的情形，后者的动态系统跟我们的系统有一定的交融。我们自己的方法可追溯至 van Benthem（1993），那篇论文讨论了升级偏好关系的一般形式。Zarnic（2003）采用类似的想法，结合一个简单的更新逻辑，形式化了具有 FIATφ 形式的自然语言祈使句。这样的方法还可用于描述给定计划问题的解决方案搜索等。更一般地，Yamada（2006）为命令和义务的逻辑提供了更新范式，试图给各种命令行为引起的变化进行建模。他把道义逻辑的多主体语言的变种和表示更新和命令的动态语言相整合。这是跟我们所做的最接近的工作。山田友幸的命题命令算子 A 可以在我们的系统中被确切地表示成 R 的升级发送至 $R;?$ 。但是，本章我们还给出了关于可能升级指令的更一般的处理办法。最后，Rott（2006）为信念修正提供了能够处理所有当下主要策略的关系变化模式。van Benthem（2007a）则采用 3.4 节的方法，给出了完全公理化此类策略的机制。

对上述所有方法进行全面周到的比较研究超出了本章的研究范围，当然，有兴趣的读者可以尝试这一研究工作。

3.8 结　　论

本章的主要贡献在于，我们提出了偏好升级逻辑，并且表明它是逻辑动态研究中一个十分自然而至关重要的部分。此外，本章还表明，偏好升级本质上可以表示为具有动态逻辑格式的关系变化。考虑到表达力最强的现行逻辑系统，认知乘积更新可能是一种合适的选择。

当然，还有一些问题是本章的方法所不能解决的。具体来说，在社会选择理论的定量研究中声称的关于偏好强度的更加细微区分问题就是其中之一。读者也可在线参阅本章的早期版本（van Benthem，Liu，2005），那里定义了由 Spohn（1988）、Aucher（2003）、Liu（2004）提出的效用更新机制；它可以整合旧世界和事件的效用，从而确定新世界的效用。采用此类系统，我们可以在模型中通过增加或消去“分值”的方式以一种更加易控制的局部方式升级缺省、义务或者博弈中的偏好。关系升级和效用更新之间的关系还引发了一些有趣的技术问题，有兴趣的读者可以参阅 van Benthem 和 Liu（2005）。Liu（2006b，2009c）对这些问题做了更为深入细致的研究。

4 动态偏好逻辑：一阶模型

本章仍然是用逻辑抽象的方法研究偏好和偏好的变化。但是，与第3章的模型不同，这一章所研究的偏好是关于个体对象的。我们知道，当人们对事物进行比较时，可以比较不同的情景（像第3章那样），也可以比较不同的个体对象。本章正是对后者的探讨。要谈论个体对象，很自然，我们会使用一阶语言。

4.1 研究动机

偏好的概念常常在博弈论、决策论和其他研究领域中出现。偏好最为典型的特征是，它常常被用来比较二个选择项。研究偏好及其一般的性质已经成为继先驱论著（Hallden，1957；von Wright，1963）之后的一个逻辑焦点，参见文献（Jennings，1967；Cresswell，1971；Trapp，1985；Doyle and Wellman，1994；Hansson，2001a；van Benthem et al.，2009 等）。本章采用的偏好概念具有以下几个最为显著的特征，我们希望在这一章的一开始就向读者交代清楚。

以前大多数的著作都将偏好作为初始概念，而从未考虑偏好是如何产生的问题。在这一章中，我们则从不同的角度对偏好进行研究，不仅探究偏好本身，还要研究其产生的根源。我们认为，通过一个更加基本的优先排序可以合理地获得偏好，我们将这一优先排序称为优先性基础（priority base）。因此，在模型中存在两个层次：优先性基础和从优先性基础获得的偏好。我们希望这个新的观点能够解释产生偏好的原因。这样，我们就能够谈论为什么我们会偏爱一个东西胜过另一个东西。从这个优先性基础得到偏好的方式有很多种，在 Coste-Marquis 等（2004）中有对这些不同方式的介绍和概括。

在现实生活中我们经常遇到信息不完全的情况。在此情况下，偏好就会基于我们的信念，也就是说我们是否相信某个对象具有优先性基础中的某些性质。显然，这要求把信念语言和偏好语言组合起来谈论问题。我们将会解释偏好和信念之间的密切关系。对我们而言，偏好和信念都是一种主观的精神态度。如果我们偏爱某物，我们相信我们的确偏爱某物；反之亦然。另外，本章也关注偏好的动态变化。在我们给定的模型中，偏好的改变可以归结于优先性基础上的一个变化，或者基于信念的修正，因此优先序列或信念的变化会导致偏好的变化。

根据实际情况，偏好可以用来比较情形、对象、行为、手段等选项，就像在 von Wright（1963）中列举的一样。在本章中，我们只研究介于个体对象之间的偏好。当然，对象与对象之间本身就是互相排斥的。虽然优先性基础的方法特别适用于比较个体对象之间的偏好，但它仍适用于其他类型的选择肢之间的比较。在本章第七部分，我们将会阐述如何将优先性基础的方法运用于命题。当我们比较对象时，我们思考的情形类似于下面的例子所示。

例 4.1.1 艾丽丝打算买套房子，对于她来说有几个因素应当考虑——费用、质量和周边环境，并且这些因素的重要性严格地按照上面说的顺序排列。房子是否具有这样的性质对她而言是清楚明确的。例如，在她的预算范围内，如果房子的费用低，那么就是好的；否则就是不好的。她的决定最终取决于选择肢是否具有按照顺序排列的这些特性。

换句话说，艾丽丝关于房子的偏好是由她所考虑的特性的优先顺序派生的。本章的目的就是给出逻辑来对这种情况进行建模。当艾丽丝的偏好是基于不完全信息时，信念将被引入逻辑中来帮助我们进行推理。

为了避免误解，需要预先说明以下几点：第一，我们对优先性基础的直觉思想与分层语义学（graded semantics）相关，例如 Lewis（1973）所讲的球形语义模型。第二，我们将主要考虑一个线性序的（linear-ordered）优先性基础。这样比较简单，得到的偏好是准线性序（quasi-linear order）。但是，我们的方法同样可以适用于偏序的情况，这将在本章最后提及。第三，当我们把信念算子加入偏好语言（FOL 片段）时，可能看起来像是我们正朝向信念谓词逻辑做研究。需要特别说明的是，本章所采用的仅仅是该语言很有限的一部分。第四，尽管我们以两个层次的观点出发，这样得到的偏好逻辑更像寻常的命题模态逻辑。两个层次之间的桥梁由一些定理给出，这些定理表明了所有的模态逻辑的模型都能被看成是由优先性基础所建构的。这些定理可以看做一种完全性的定理，但我们称之为表示定理（representation theorem），这样就把它们和纯粹模态完全性结果区别开来了。

本章以下部分按照这样的结构组织：在 4.2 节，我们先以简单的语言研究一个较刻板的实例，在该实例中从优先性可以推导出清楚而无歧义的偏好序。在 4.3 节，我们回顾一些基本的序概念，主要是它们的性质。更进一步，我们给出了不带信念算子的简单语言的表示定理的证明。在4.4节，我们会考虑当主体仅仅具有关于选择肢的优先性的不完全信息时将会发生什么。在4.5节，我们开始考虑偏好的变化，研究其变化的两个来源：信念上的变化和优先性序列的变动。在4.6节，我们把前面提出的逻辑语言和系统拓展到多主体的情形。这样可以研究主体之间偏好的区别。我们将证明两个表示定理，一个是相对于相互合作的主体而言，另一个是相对于相互竞争的主体而言。在4.7节，我们讨论如何把基于个体对象的偏好应用到命题上面去，建立基于命题的偏好逻辑。最后，我们讨论如何将从线性序的优先基础得到的偏好推广到从偏序的优先基础得到的偏好。本章结尾处，我们会给出在本章所获得的结论。

4.2 从优先到偏好

正如我们在前面提到的，有很多种方法可以从优先性基础得到偏好。我们选择其中一个机制，即优选论（optimality theory，OT）的方法，因为我们喜欢该机制背后的直觉。在解释这个方法的时候，我们将会讨论其他可能的方法，来表明我们的方法是如何应用到它们的。

这里简单回顾与现在的上下文相关的来自优选论的一些思想。在优选论中，给出的一组条件应用于由语法或音韵理论产生的选择肢，从而得到最优的方法。当然，我们不能肯定所选的方法满足所有的条件，很有可能没有此类的选择项。这里所说的条件，又叫约束条件（constraints），严格依照它们的重要性来排序，满足最前面条件的选择项被认为是最优选项。这种选择最优选项的方法自然给出一种介于选项之间的偏好的序。我们感兴趣的是如何用形式化的方法研究由于约束条件而导出的偏好的排序。较之于优选理论，我们的研究目的有所不同[①]。

回顾关于偏好的争论，讨论对个体对象的偏好，我们采用一阶逻辑的语言，这个语言包括逻辑常项 d_0，d_1……；变元 x_0，x_1……和谓词 P，Q，P_0，P_1……实践中，我们常常考虑有穷的论域、一元谓词、简单公式，通常没有量词，甚至没有自由变元。下面的定义直接由优选论产生，但是为了表明一种中立的态度，我们用优先序列这个词而不是约束条件序列。

① 请注意，在优选论中，最优的选项是在不知不觉中做出的；而在本书中，在大多数情况下，我们思考自觉做出选择的应用情况。而且，在优选论中受选项约束的选择情况导致了一个清楚和无歧义的结果；选项满足或不满足约束条件是明确的，一般也不会发生变化。我们将放松这里的要求，考虑当偏好改变时出现的一些问题。

定义 4.2.1 优先序列（priority sequence）就是一个有穷的多个公式（优先项）的排序，表述如下：

$$C_1 \gg C_2 \cdots \gg C_n (n \in N)$$

其中，每个 $C_m(1 \leqslant m \leqslant n)$ 是语言中的公式，恰有一个自由变量 x 为每个 C_m 所共有。

我们将用一些符号如 C 来表示优先序列中的项。这个优先序列是线性排列的，可理解为较早的优先项比后面的优先项更为重要。例如，$C_1 \wedge \neg C_2 \wedge \cdots \wedge \neg C_m$ 比 $\neg C_1 \wedge C_2 \wedge \cdots \wedge C_m$ 更受偏爱，而且 $C_1 \wedge C_2 \wedge C_3 \wedge \neg C_4 \wedge \neg C_5$ 比 $C_1 \wedge C_2 \wedge \neg C_3 \wedge C_4 \wedge C_5$ 更受偏爱。与优选论的区别在于我们关注的是个体对象是否满足优选项，而优选论强调个体对象是否违背约束条件的情形。这更多的是心理学上的区别，而不是形式上的区别。然而，在优选论中，会出现多次不满足条件的情形，所以不满足约束条件的次数在那里很重要。在本章，我们只考虑简单的对象，所以无法得到类似的结论。但是，我们认为可以通过考虑复合对象（如对象串）得出类似的可能结论。

定义 4.2.2 给定一个长度为 n 的优先序列，两个对象 x 和 y，$pref(x, y)$ 定义如下：

$pref_1(x, y) ::= C_1(x) \wedge \neg C_1(y)$

$pref_{k+1}(x, y) ::= pref_k(x, y) \vee (Eq_k(x, y) \wedge C_{k+1}(x) \wedge \neg C_{k+1}(y))$, $k < n$

$pref(x, y) ::= pref_n(x, y)$

其中，辅助的二元谓词 $Eq_k(x, y)$ 表示 $(C_1(x) \leftrightarrow C_1(y)) \wedge \cdots \wedge (C_k(x) \leftrightarrow C_k(y))$①

假设例 4.1.1 中艾丽丝有如下的优先序列：

$$C(x) \gg Q(x) \gg N(x)$$

其中，$C(x)$、$Q(x)$ 和 $N(x)$ 的意思分别是“x 具有更低的价格”，“x 质量好”和“x 有个好邻里”。考虑具有如下性质的 d_1 和 d_2 两套房子：$C(d_1)$，$C(d_2)$，$\neg Q(d_1)$，$\neg Q(d_2)$，$N(d_1)$ 和 $\neg N(d_2)$。根据刚刚给出的定义，我们得到艾丽丝偏爱 d_1 胜于 d_2，也就是说，$pref(d_1, d_2)$。

与 4.4 节不同的是，信念在这个定义还没有起作用。这就意味着 $pref(x, y)$ 可以读成“x 优于 y”，或者说，“在完全信息条件下 x 比 y 更受偏爱”。

---

① 这种从优先序列派生出序的方法在 Coste-Marquis 等（2004）中被称为字母排序最小化（leximin ordering）。

评论 4.2.1 进一步对优选项进行等级划分时，我们的方法仍然可以应用。在例 4.1.1 中，如果艾丽丝更加仔细，她可能会将费用 C 进一步细分为三个等级：C_1（极低价）、C_2（低价）和 C_3（中间价）。类似地，也可以对其他优选项进行分级。这样，最初的优先序列 $C(x) \gg Q(x) \gg N(x)$ 就可能变成 $C_1(x) \gg C_2(x) \gg Q_1(x) \gg C_3(x) \gg Q_2(x) \gg N_1(x) \gg \cdots$

正如我们开始提到的，我们选择语法的方式用公式来表示优选项。如果我们改为从语义的角度来看，模型中优先序列就会变为由 n 个集合组成的序列。在该研究中，模型的要素是个体对象而不是通常的世界。但是，大家应当看到，这其实是一个微不足道的区别。如果你愿意，在例 4.1.1 中，你完全可以用艾丽丝已买房 d 的情形（命题）来替代房子 d 本身（个体对象）。

当提到模型中的集合时，我们很容易想到刘易斯的球形语义学（Lewis，1973：98，99）。从优先基础获得的模型中的 n 个集合在原则上可以是毫无关系的。而在球形语义学中，那些可能世界的集合则是以包含关系呈线序排列的。为了与优先基础相比，我们换到球形语义学的语法变形，给定一系列的公式 $G_1, \cdots, G_m$，如果 $i \leqslant j$，则有 $G_i(x)$ 蕴涵 $G_j(x)$。这些公式以一种更为直接的方式表示偏好。$G_1(x)$ 是最受偏爱的，$G_m(x)$ 是最不受偏爱的。接下来，我们会证明，这两种方法是可以互相翻译的，从而说明这两者其实是等价的。

定理 4.2.1 从优先序列 $C_1 \gg C_2 \gg \cdots \gg C_m$ 中产生一个 2^m 长的 G 序列。另外，可以从 G 序列对数中得出与 G 序列长度一样的优先序列。

证明：让我们只看看 $m=3$ 时的情况。假定我们有优先序列 $C_1 \gg C_2 \gg C_3$，个体对象的偏好关系由它们的特性在下面的列表中出现的位置来决定。

$R_1: C_1 \wedge C_2 \wedge C_3$。

$R_2: C_1 \wedge C_2 \wedge \neg C_3$。

$R_3: C_1 \wedge \neg C_2 \wedge C_3$。

$R_4: C_1 \wedge \neg C_2 \wedge \neg C_3$。

$R_5: \neg C_1 \wedge C_2 \wedge C_3$。

$R_6: \neg C_1 \wedge C_2 \wedge \neg C_3$。

$R_7: \neg C_1 \wedge \neg C_2 \wedge C_3$。

$R_8: \neg C_1 \wedge \neg C_2 \wedge \neg C_3$。

G_i 由上面列表中成员的析取来构成。可以用最简单的形式把它们表述如下：

$G_1: R_1$。

$G_2: R_1 \vee R_2$。

⋮

$G_8: R_1 \vee R_2 \cdots \vee R_8$。

给定 G_i 序列，我们可以定义 C_i 如下：

$C_1 = R_1 \vee R_2 \vee R_3 \vee R_4$。

$C_2 = R_1 \vee R_2 \vee R_5 \vee R_6$。

$C_3 = R_1 \vee R_3 \vee R_5 \vee R_7$。

这可以简单地从 G 球图形中直接读出。C_i，R_i 和 G_i 的关系可以从图 4.2.1 中看出。

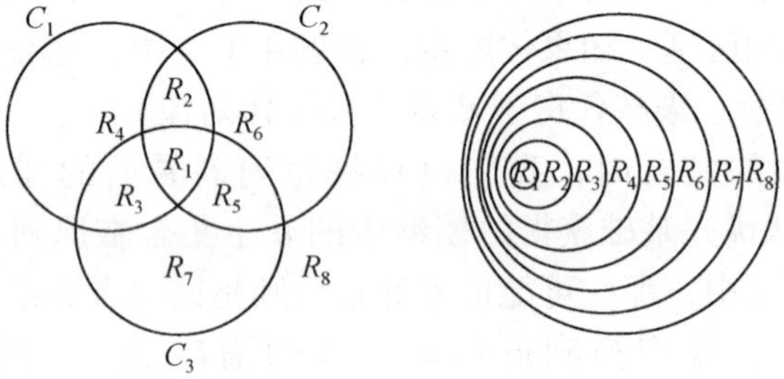

图 4.2.1　C_i，R_i，G_i

评论 4.2.2　把我们的方法应用到这里的球形语义图中，<u>*pref*</u>(x, y) 的定义就变成 $\forall i(y \in G_i \to x \in G_i)$。总体来说，上面的证明说明，我们的语法方法也可以应用到球形语义方法中。同样，也可以应用到任何其他可以规约到球形语义的方法中。

评论 4.2.3　正如我们刚开始指出的，人们可以用不同的方法从优先序列 C 中定义偏好，所有的那些方法我们都可以处理。现在分析这些方法中的一种，在 Coste-Marquis 等（2004）中叫做最好－显现序（best-out ordering）。作为例证，我们定义偏好如下：

pref(x, y)，当且仅当，$\exists C_j \in C(\forall C_i \gg C_j((C_i(x) \wedge C_i(y)) \wedge (C_j(x) \wedge (C_j(y))))$。

在这种情况下，仅当我们接收到正面信息时，我们才沿着优先序列继续。回到例 4.1.1，这就意味着在该选择下，我们只得出结论<u>*pref*</u>(d_1, d_2) 和<u>*pref*</u>(d_2, d_1)：d_1 和 d_2 具有同等的偏好。注意在得到 $\neg Q(d_1)$、$\neg Q(d_2)$ 后，艾丽丝根本不会考虑性质 N。

4.3 一些常见的序关系和表示定理

本节我们将简要讨论在当前语境下用到的一些不同类型的序。如果关系 $<$ 是非自返的，传递的、非对称的并且满足连通性：$x<y \vee x=y \vee y<x$，那么这个关系就是一个*线性序*。更精确地说，$<$ 叫做严格线序。非严格线性序 $\leqslant$ 是自返的、传递的、反对称且连通的关系。出于各种原因，引入非严格的线性序是十分有用的。

数学上来讲，严格和非严格线性序之间可以轻而易举地相互翻译：

（1）$x<y \leftrightarrow x\leqslant y \wedge x\neq y$。

（2）$x<y \leftrightarrow x\leqslant y \wedge \neg(y\leqslant x)$。

（3）$x\leqslant y \leftrightarrow x<y \vee x=y$。

（4）$x\leqslant y \leftrightarrow x<y \vee (\neg(x<y) \wedge \neg(y<x))$。

优选论只考虑线性序排列的约束条件。这样得到的偏好是一个*准线性序*。也就是说，一个满足所有非严格线性序的要求但是反对称的关系 $\leqslant$。准线性序包含“同样大”的元素簇，其中的元素相互之间都有 $\leqslant$ 的关系。很自然地，它的严格形式 $<$ 是非自返、传递和连通的关系。即使是这样，严格和非严格序仍然可以互相定义（只运用上述的（2）和（4）选项即可，不需要（1）和（3））。然而，*pref* 通常呈现非对称关系而且我们对此也没有什么异议。因此我们选择非自返、传递和非对称关系。那么，运用（2）就可以用 $\leqslant$ 定义 $<$，而非用 $<$ 定义 $\leqslant$。关于这一点下图的解释很清楚。一个非自返、传递、非对称的关系不能区分下面给出的两个序。

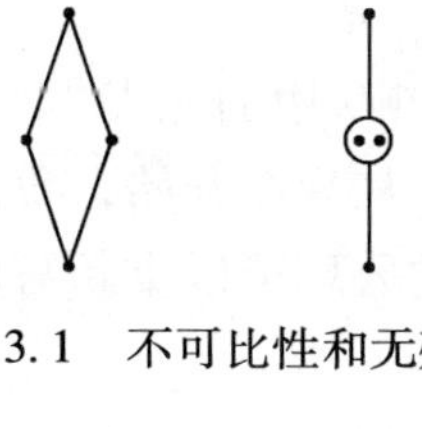

图 4.3.1　不可比性和无殊性

另外，我们还需要一个额外的等价关系 $x\sim y$ 来表达 x 和 y 是同一簇里的要素。$x\sim y$ 可以定义如下。

（5）$x\sim y \leftrightarrow x\leqslant y \wedge y\leqslant x$。

那么，在另一个方向上，$x\leqslant y$ 可以用 $<$ 和 $\sim$ 定义：

（6）$x\leqslant y \leftrightarrow x<y \vee x\sim y$。

当然，完全可以把我们的讨论拓展到偏序排列的约束条件序列上去，我们会在4.8节中讨论与此相关的一些问题。偏好关系将不再是准线性序，而只是一个所谓的准序（quasi-order）：在非严格情况下，它是一个自返和传递的关系，而在严格的情况下，它是非对称的传递关系。当然，我们仍然可以使用（2）从一个非严格的序得到一个严格的准线性序，也可以使用（6）从严格的序加上 ~ 得到一个非严格的准线性序。但是，我们在4.4节中会看到，在信念起作用的情况下，这些推论不再产生我们想要的结果。在这种情况下，我们必须保证（5）依然成立，并且 < 和 ~ 蕴涵 ≤。

下面我们将会用 *pref* 表示严格偏好，用 $\underline{pref}$ 表示非严格偏好，用 *Eq* 对应 ~，表示两个要素是相等的。显然，不管优先性质是什么，非严格偏好关系具有下面的一般性质。

（1）$\underline{pref}(x, x)$。

（2）$\underline{pref}(x, y) \vee \underline{pref}(y, x)$。

（3）$\underline{pref}(x, y) \wedge \underline{pref}(y, z) \rightarrow \underline{pref}(x, z)$。

（1）~（3）分别表示自返性、连通性和传递性。这就意味着 $\underline{pref}$ 是准线性关系，它不具有对称性。

不足为奇的是，（1）~（3）是关于偏好的一套完备的原则。正如我们在本章第一节说的那样，我们会把这些原则放在表示定理中解释。在这里，这很容易做到，但是我们会在这里仔细解释它，以便读者更容易理解后面将要证明的其他表示定理。首先，我们将一阶偏好的语言规约到它的核心部分。

定义 4.3.1 令 Γ 是命题变元的集合，D 是个体对象的域，规约的偏好逻辑的语言定义如下：

$\varphi ::= p \mid \neg\varphi \mid \varphi \wedge \psi \mid \underline{pref}(d_i, d_j)$

其中，p 和 d_i 分别表示 Γ 和 D 中的元素。

规约语言包含了命题演算。从现在开始，我们将带变量和谓词的语言作为扩展语言。在规约语言中，上面的公理可以重新写成：

（1）$\underline{pref}(d_i, d_i)$。

（2）$\underline{pref}(d_i, d_j) \vee \underline{pref}(d_j, d_i)$。

（3）$\underline{pref}(d_i, d_j) \wedge \underline{pref}(d_j, d_k) \rightarrow \underline{pref}(d_i, d_k)$。

我们将这个公理系统称为 **P**。

定理 4.3.1 表示定理。

$\vdash_{\mathbf{P}}\varphi$，当且仅当 φ 在所有从优先序列获取的模型中都有效。

证明：从左至右的方向很明显。假定公式（d_1，…，d_n，p_1，…，p_k）在系统 **P** 中是不可推演的。那么存在一个非严格的准线序 d_1，…，d_n，并且在 φ 中有一组原子公式 p_1，…，p_k 的赋值使得 $\varphi(d_1, \cdots, d_n)$ 不成立。我们假定有一个线序（容易转变为更一般的准线序），且顺序为 $d_1 > d_2 > \cdots > d_n$。然后我们引入拓展的语言，语言中包含一元谓词 P_1，…，P_n，其中的优先序列为 $P_1 \gg P_2 \gg \cdots \gg P_n$，并且令 P_i 仅仅作用于 d_i。很明显，相对于优先序列的 d_1，…，d_n 的偏好顺序为从左至右。这样，我们就把模型变形为想要的模型，即其中定义的偏好关系具有需要的性质①。

■

评论 4.3.1 以上的证明也可以应用于包含一些附加谓词 Q_1，…，Q_k 的规约语言中，我们可以看到一些有益的结论。当然，对于由 Q_1 到 Q_k 建立的语言中，我们同样希望能够得到一个公式的优先序列。如果在模型 $\boldsymbol{M}$ 中，每一对常项 d_i 和 d_j 都能用这个语言中的公式进行区分，那么就可能实现上述情况。也就是说，每一个 i 和 j，都存在一个公式 φ_{ij}。并且 $\boldsymbol{M} \vDash \varphi_{ij}(d_i)$，$\boldsymbol{M} \vDash \neg \varphi_{ij}(d_j)$。这样，公式 $\psi_i = \wedge_{i \neq j} \varphi_{ij}$ 只满足 d_i，并且 $\psi_1 \gg \cdots \gg \psi_n$ 是所要求的优先顺序。当两个常项不可区分时，需要引入新的谓词。简单的办法就是允许语言中有等词。$x = d_1$ 很显然能够区分 d_1 和 d_2。

这里我们要再次强调一下表示定理的本质。它告诉我们从优先序列获得偏好关系的方式并不影响我们对偏好的一般推理，也就是关于偏好的逻辑。上面的证明体现了这一点：如果有一个模型，其偏好关系以一定方式出现，那么我们可以考虑这一偏好关系是从一个优先序列中得出的。而且，这样思考问题的方法并不影响模型原来的面目。

4.4 不完全信息与偏好

这一节我们将讨论当主体只有不完全信息，但是却乐于表达自身的偏好时所发生的情形。我们用处理不确定性的信念算子 $B\varphi$ 来拓展原来的语言，这是信念谓词逻辑语言的一个小片段。当然，也许完整的信念谓词逻辑语言将会带给我们更多有趣的问题，但在这里我们不予讨论，我们将把这个课题留待其他场合研究。我们将经典的 **KD45** 作为信念的逻辑，尽管我们清楚对于信念有很多哲学上的讨论以及选择哪个逻辑系统为合适的、广泛的讨论。

① 尽管我们在证明中用了 n 个优先属性以使过程更易描述，一般地，一共用 $\log_2(n)+1$ 种优先属性就足以达到目的。

最为有趣的事情是，我们下面将会给出偏好的几个不同定义。这表明了当主体处理相关性质的不完全信息时，在决定他的偏好时的不同“进程”。选取哪一种进程主要取决于主体的域和类型①。在新的语言当中，优先顺序的定义是相同的，例如，优先性质 C_i 是新的语言中的公式，但是其中不包含信念算子。

定义 4.4.1（决定性偏好） 给定长度为 n 的优先序列和两个对象 x，y，$pref(x, y)$ 定义如下：

$pref_1(x, y) ::= BC_1(x) \wedge \neg BC_1(y)$

$pref_{k+1}(x, y) ::= pref_k(x, y) \vee [Eq_k(x, y) \wedge BC_{k+1}(x) \wedge \neg BC_{k+1}(y)]$, $k<n$

$pref(x, y) ::= pref_n(x, y)$

这里，$Eq_k(x, y)$ 表示 $[BC_1(x) \leftrightarrow BC_1(y)] \wedge \cdots \wedge [BC_k(x) \leftrightarrow BC_k(y)]$。

为了确定偏好关系，只需看相关的优先顺序，检验主体是否相信个体对象具有这些性质。但是，至少还有另外两种定义看起来也是合理的偏好定义。

定义 4.4.2（保守性偏好） 给定长度为 n 的优先顺序和两个对象 x，y，$pref(x, y)$ 定义如下：

$pref_1(x, y) ::= BC_1(x) \wedge B\neg C_1(y)$

$pref_{k+1}(x, y) ::= pref_k(x, y) \vee (Eq_k(x, y) \wedge BC_{k+1}(x) \wedge B\neg C_{k+1}(y))$, $k<n$

$pref(x, y) ::= pref_n(x, y)$

其中，$Eq_k(x, y)$表示$(BC_1(x) \leftrightarrow BC_1(y)) \wedge \cdots \wedge (B\neg C_k(x) \leftrightarrow B\neg C_k(y)) \wedge \cdots \wedge (BC_k(x) \leftrightarrow BC_k(y)) \wedge (B\neg C_k(x) \leftrightarrow B\neg C_k(y))$。

定义 4.4.3（慎思的偏好） 给定长度为 n 的优先顺序和对象 x、y，$pref(x, y)$ 定义如下：

$supe_1(x, y)$② $::= C_1(x) \wedge \neg C_1(y)$

$supe_{k+1}(x, y) ::= supe_k(x, y) \vee (Eq_k(x, y) \wedge C_{k+1}(x) \wedge \neg C_{k+1}(y))$, $k<n$

$supe(x, y) ::= supe_n(x, y)$

$pref(x, y) ::= B(supe(x, y))$

其中，$Eq_k(x, y)$ 表示$(C_1(x) \leftrightarrow C_1(y)) \wedge \cdots \wedge (C_k(x) \leftrightarrow C_k(y))$。

为了更好地理解以上三种定义之间的区别，我们重新回顾一下例 4.1.1。现在，我们在以上提出三种不同的定义下讨论问题。

---

① 这与主体的多样性有关。

② 这里的定义就像 4.2 节中偏好的定义。

（1）艾丽丝接受定义 4.4.1：她检查自己得到了什么信息，她看到 d_1 成本比较低，但是却没有关于 d_2 的信息。这使她立刻决定选择 d_1。不管她听说了什么有关质量和周边环境的信息，她都会这样选择。

（2）鲍勃接受定义 4.4.2：他得到与爱丽丝同样的信息，但是，他的反应不同于艾丽丝。根据已有的信息，他没有形成自己的偏好。只要他没听说关于 d_2 成本的信息，他都会如此，不管他获得了什么有关质量和周边环境的信息。

（3）科拉接受定义 4.4.3：她得到的初始信息也是一样的。在这个基础上，科拉不能做出任何选择。但是有关于质量和其他方面的信息可以帮助做决断。例如，假定她听说 d_1 质量很好，或者说其所处的周边环境很好，而 d_2 的质量和周边环境都不好，那么科拉就会认为无论如何，d_1 都会更好一些，因此 d_1 就是她所偏好的。注意：这样的信息并不能帮助鲍勃做出任何决定。

根据以上三个主体的行为，总体来说，似乎艾丽丝总是根据有限的信息来决定自己到底偏爱哪一个。相反地，鲍勃选择等待以获取更多的信息。科拉的表现有所不同，在做决定之前，她先根据所有获得的现有信息进行评估。这三种情况的分析让人想起有关主体多样性的观点，不同的主体对待同样的事情会有截然不同的态度，正如上面的例子中看到的那样。关于主体多样性的问题，可以参考 van Benthem 和 Liu（2004）、Liu（2004）、Liu（2006b）、Liu（2009c）。

显然，我们有下面这个事实成立。

事实 4.4.1

- 连通性在定义 4.4.1 下成立，而在定义 4.4.2 和 4.4.3 下不成立。
- 在上述三个定义中，定义 4.4.2 是最强的，这是在下面的意义上说的：因为如果根据定义 4.4.2 的 $pref(x, y)$ 成立，那么，根据定义 4.4.1 和 4.4.3，$pref(x, y)$ 也成立。

需要注意的是，如果在定义 4.4.3 中，我们把 $\underline{pref}(x, y)$ 看做 $B(supe(x, y))$，那么 $pref$ 和 $\underline{pref}$ 的正常的相互定义的关系不再存在，即 $\underline{pref}$ 不再能定义 $pref$，或者 $\underline{pref}$ 不再能被 $pref$ 和 Eq 定义。

对于所有的三个定义，我们有如下定理成立：

定理 4.4.1　$\underline{pref}(x, y) \leftrightarrow B\underline{pref}(x, y)$。

证明：事实上我们在 **KD45** 中可以证明更一般命题。即如果公式 α 是 B-陈述的命题组合，那么 $\vdash_{KD45}\alpha \leftrightarrow B\alpha$。

从左至右：既然 α 是 B-陈述的命题组合，它也可以转换为合取范式：$\beta_1 \vee \cdots$

$\vee \beta_k$。显然，对于每个 i，$\vdash_{KD45} \beta_i \rightarrow B\beta_i$，因为合取式 β_i 中的每个 γ 表示 $B\gamma$。如果 $A = \beta_1 \vee \cdots \vee \beta_k$ 成立，那么 β_i 也成立，同理 $B\beta_i$，$B\alpha$ 也都成立。那么由于 α 是 B-陈述的命题组合，那么 $\neg \alpha$ 也是 B-陈述的命题组合。我们马上得出：$\vdash_{KD45} \neg \alpha \rightarrow B \neg \alpha (*)$。

从右到左：假设 $B\alpha$ 和 $\neg \alpha$，那么根据（$*$）式得 $B\neg \alpha$，因此有 $B\bot$。但是 $B\bot$ 在 **KD45** 中不可能成立，因此 α 成立。

由于$\underline{pref}(x, y)$ 在所有三个例子中，事实上都是 B-陈述的命题组合，所以这个定理成立。 ■

推论 4.4.1 $\neg \underline{pref}(x, y) \leftrightarrow B \neg \underline{pref}(x, y)$。

在我们看来，与信念一样，偏好是一种精神状态，因此，定理 4.4.5 和推论 4.4.1 都是合理的。换句话说，正如我们相信我们相信的东西一样，我们相信我们偏爱的东西。

下文中，我们将基于定义 4.4.1 讨论问题，计划推广前面证明过的表示定理（定理 4.3.1）。让我们考虑由经典的命题字母上建立起来的简化语言，加上逻辑联结词、$\underline{pref}(d_i, d_j)$ 和信念算子 B。对于信念算子 B，我们约定 **KD45** 的一般原则。

定理 4.4.2 下面的公式恰好是用来公理化的有效原则。

（1）$\underline{pref}(d_i, d_i)$

（2）$\underline{pref}(d_i, d_j) \vee \underline{pref}(d_j, d_i)$

（3）$\underline{pref}(d_i, d_j) \wedge \underline{pref}(d_j, d_k) \rightarrow \underline{pref}(d_i, d_k)$

（4）$\neg B\bot$

（5）$B\varphi \rightarrow BB\varphi$

（6）$\neg B\varphi \rightarrow B\neg B\varphi$

（7）$\underline{pref}(d_i, d_j) \leftrightarrow B\underline{pref}(d_i, d_j)$

我们现在考虑 **KD45-P** 系统，这个系统包括以上有效公式、分离规则（MP）以及关于 B 的全程量化规则。

定义 4.4.4 **KD45-P** 模型是一个五元组 $\langle W, D, R, \{\leqslant_w\}_{w \in W}, V\rangle$。其中，$W$ 是一可能世界的集合，D 是常项的集合，R 是 W 上满足欧性（euclidean）和延续性（serial）的可及关系。即它满足 $\forall xyz((Rxy \wedge Rxz) \rightarrow Ryz)$ 和 $\forall x \exists y Rxy$。对于每个 w，$\leqslant_w$ 是 D 上的准线性序，对于每个欧性类而言这一个关系都是一样的。V 是通常意义上的赋值函数。

我们想提醒读者，欧性类与等价类在很多方面都极为相似，除了下面的一点：欧性类中包含一些不自返的世界，而且有一些 R 关系只指向类中自返的部分（等价的部分）。

定理 4.4.3 **KD45-P** 系统是完全的。

证明：逻辑 **KD45-P** 的典范模型具有我们所要求的特性：信念可及关系 R 是欧性的并且是延续的。这意味着对于 R，模型分成了欧性类。在每个节点，*pref* 是常项的准线性序。在欧性类里，偏好的序关系是一致的（通过 $Bpref \leftrightarrow pref$），这足够证明系统的完全性。■

定理 4.4.4 逻辑 **KD45-P** 具有有穷模型性。

证明：用常规方法。

定理 4.4.5（表示定理）。$\vdash_{\mathbf{KD45\text{-}P}}\varphi$，当且仅当，$\varphi$ 在由优先序列获得的所有模型中的都是有效的。

证明：假设 $\nvdash_{\mathbf{KD45\text{-}P}}\varphi(d_1, \cdots, d_n, p_1, \cdots, p_m)$，根据定理 4.4.3，有一个模型，$w$ 为其一个世界，φ 是不可满足的。我们把模型限制在 w 所在的欧性类里，由于在整个欧性类中，常项的排序是一样的，那么常项的排序在整个模型中也是一样的。我们定义谓词 $P_1, \cdots, P_n$，然后采取定理 4.3.1 的方法证明。■

评论 4.4.1 上述三个定义并不是仅有的选择可供考察。例如，我们可以给定义 4.4.2 一个变形（ * ）。为方便起见，我们只使用一个谓词 C。

$$pref(x, y) ::= \neg B\neg C(x) \wedge B\neg C(y) \qquad (*)$$

这个定义意味着，在下面的情况下，主体可以决定自己的偏好：一方面，他没有完全准备相信 $C(x)$，但是却认为 $C(x)$ 与他所知道的现有信息一致；另一方面，他明确相信$\neg C(y)$。与定义 4.4.2 相比，式（ * ）要弱一点，因为它并不明确要求有关 $C(x)$ 的正的信念。

还有，我们还可以合并定义 4.4.1 和式（ * ），得到

$$pref(x, y) ::= (BC(x) \wedge \neg BC(x)) \vee (\neg B\neg C(x) \wedge B\neg C(y)) \qquad (**)$$

与式（ * ）相反，这样得到的偏好是一个准线性序。

同理，对于定义 4.4.3，如果我们用$\neg B\neg(supe(x, y))$，而不用 B（$supe(x, y)$），就得出一个弱一些的偏好定义。我们不准备继续讨论偏好的可能定义，现在，我们转向本章的另一个重要主题——偏好的动态变化。

4.5 偏好的动态变化

到目前为止，我们已经在静态的情况下给偏好下了三个不同定义。现在我们来讨论发生变化的偏好。在信息完全的偏好定义中，唯一可能引起偏好变化的是优先序列上的变化。而在信息不完全的情况下，导致偏好变化的不仅仅可能是优先序列，还有可能是我们的信念在发生改变。因此，优先序列和信念改变会导致偏好的改变。本节我们着重讨论这两种变化。

4.5.1 优先性变化导致的偏好变化

我们先来看例4.1.1的一个新版本。

例4.5.1 有一天，艾丽丝赢了六合彩，得到了1000万美元。她的状况发生了巨大的变化。现在她认为质量是买房中最重要的因素。

换句话说，这个例子表明，优先序列是可以发生变化的。我们将关注优先序列的变化及其引起的偏好变化。为此，我们首先将偏好中的优先序列在语言中明确表示出来。我们首先考虑具有完全信息又不带信念的情况。如同定义4.2.1一样，设 $\hat{e}$ 为长度为 n 的优先序列。那么我们用 $pref_C(x,\ y)$ 表示由该优先序列定义的偏好。考虑如下可能的变化：在 $\hat{e}$ 的右边加一个 C，写成 $\hat{e}\frown C$，$C\frown\hat{e}$ 表示在 $\hat{e}$ 左边加一个 C。序列 $\hat{e}^{-}$ 表示去掉最后一个元素。序列 $\hat{e}^{i\leftrightarrows i+1}$ 表示互换它的第 i 个和第 $i+1$ 个的优先性质。显然，我们得到如下关系：

$$pref_{\hat{e}}\frown c(x,y)\leftrightarrow pref_{\hat{e}}(x,y)\vee(Eq_{\hat{e}}(x,y)\wedge C(x)\wedge\neg C(y))$$

$$pref_{C}\frown_{\hat{e}}(x,y)\leftrightarrow(C(x)\wedge\neg C(y))\vee((C(x)\leftrightarrow C(y))\wedge pref_{\hat{e}}(x,y))$$

$$pref_{\hat{e}}{}^{-}(x,y)\leftrightarrow pref_{\hat{e},n-1}(x,y)$$

$$pref_{\hat{e}^{i\leftrightarrows i+1}}(x,y)\leftrightarrow pref_{\hat{e},i-1}(x,y)\vee(Eq_{\hat{e},i-1}(x,y)\wedge C_{i+1}(x)\wedge\neg C_{i+1}(y))\vee(Eq_{\hat{e},i-1}(x,y)\wedge(C_{i+1}(x)\leftrightarrow C_{i+1}(y))\wedge C_i(x)\wedge\neg C_i(y))\vee(Eq_{\hat{e},i+1}(x,y)\wedge pref_{\hat{e}}(x,y))$$

根据这些关系，我们能够表述由于优先序列的变化而引起的偏好改变，正如动态认知逻辑中刻画知识由于信息的变化而发生变化的过程一样。现在，我们来考虑下列四个算子：[^{+}C] 表示在右边加 C，[C^{+}] 表示在左边加 C，[－] 表示去掉长度为 n 的优先序列的最后的一个要素，[$i\leftrightarrow i+1$] 表示第 i 个和第 $i+1$ 个优先性质相互对换。根据对上面偏好关系的变化，我们可以得到如下对应的规约公理：

$[^+C]pref(x,y) \leftrightarrow pref(x,y) \vee (Eq(x,y) \wedge C(x) \wedge \neg C(y))$

$[C^+]pref(x,y) \leftrightarrow (C(x) \wedge \neg C(y)) \vee ((C(x) \leftrightarrow C(y)) \wedge pref(x,y))$

$[-]pref(x,y) \leftrightarrow pref_{n-1}(x,y)$

$[i \leftrightarrow i+1]pref(x,y) \leftrightarrow pref_{i-1}(x,y) \vee (Eq_{i-1}(x,y) \wedge C_{i+1}(x) \wedge \neg C_{i+1}(y)) \vee (pref_i(x,y) \wedge (C_{i+1}(x) \leftrightarrow C_{i+1}(y))) \vee (Eq_{i+1}(x,y) \wedge pref(x,y))$

当然，由于右边仅仅是建立在之前的 *pref* 和增加的优先性质的基础之上，前面两个规约公理更让人满意。注意：前面的两个算子中的任意一个，加上第三个和第四个算子足以表述优先序列中可能发生的任意变化。值得注意的是算子［C^+］与第二章中的［#C］对模型的影响几乎是一样的。我们会在第 5 章讨论此类的联系。

对于定义 4.4.1 和定义 4.4.2，我们也可以得出类似的规约公理。例如，对于定义 4.4.1，我们只需用 BC 代替 C，用$\neg BC$ 代替$\neg C$。对于定义 4.4.3，情况非常复杂，规约公理几乎不可能。我们回到科拉的例子来进一步说明。假设科拉在成本和质量的基础上有某种偏好，而且她获得了与质量、周边环境相关的信息。那么在“周边环境”被加入这个优先序列后，她的新的偏好不是她原先的偏好以及她对周边环境信念的函数。与质量和周边环境相关的信念是她论据的核心，但是这些信念并不包含在支持她原先偏好的信念中，也不包含在对周边环境本身的信念中。

4.5.2　信念改变引起的偏好变化

现在我们继续讨论引起偏好改变的另外一个因素，即信念的变化。信念变化在日常生活中经常发生。随着新信息的出现，这会改变我们对事物的认识或信念。从技术的角度来讲，Baltag 和 Smets（2006a）、van Benthem（2007）的更新机制能马上应用到我们这里的包含信念的偏好系统中来。由于偏好依据信念定义，因此，我们可以从信念的变化计算出偏好的变化。下面，我们区分两个例子：信念变化是由于称为“硬信息”和“软信息”的信念更新引起的。

4.5.2.1　硬信息条件下偏好的改变

看例 4.1.1 的一个简化版本。

例 4.5.2　我们假设这一次艾丽丝只考虑房屋的成本（C）和周边环境（N），且 $C(x) \gg N(x)$。有 d_1 和 d_2 两处房屋可供选择。真实情况是 $C(d_1)$，$N(d_1)$，$C(d_2)$ 和$\neg N(d_2)$。首先艾丽丝偏爱 d_2 胜于 d_1，因为她相信 $C(d_2)$ 和 $N(d_2)$。但是，现在艾丽丝在报纸上看到 $C(d_1)$，她接受该信息。于是，她改变了她的偏好。

在此我们假设艾丽丝把她从报纸上获得的信息当做硬信息。她只是在她成堆的信念中加入新的信息。图 4.5.1 说明艾丽丝看报之前的认知状态情形。

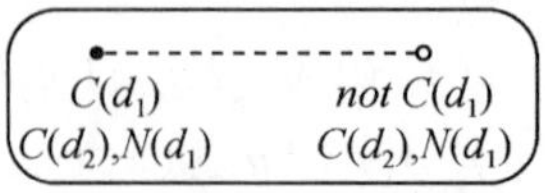

图 4.5.1　初始模型

与通常情况一样，虚线表示艾丽丝对两种情形的不确定性。尤其是，她不知道 $C(d_1)$ 是否成立。当她得知 $C(d_1)$，情况变成图 4.5.2 所示。把 $\neg C(d_1)$ 世界从模型中去掉，艾丽丝更新了她的信念。现在，她偏爱 d_1 胜于 d_2。

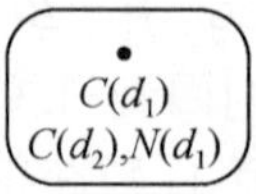

图 4.5.2　更新模型

我们假设要使用消去式语义方法（van Benthem，2006a；Fagin et al.，1995），即公开宣告 A 导致满足 $\neg A$ 的世界从模型中被消去。我们得出规约公理。

$$[!A]pref_C(x, y) \leftrightarrow A \to pref_{A\to C}(x, y)$$

如果 C 是优先序列 $C_1 \gg \cdots \gg C_n$，$A \to C$ 被定义为 $A \to C_1 \gg \cdots \gg A \to C_n$。

如果引入 van Benthem（2007a）中的条件信念 $B^{\psi}\varphi$，即主体在条件 ψ 下相信 φ，我们可以进一步考虑深层的问题。当然，我们也可以很简单地用 B^{ψ} 代替 4.4 节定义中的 B，推出条件偏好 $pref^{\psi}(x, y)$。假设 A 是没有信念算子的公式，简单计算就可以得出规约公理的另一种形式。

$$[!A]pref(x, y) \leftrightarrow A \to pref^{A}(x, y)$$

4.5.2.2　软信息下的偏好变化

当新信息不如上述信息可靠时，我们不得不考虑新信息与主体掌握的信息不一致的可能性。要么新信息是不可靠的，要么主体的信念是站不住脚的。从语义的角度考虑，为了讨论软信息对信念的影响，模型按照似乎合理性的关系 $\leqslant$ 被划分为不同的等级。对于单个主体的情况，人们常常只考虑包含欧性类的模型。对于欧性类来说，其等价类部分是最合理的世界。对于所有欧性类中的可能世界 w 以及不在其中的世界 u，$w < u$。否则，$v < v'$ 只能在欧性等价类之外的世界中获得。为了顾及模型中所有的元素，我们引进全称模态算子 U 及其对偶算子 E 来代替单一的 R 关系。对于软信息的更新，有许多种可能的方法。为此目的，我们

选择字母排序最小化更新 $\Uparrow A$，由 Veltman（1996）、Rott（2006）最初提出，后来被 van Benthem（2007a）所采用。当新的信息 A 出现之后，序 $\leqslant$ 的变化以这样的方式进行：所有 A-世界严格优于所有 $\neg A$-世界，A-世界中保持旧有的排序不变，对 $\neg A$-世界也如此。更新之后，R 关系指向最好的 A-世界。van Benthem（2007a）提出这种更新下信念的规约公理：

$$[\Uparrow A]B\varphi \leftrightarrow (EA \wedge B^A([\Uparrow A]\varphi) \vee (\neg EA \wedge B[\Uparrow A]\varphi)$$

当我们只考虑没有信念算子的优先公式 φ 时，就得到更简单的形式：

$$[\Uparrow A]B\varphi \leftrightarrow (EA \wedge B^A\varphi) \vee (\neg EA \wedge B\varphi)$$

这样就很容易得出偏好的规约公理：

$$[\Uparrow A]pref(x, y) \leftrightarrow (EA \wedge pref^A(x, y)) \vee (\neg EA \wedge pref(x, y))$$

或以一种更接近硬信息的形式：

$$[\Uparrow A]pref(x, y) \leftrightarrow (EA \rightarrow pref^A(x, y)) \wedge (\neg EA \rightarrow pref(x, y))$$

条件偏好的规约公理是

$$[\Uparrow A]pref^{\psi}(x, y) \leftrightarrow (E(A \wedge \psi) \rightarrow pref^{A \wedge \psi}(x, y)) \wedge (\neg E(A \wedge \psi) \rightarrow pref^{\psi}(x, y))$$

根据我们在此得出规约公理的事实，van Benthem（2007a）中动态信念逻辑的完全性结果可以扩展到动态偏好逻辑。我们在此不做详解。

4.6　扩展到多主体的情况

前面我们所使用的语言基本上是单主体的语言，这一节我们将 4.4 节的一些结果拓展到多主体的情形。很多工作只是常规性的。但是，在本节的结尾，我们将会看到一些非常有趣的结果，基于优先序列的方法我们能够分析多主体之间的合作和竞争的情形。如果多个主体拥有相同的目标（优先序列相同），则它们会合作；如果它们有相反的目标，则它们将会竞争。这就意味着，有兴趣的读者可以将这种方法应用到博弈论中去上。首先，我们将使用的语言可以定义如下。

定义 4.6.1　令 Γ 是命题变元的集合，G 是主体的集合，D 是个体对象的有限的定义域，多主体的偏好逻辑的规约语言定义如下：

$$\varphi ::= p \mid \neg\varphi \mid \varphi \wedge \psi \mid \underline{pref}^a(d_i, d_j) \mid B^a\varphi$$

其中，p，a，d_i 分别表示 Γ，G，D 的元素。

与前面的约定类似，我们用 $\underline{pref}^a$ 表示非严格的偏好，用 $pref^a$ 来表示严格的偏好。当我们想使用拓展语言时，就在上面的语言中添加自由变元和陈述 $P(d_i)$。

定义 4.6.2 一个单主体的优先序列是一个有限的公式序列：$C_1 \gg_a C_2 \gg \cdots \gg_a C_n (n \in N)$。其中，任一 $C_m (1 \leqslant m \leqslant n)$ 是由定义 4.6.1 的语言中的公式，只带了一个变元 x，但没有$\underline{pref}$ 和 B。

这里我们选用决定性的偏好概念，定义一个主体的偏好。但是，本节其他结论也可以应用于其他定义。在这个 $pref^a$ 公式中允许出现其他主体，如主体 b 的 B^b 和 $pref^b$。这似乎是合理的。但我们将这个问题留待将来进行研究。

定义 4.6.3 给定一个长度为 n 的优先序列，两个个体对象 x 和 y，$pref^a(x, y)$ 的定义如下：

$$pref_1^a(x,y) ::= B^a C_1(x) \wedge \neg B^a C_1(y)$$

$$pref_{k+1}^a(x,y) ::= pref_k^a(x,y) \vee (Eq_k(x,y) \wedge B^a C_{k+1}(x) \wedge \neg B^a C_{k+1}(y)), k < n$$

$$pref^a(x,y) ::= pref_n^a(x,y)$$

其中，$Eq_k(x, y)$ 表示 $(B^a C_1(x) \leftrightarrow B^a C_1(y)) \wedge \cdots \wedge (B^a C_k(x) \leftrightarrow B^a C_k(y))$。

定义 4.6.4 多主体的偏好逻辑 **KD45-P^G^** 包含了如下的有效原则：

（1）$\underline{pref}^a(d_i,d_i)$

（2）$\underline{pref}^a(d_i,d_j) \vee \underline{pref}(d_j,d_i)$

（3）$\underline{pref}^a(d_i,d_j) \wedge \underline{pref}(d_j,d_k) \rightarrow \underline{pref}^a(d_i,d_k)$

（4）$\neg B^a \perp$

（5）$B^a \varphi \rightarrow B^a B^a \varphi$

（6）$\neg B^a \varphi \rightarrow B^a \neg B^a \varphi$

（7）$\underline{pref}^a(d_i,d_j) \leftrightarrow B^a \underline{pref}^a(d_i,d_j)$

像通常一样，系统也包含了分离规则以及对于算子 B^a 的全称量化规则。很容易看出上面的原则对从优先序列派生的$\underline{pref}^a$ 也有效。

定理 4.6.1 多主体的偏好逻辑 **KD45-P^G** 是完全的。

证明：KD45-P^G 逻辑的典范模型具有所需的性质：信念可及关系 R_a 是欧性的和持续的。这意味着 R_a 模型被划分为 a-欧性等价类。其次，在每个节点上 $pref^a$ 是个关于常项的准线性序。其中，在每个 a-欧性等价类中 a-偏好到处都是相同的。这个准线性序和到处相同的属性显然是偏好关系所需的性质。对于其他主体也一样。这证明了该逻辑的完全性。 ■

定理 4.6.2 **KD45-P^G** 逻辑具有有穷模型性。

证明：通过常规的方法可证。

类似地，通过证明模型可以由对所有主体成立的优先序列 $C_1 \gg_a C_2 \gg \cdots \gg_a C_m (m \in N)$ 而得到，也就可以得到表示定理。■

定理 4.6.3（表示定理） $\vdash_{\mathbf{KD45\text{-}PG}} \varphi$，当且仅当，$\varphi$ 在所有满足以下条件的模型上都是有效的：每个 $pref^a$ 是从某个优先序列得到的。

证明：令存在 k 个主体 a_0，…，a_{k-1}，并假定有 $\varphi(d_1, \cdots, d_n)$ 成立。每个主体 a_j 的优先序列是 $P_{n\times j+1} \gg a_j\, P_{n\times j+2} \gg a_j \cdots \gg a_j\, P_{n\times(j+1)}$。我们只要能证明规约语言的任一 **KD45-P**$^{\mathbf{G}}$ 模型，都能通过添加 $P_j(d_i)$ 的赋值使得偏好关系得以保持，定理就可以得证。对于任一 a_i-欧性类，我们沿用定理 4.3.1 中的方法，对于个体 d_1，…，d_n，我们假设对应的谓词是 $P_{n\times j+1}$，$P_{n\times j+2}$，…，$P_{n\times(j+1)}$。这样获得的偏好序恰好就是模型中的关系 $pref_j^a$ ■

在上述情况下，不同主体的优先序列是彼此独立的，因此是不同的。更强的表示定理可以要求不同主体的优先序列是以某种方式相关的。例如，在合作主体的情况下，他们具有相同的优先序列。下面我们将考虑两个主体的情况。

定理 4.6.4（两个合作的主体） $\vdash_{\mathbf{KD45\text{-}PG}} \varphi$，当且仅当，$\varphi$ 在从两个合作主体所共有的优先序列所获得的所有模型上都有效。

证明：我们用 a 和 b 表示两个主体。假设 a 的优先序列是 $P_1 \gg_a P_2 \gg_a \cdots \gg_a P_n$，$b$ 的优先序列与此相同。同样，我们只要能证明规约语言的任一 **KD45-P**$^{\mathbf{G}}$ 模型 $\boldsymbol{M}$（具有世界 W），都能通过添加 $P_j(d_i)$ 的赋值使得偏好关系得以保持，定理就可以得证。作为出发点，我们给 $P_j(d_i)$ 在模型中的任意出现都赋值为真。接着，我们将模型做如下拓展。对于模型中的任一 a-欧性类执行如下程序：对于所有的规约语言，拓展 $\boldsymbol{M}$ 为完全复制了 $\boldsymbol{M}$ 的 $\boldsymbol{M}_E$，即不带谓词 P_j。添加关系 R_a 从 E 中的任一 w 到其复本 v_E 使得 $wR_a v$。现在对 E 的复本 E_E 做同样的操作，就像定理 4.3.1 一样。在 $\boldsymbol{M}_E$ 其他部分的做法无关紧要。现在，在 w 中，a 会相信 $P_j(d_i)$ 就像在前面证明中的模型一样，$P_j(d_i)$ 在最初模型的 a-欧性类 E 上的总体真值是无关紧要的。用这种方式得到的偏好关系恰好是模型中的 $pref^a$ 关系。规约语言中的所有公式都保持了它们的初始真值，因为模型 $\boldsymbol{M}_E$ 是与旧模型 $\boldsymbol{M}$ 具有互模拟关系。

最后，对 b 做同样的事情：对每个 $\boldsymbol{M}$ 中的 b-欧性类添加一个完整的复本，并重复上面关于 a 的程序。对于相同的优先序列，a 和 b 都会有相同的偏好。■

对于相互竞争的两个主体，我们假设主体 a 有优先序列 $D_1 \gg_a D_2 \gg_a \cdots \gg_a D_m$

$(m \in N)$，而对手 b 有优先序列$\neg D_m \gg_b \neg D_{m-1} \gg_b \cdots \gg_b \neg D_1$。

定理 4.6.5（两个竞争的主体） $\vdash_{\mathbf{KD45\text{-}P^G}} \varphi$，当且仅当，$\varphi$ 在从竞争主体的优先序列所获得的所有模型中都有效。

证明：让我们假定有两个主体 a 和 b。对于 a 我们有优先序列 $P_1 \gg_a P_2 \gg_a \cdots \gg_a P_n \gg_a P_{n+1} \gg_a \cdots \gg_a P_{2n}$，对于 b，我们有$\neg P_{2n} \gg_b \neg P_{2n-1} \gg_b \cdots \gg_b \neg P_n \gg_b \neg P_{n-1} \gg_b \cdots \gg_b \neg P_1$。同样，只要我们能证明对于规约语言任一具有世界 w 的 $\mathbf{KD45\text{-}P^G}$ 的模型 $\boldsymbol{M}$，都可以拓展 $P_j(d_i)$ 的赋值使得偏好关系得以保持，那就足够了。我们以令 $P_1(d_i)\cdots P_n(d_i)$ 在模型中处处为真并令 $P_{n+1}(d_i)\cdots P_{2n}(d_i)$ 在模型中处处为假作为开始。接着我们将模型做如下拓展。

对于模型中的任一 a-欧性类 E 执行如下程序。对于所有的规约语言，用一个 $\boldsymbol{M}$ 的复本 $\boldsymbol{M}_E$ 拓展 $\boldsymbol{M}$，其中不带谓词 P_j。添加 R_a 关系从 E 的任一 w 到其复本 v_E 使 wR_av。现在定义 $P_1(d_i)\cdots P_n(d_i)$ 在 E_E 中的赋值就像前面的证明一样，并且是所有的 $P_m(d_i)$ 在 $m>n$ 处皆为真。以这种方式获得的偏好序就是模型中的 $pref^a$ 关系。

对于模型中的任一 b-欧性类 E 执行同样程序。用一个 $\boldsymbol{M}$ 的复本 $\boldsymbol{M}_E$ 拓展 $\boldsymbol{M}$，其中不带谓词 P_j。添加 R_b 关系从 E 的任一 w 到其复本 v_E 使得 wR_bv。现在定义 E_E 中的$\neg P_{2n}(d_i)\cdots\neg P_{n+1}(d_i)$ 真值就像前面证明中的 $P_1(d_i)\cdots P_n(d_i)$ 一样，并且使 $P_m(d_i)$ 在 $m \leqslant n$ 处皆为真。以这种方式获得的偏好序就是模型中的 $pref^b$ 关系。规约语言的所有公式都保持它们原来的赋值，因为模型 $\boldsymbol{M}_E$ 是与旧模型 $\boldsymbol{M}$ 之间有一个互模拟。 ■

评论 4.6.1 这里证明的表示定理既有优点又有缺点。最主要的缺点是这两个表示定理说明合作与竞争的不同行为在我们使用的语言里是不能被区分的。另外，这两个定理并非微不足道的。也许有人会认为，如果 a 和 b 合作，那么应该有 $B_a pref_b(c, d)$ 将会蕴涵 $pref_a(c, d)$。但是，这显然是错误的，即使 a 和 b 拥有相同的优先序列，对于哪些个体对象具有什么样的性质也完全有可能有不同的信念。但是，上面的定理表明，我们还没有找到适当的原则来说明它们是适合于相互合作的主体的。而只是说明，如果我们想要证明有 $B_a pref_b(c, d) \rightarrow pref_a(c, d)$ 对于合作的主体而言不是有效的，只要能找到一个反例说明主体不是相互合作的就可以了。

4.7 关于命题的偏好

其他关于偏好的论著多数都讨论关于命题的偏好而非个体对象的偏好。本章前面的内容一直在研究关于个体对象的偏好，但是，我们的方法也完全可以应用到关于命题的偏好。在这一节，我们会进一步发展这个理念。正如我们所知道的那样，偏好经常与信念纠缠在一起。下面，我们还将给出一个整合了它们的系统。我们尤其要将偏好作为理智的一个状态，某人偏爱一事物胜过另一事物，当且仅当他相信他的这种偏爱。如果我们采取这样的思路，显然，我们要利用二阶逻辑，并考虑优先序列 $A_1(\varphi) \gg A_2(\varphi) \gg \cdots \gg A_n(\varphi)$。其中，$A_i$ 是关于命题的性质。然而，我们觉得停留在一阶语言上与我们的直觉更接近。带着这个想法我们重新定义新的命题的优先序列如下。

定义 4.7.1　一个命题优先序列是一个有穷的公式序列，写做

$$\varphi_1(x) \gg \varphi_2(x) \gg \cdots \gg \varphi_n(x) \quad (n \in N)$$

其中，任一 $\varphi_m(x)$ 带着一个额外的命题变元 x——对每一个 $\varphi_m(x)$ 而言都是共同的命题公式。

公式 $\varphi(x)$ 可以表达命题的性质。例如，$x \to p_1$ 运用到公式 ψ 就表达 ψ 蕴涵 p_1，"ψ 拥有性质 p_1"。

我们应用前面章节的方法来用信念的定义偏好。就像我们在 4.4 节中所看到的一样，这样定义偏好的方法有很多种。这里我们采用决定性偏好的定义方法。

定义 4.7.2　给定一个长度为 n 的命题优先序列，我们定义关于命题 ψ 和 θ 的偏好如下：

$pref(\psi, \theta)$，当且仅当 对某个 i。

$(B\varphi_1(\psi) \leftrightarrow B\varphi_1(\theta)) \wedge \cdots \wedge (B\varphi_{i-1}(\psi) \leftrightarrow B\varphi_{i-1}(\theta)) \wedge (B\varphi_i(\psi) \wedge \neg B\varphi_i(\theta))$

注意：这里定义的命题间的偏好几乎是介于相互排斥的选择肢之间的偏好关系。在一般情况下，我们可以得到不同于准线序的序关系。从准线序出发我们可以得到下面的结论：如果 $B(\psi \leftrightarrow \theta)$，那么 ψ 是 θ 同样受偏爱的。否则，任何命题都可以比其他的命题更受偏爱。

为了进一步研究（这一点将会在证明下面的表示定理时变得更清楚），我们需要对上面的定义继续进行扩展，因此以下给出一个较为复杂的定义。

定义 4.7.3　一个命题优先序列是有穷的公式集序列，写做

$$\Phi_1 \gg \Phi_2 \gg \cdots \gg \Phi_n$$

其中，任一集合 Φ_i 由命题公式构成，这些命题公式包含共同的一个命题变元 x。

新的偏好的定义如下。

定义 4.7.4 给定一个长度为 n 的命题有穷序列，我们定义关于命题 ψ 和 θ 的偏好如下：

$pref(\psi,\theta)$，当且仅当 $\exists i(\forall j\in I(\exists\varphi\in\Phi_j(B\varphi(\psi)\leftrightarrow B\varphi(\theta)))\wedge\exists\varphi\in\Phi_i(B\varphi(\psi))\wedge\forall\varphi\in\Phi_i\neg B(\varphi(\theta)))$。

评论 4.7.1 事实上，优先集合 Φ_m 可以用一个公式表达为

$$\bigvee\nolimits_{\varphi\in\Phi m}B\varphi$$

这样我们就不得不运用 B 到优先序列的公式中，而这不是我们想做的事情。

公理系统 **BP** 把偏好和信念结合起来产生，它包括下面的公理：

(1) $\underline{pref}(\varphi,\varphi)$

(2) $\underline{pref}(\varphi,\psi)\wedge\underline{pref}(\psi,\theta)\rightarrow\underline{pref}(\varphi,\theta)$

(3) $\underline{pref}(\varphi,\psi)\vee\underline{pref}(\psi,\varphi)$

(4) $B\underline{pref}(\varphi,\psi)\leftrightarrow\underline{pref}(\varphi,\psi)$

(5) $B(\varphi\leftrightarrow\psi)\rightarrow\underline{pref}(\varphi,\psi)\wedge\underline{pref}(\psi,\varphi)$

同样，除了上面的公理，系统还包含分离规则以及对算子 B 的概括规则。前三条公理对于偏好而言是标准的。我们在 4.4 节中已经见过（4）的相似版本。（5）是新的，表明信念与偏好之间的联系。它表达了如果两个命题在可能世界上是不可区分的，那么它们应当同等地被偏爱。很容易看出上面的公理在如下定义的模型上是有效的。

定义 4.7.5 **BP** 的模型是个四元组 $\langle W,R,\{\leqslant_w\}_{w\in W},V\rangle$。其中，$W$ 是世界的集合，R 是 W 上的具有欧性和持续性的关系。也就是说，它满足 $\forall xyz[(Rxy\wedge Rxz)\rightarrow Ryz]$ 和 $\forall x\exists yRxy$。而且，对任一 w，$\leqslant_w$ 是命题（W 的子集）的准线性序，它在所有欧性类中都一样并且由在欧性类的“似乎合理的部分”中的命题所决定。V 是通常意义上的赋值。

定理 4.7.1 相对于刚刚定义的模型，**BP** 系统是完全的。

证明： 假设 $\nvdash_{\mathbf{BP}}\theta$。对于只使用了 θ 中命题变元的公式，我们取其典范模型 $\boldsymbol{M}=(W,R,V)$。W 的任一世界，都有与之联系的准线序的公式序列，它仅仅依赖于模型的最合理部分的公式（使公式为真的世界的集合）的扩展。这个序关系在所有由 R 定义的欧性类中到处都是一样的。$\neg\theta$ 可以被拓展到一个极大一致集 Γ。我们考虑由 Γ 生成的子模型，$\boldsymbol{M}'=(W',R,V)$，它当然也是一个欧性类。因为 W'的任一世界都有到相同世界的可及关系，任一满足相同原子公式的世界满足相同的公式。事实上，模型中的任一公式 φ 都与一个纯粹命题公式（不含 B

和 *pref*）等价。关于这一点，只需看到 $B\psi$ 在模型中或者等价于 $\top$ 或等价于 $\bot$，并且 $pref(\psi, \theta)$ 也一样（注意这个论证之所以成立，是因为我们只有一个欧性类）。现在对 $\boldsymbol{M}'$ 使用 p-同态，把满足相同公式的世界确定为一个世界。这就给出了包含一个欧性类的有穷模型，其中有一个使 θ 为假的恒常序。而且，每一个世界都被一个公式 $\pm p_1 \wedge \cdots \wedge \pm p_k$ 所刻画，表明哪些原子公式在这个世界上为真，哪些为假。结果，模型（命题）的每一个子集都可以被一个纯粹的命题公式所定义，公式 $\pm p_1 \wedge \cdots \wedge \pm p_k$ 的一个析取式描述了它所包含的元素。■

类似地，我们可以证明一个表示定理。

定理 4.7.2（表示定理） $\nvdash_{\mathbf{BP}}\varphi$，当且仅当，$\varphi$ 在从优先序列得到的所有模型中都有效。

证明：定义了模型的所有子集的有穷多个公式的序列可以表示如下：

$$\Phi_1, \cdots, \Phi_k$$

其中，Φ_1 是最好的命题（$\varphi, \psi \in \Phi_1$ 蕴涵 $\varphi \trianglelefteq \psi$ 并且 $\psi \trianglelefteq \varphi$），$\Phi_i$ 是其次好的命题，等等。如下是给出命题上面的序的优先序列：

$$\{x \leftrightarrow \varphi \mid \varphi \in \Phi_1\} \gg \cdots \gg \{x \leftrightarrow \varphi \mid \varphi \in \Phi_k\}$$ ■

到目前为止我们所讨论的命题的偏好关系是很一般的。我们并没有假定在偏好关系上做任何限制。然而，如果我们认为命题的偏好关系是由可能世界的偏好关系经过提升而得到的结果（就像在上一章讨论的那样），我们就可以用更精确的方式指明它的具体意义，可以明确考虑对量词的不同组合的选择。例如，我们将 $\forall\exists$ 作为命题的偏好关系，即从世界间的偏好关系中用 $\forall\exists$ 的方法提升得到命题上的偏好关系。考虑到公理化，我们不得不添加如下两个公理到 **BP** 系统，我们将新的系统表示为 $\mathbf{BP}^{\forall\exists}$。这个系统又多了如下两个公理：

- $B(\varphi \to \psi) \to pref(\psi, \varphi)$
- $pref(\varphi, \varphi_1) \wedge pref(\varphi, \varphi_2) \to pref(\varphi, \varphi_1 \vee \varphi_2)$

定理 4.7.3 系统 $\mathbf{BP}^{\forall\exists}$ 是完全的。

证明：通过采用 Halpern（1997）的证明可以证明此定理。不同的是：Halpern（1997）用了由偏好和全称模态词的组合。而我们的系统则是信念和偏好的组合。这意味着，在我们的系统中什么是被偏爱的是由模型中的更为合理的部分所决定的。然而，这并不会影响完全性的整个证明。■

评论 4.7.2 事实上，第 3 章的［*pref*］φ 在这里的语言中可以被定义为 *pref*

(φ, $\top$)。所以在 $\mathbf{BP}^{\forall\exists}$ 系统中所用到的偏好简单地说就是：

$$pref(\varphi,\ \psi)\leftrightarrow B(\psi\to\langle pref\rangle\varphi)$$

我们将在第 5 章进一步讨论这个问题。

类似地，我们得到了适用于这种受限情况的表示定理。

定理 4.7.4（表示定理） $\vdash_{\mathbf{BP}^{\forall\exists}}\varphi$，当且仅当，$\varphi$ 在从优先序列中得到的所有 ∀∃-模型中都是有效的。

证明与基本系统相同。 ■

最后，在结束这一阶段讨论之间，让我们回想一下，我们曾经提出一个逻辑系统来讨论当引进信念时关于个体对象的偏好。这里我们又有一个新的系统，可以谈论关于命题的偏好。问题是，这两个系统之间有什么关系呢？如下定理给出了答案。

定理 4.7.5 $\vdash_{\mathbf{KD45\text{-}P}}\varphi(d_1,\ \cdots,\ d_n)$，当且仅当，$\vdash_{\mathbf{BP}}\varphi(p_1,\ \cdots,\ p_n)$。其中，命题变元 p_1，$\cdots$，p_n 在 $\varphi(d_1,\ \cdots,\ d_n)$ 中不出现。

证明：为了证明这个定理，我们需要证明如下引理。

引理 4.7.1 如果 $\nvdash_{\mathbf{KD45\text{-}P}}\varphi(d_1,\ \cdots,\ d_n)$，那么对于任一 n，有一个模型 $\boldsymbol{M}\models\neg\varphi$ 带有至少 n 个元素。

证明：假定我们只有一个模型 $\boldsymbol{M}=(W,\ R,\ V)$。其中，$W$ 有 m 个元素，$m<n$。取 W 的一个元素，如 w，并将其复制，得到 w_1，w_2，$\cdots$，w_k，直到我们取到至少 n 个元素。如果 wRv，那么我们令 w_iRv，并且如果 vRw，那么 vRw_i。用这个方法，我们得到至少具有 n 个元素的新模型。它与原来的模型是互模拟的。

现在我们准备证明定理。

从左到右，很容易看出，如果用 p_i 代替 d_i，那么所有的 **KD45-P** 公理和规则在 **BP** 系统中都是有效的。

从右到左，只需证明将任一仅仅带有一个欧性类的有穷的 **KD45-P** 模型转变成至少带有 n 个可能世界的 **BP** 模型 $\boldsymbol{M}'$，对任一 w 和 ψ，$\boldsymbol{M}'$，$w\mid=\psi(p_1,\ \cdots,\ p_n)$，当且仅当，$\boldsymbol{M}$，$w\mid=\psi(d_1,\ \cdots,\ d_n)$。令 $\boldsymbol{M}=(W,\ R,\ \trianglelefteq,\ V)$，那么 $\boldsymbol{M}'=(W',\ R,\ \trianglelefteq,\ V')$。其中，$V'$ 与 V 相似除了对于 p_1，$\cdots$，p_n，如果 $d_i\leqslant d_j\wedge d_j\leqslant d_i$，我们令 $V'(p_i)=V'(p_j)$，否则 $V'(p_i)\neq V'(p_j)$①。根据引理 4.7.1，有足够多的子集来实现这个要求。最后，我们令 $V'(p_i)\trianglelefteq V'(p_j)$，当且仅当，$d_i<d_j$ 并以任意

① 注意对 $\trianglelefteq$ 而言 $V'(p_i)$ 是唯一相关的，因为 p_i 只在 φ（p_1，$\cdots$，p_n）的 *pref* 中出现。

方式拓展关系$\lhd$到其他集合上。■

如果有人认为命题变元是表示基本命题的，那么这条定理就说明了关于个体对象的偏好的推理和关于命题的偏好的推理是一样的。如果人们将基本命题看做相互排斥的选项的话，这样的结果就没什么好惊讶的。当然，关于命题的偏好逻辑一般来说更有表达力。人们可以从下面两个不同方式看这个事实：第一，我们可以认为关于命题的偏好逻辑实质上比基本命题或个体对象的逻辑表达力更丰富；第二，我们可以认为命题逻辑的实质是包含在基本命题（由命题变元表示）里，剩余的问题需要在理论继续研究以获得良好的逻辑系统，但其自身没多大价值。

通过采用 Halpern（1997）的方法我们可以改造上面的证明来获得如下定理。

定理 4.7.6 $\vdash_{\mathbf{KD45\text{-}P}}\varphi(d_1, \cdots, d_n)$，当且仅当，$\vdash_{\mathrm{BP}^{\forall\exists}}\varphi(p_1, \cdots, p_n)$。其中，命题变元$p_1, \cdots, p_n$在$\varphi(d_1, \cdots, d_n)$中不出现。

到目前为止，我们只使用了三种可能的偏好定义中的一种，即决定性偏好。当然，我们也可以考虑使用慎思的偏好概念。让我们从一般的角度来考察问题。假定$Supe(\varphi, \psi)$具有下面的性质，在模型中对任意的φ，ψ，

$$\models(\varphi\leftrightarrow\varphi')\wedge(\psi\leftrightarrow\psi')\rightarrow(Supe(\varphi,\psi)\leftrightarrow Supe(\varphi',\psi'))$$

这时，我们就说“优越于”（superior）是模型的一个局部的性质。现在我们可以陈述如下命题。

定理 4.7.7 在任何模型中，$Supe(\varphi, \psi)$是一个局部偏序，如果我们把$pref(\varphi, \psi)$定义为$B(Supe(\varphi, \psi))$，那么除了连通性外，$pref(\varphi, \psi)$满足 **BP** 的所有原则。

需要注意的是，公式$\varphi\rightarrow\langle pref\rangle\psi$并不表示局部的性质，尽管$\preccurlyeq$是$R$的子关系。然而，在$\prec$是$R$的子关系的情况下，$B(\varphi\rightarrow\langle pref\rangle\psi)$确实满足除了连通性之外的 **BP** 其他原则以及 $\mathbf{BP}^{\forall\exists}$ 附加公理，正如我们在评论 4.7.2 中讲到的那样。为了这个目的，需要具备下面的对局部性质的弱化形式：

$$\models(\varphi\leftrightarrow\varphi')\wedge B(\varphi\leftrightarrow\varphi')\wedge(\psi\leftrightarrow\psi')\wedge B(\psi\leftrightarrow\psi')\rightarrow(Supe(\varphi,\psi)\leftrightarrow Supe(\varphi',\psi'))$$

4.8 讨论与结论

偏序排列的优先序列

当存在若干个不可比较的优先性质时，新情况出现了，我们这里对此进行一

些讨论。再次以例 4.1.1 为例，不过现在，除了考虑例子中已经提到的三个性质，艾丽丝也将“交通便利”的因素考虑在内。但是，周边环境与“交通便利”是不可比较的。抽象地说，这意味，我们得到的优先序列是一个偏序。下面我们将展示如何定义基于偏序的有限序列的偏好。换句话说，我们考虑一个性质的集合 C_1，…，C_n，在它们之间有偏序关系$\gg$。

定义 4.8.1 我们归纳地定义 $pref_n(x, y)$。其中，$\{n_1, \cdots, n_k\}$ 是 n 的前驱的集合。

$\underline{pref}_n(x, y) ::= \underline{pref}\, n_1(x, y) \land \cdots \land pref\, n_k(x, y) \land [(C_n(y) \to C_n(x)] \lor (pref\, n_1(x, y) \lor \cdots \lor pref\, n_k(x, y)$

其中，通常有 $pref_m(x, y) \leftrightarrow \underline{pref}_{\underline{m}}(x, y) \land \neg \underline{pref}_{\underline{m}}(y, x)$。

对于有穷的偏序而言，这个定义等价于 Grosof（1991）、Andreka 等（2002）所给定的方案。更多的关于偏序性质和球形语义的讨论，见 Lewis（1981）。还有，当优先性质的集合没有任何序可言时，我们建议读者阅读 Kratzer（1981）中的讨论。此外，我们将在第 5 章中进一步讨论这个论题。

结　　论

在本章，我们探讨了关于个体对象的偏好。我们表明了偏好是如何从有穷的关于个体的性质中产生的。我们既考虑了单个主体拥有完全信息的情况，又考虑了单个主体使用关于对象是否具有某个性质的信念的情况。除了考虑单个主体的情况，我们还研究了多主体的情况。在所有情况下，我们给出了偏好逻辑，其中，有些系统拓展了经典的信念逻辑。这引出了偏好和信念之间有趣的联系。我们将通常的逻辑的完全性的结果强化为表示定理。表示定理描述了从优先性质中得来的偏好关系的有效推理。在多主体的情况下，表示定理被强化为具体的情形，即相对于互相合作或互相竞争的主体。另外，我们研究了由于优先序列的变化和信念的变化导致的偏好变化。我们采用动态认知逻辑的方法，并给出了相应的规约公理，从而给出了动态偏好逻辑。此外，我们提出了新的整合偏好和信念的系统，将偏好作用于命题，建立了基于命题的信念偏好系统。我们刚刚讨论过如何将本章中的线性序的结果推广为偏序的情形，定义了如何从偏序排列的优先序列中推导出偏好。

5 偏好的双层模型

在前两章，我们给出了关于偏好结构和偏好变化的两种模型。那两种方案是基于不同的直观，都很合理，并且十分吸引人。尽管这样，一个很自然的问题是：这两种方法和观点有什么不同？又有什么联系？本章的主要目标是对它们进行比较。而且，我们会在比较的基础上试图将二者结合起来，为偏好提出新的模型。首先，我们简要地总结来自前面章节的关键观点。

第 3 章的主要思想有如下几点：

（1）偏好模型的基本结构是一个四元组（W，$\sim$，$\preccurlyeq$，V）。其中，W 是一个世界（或对象）的集合，上面具有自返性和传递性的二元“更好”关系（至少一样好）$\preccurlyeq$，我们还假设可能世界集上有一个经典的主体认知可及关系 $\sim$。

（2）我们所用的语言是认知语言及作为其扩展的全称模态词 U（或者它的存在对偶 E），再加上一个经典的一元模态词［*bett*］。［*bett*］对应可能世界上的“更好”关系作为它的可及关系①。

（3）偏好被当做命题间的关系来对待。这里，我们知道，命题被看做是可能世界的集合。精确地讲，这种方法将介于可能世界上的更好关系提升到可能世界的集合之上。当然，有很多种提升的方法，可以想到的是由量词的不同组合所给出的提升方法。一个典型的例子是采用∀∃的方式，其定义为

$$pref^{\forall\exists}(\varphi,\psi) ::= U(\psi \to \langle bett\rangle\varphi)$$

需要说明的是，在上面的定义中，我们也可以用认知模态 K 代替 U。这样，命题之间的偏好关系就与更好关系建立起了联系，并且，它部分是以认知概念为基础。这样做，我们就可以讨论主体的内省能力等问题。

（4）这个语言还有动态的方面，信息更新对知识的影响就像经典的动态认

① 为了区分我们即将使用的偏好概念，我们将第 3 章的算子［*pref*］写做［*bett*］。我们通常省略代表主体的下标。

知逻辑 DEL 一样。类似地，偏好的变化也用同样的方法来处理，即通过可能世界层次上更好关系的变化来刻画。我们得到了新的规约公理，它描述“建议 A”（$\#A$）的行为发生之后导致的更好模态关系的变化：

$$\langle \#\varphi \rangle \langle bett \rangle \psi \leftrightarrow (\neg \varphi \wedge \langle bett \rangle \langle \#\varphi \rangle \psi) \vee (\langle \#\varphi \rangle (\varphi \wedge \langle \#\varphi \rangle \psi))$$

给定这个规约公理再加上全称模态词 U 的规约公理，我们就可以得到一个关于命题偏好算子 $pref^{\forall\exists}$ 的规约公理。在这种情况下，我们使用认知模态来定义命题间的偏好，这事实上导致了两种类型的事件和两种对应的相关的规约公理。在诸如“建议”这样的显性的更好关系变化因素之外，一个纯粹的信息更新也影响 K 算子，进而影响包含了知识的偏好。

总体来说，第 3 章提供了关于可能世界对象上的更好序关系以及它们的动态变化的模型，这与主体的知识和信息的更新相互交错，偏好是作为一个被定义的概念给出的。

乍看之下，第 4 章所采用的方法与此完全不同。它从一个给定的命题（优先性质）之上的优先序列开始，从中推导出个体对象间的偏好关系。同上，我们也先回顾这个方法的主要贡献。

（1）首先我们定义了一个优先序列，它是一个严格的线性序：

$$P_1(x) \gg P_2(x) \gg \cdots \gg P_n(x)$$

接着，个体对象间的偏好序 $\preccurlyeq$ 可以从这个优先序列中派生出来。个体对象之间的序的排列取决于它们是否具有优先序列中所列出的性质。当然，有很多方法可以帮助我们从一个序推导出另一个序，但我们采取受优选论（OT）启发的那种方法，即在给定的序列中，在先的性质比在后的性质重要得多。以这种方式产生的偏好是一个准线性序，它不但是自返的和传递的，而且是“连通”的。

（2）在第 4 章中，我们还讨论了偏好与主体的命题态度（如知识、信念等）相互纠缠的情形。特别地，我们讨论了偏好与主体的信念之间的关系。在考虑对象是否具有优先序列中的那些性质时，我们探讨了在信息不完全的情况下，偏好的定义由主体关于对象是否具有的某种性质的信念所定义。

（3）从语法的角度看，要表述关于个体对象的偏好，我们使用一阶语言的一个片段，这个语言包含一个二元关系 $pref(x, y)$。当我们定义依赖信念的偏好概念时，在语言中需要引入一个信念算子。

（4）在第 4 章，我们也分析了偏好的变化。跟偏好的定义相一致，偏好的变化有两个可能原因。或者偏好的变化是由优先序列的变化引起的，新的优先序列导出新的关于对象的排序方式。或者偏好的变化由信念的变化所引起，主体的信念发生了变化导致其定义的偏好发生改变。我们已经为这里的两种情形给出了相应的规约公理。

显然，除了出发点的不同，第 3、4 章所研究的议题是十分相似的。这一章的目的是将这一点明确化，探讨当我们对这两种方法进行精确比较时，会有哪些新的问题出现，并且值得我们进一步研究。

我们的讨论在很大程度上会从语义的层面上展开，尽管我们在本章的最后会进行语法比较。为了便于讨论，下面我们首先做一些简化或抽象化。表面上，第 3 章说了可能世界之上的序以及作为可能世界集的命题之间的序，而第 4 章是有关“个体对象”的序以及关于个体对象的性质的排序。下面，我们将把所有的“个体对象”作为模态模型中的“世界”看待——读者可以把这看做一种形象的表述方式，如果读者愿意把世界和命题看做“点”和“性质”，也没有关系①。最后，为了对第 3 章和第 4 章的不同观点保持中立，我们以在不同层次上的两个序开始。一个是可能世界上的更好关系，即（W，$\preccurlyeq$），另一个是关于命题的偏好或优先关系，被看做可能世界的集合，记为（$\mathscr{P}$，$<$）。

本章的主要笔墨将会用于探讨这两种序之间的深层联系。我们要探讨的最主要的是如下两个问题：

（1）如何从一个有序的优先序列推导出（derive）关于可能世界的偏好序“更好”?

（2）在相反的方向，如何将一个关于世界的更好关系提升（lift）到关于命题的序上去?

下图表明刚才提到的两个互补的方向：

$$(\mathscr{P},\ <)$$

提升 ↑ ↓ 推导

$$(W,\ \preccurlyeq)$$

除了这两个层次之间的联系之外，对我们而言，更有意思的是如何将分别在两个层次上发生的动态变化联系起来。

本章的结构如下。在 5.1 节，我们将会提出一个简单的结构，称为结构模型，它既包含了关于可能世界的偏好关系，又包含了关于命题的序关系。在 5.2 节，我们首先研究从优先序列推导个体对象偏好的方式，接着，我们会证明一些新的表示定理。我们将把第 4 章所采用的方法和文献中的其他方法相比较。特别是，我们会详细探讨第 4 章的方法跟 Andreka 等（2002）中提出的偏好融合之间的关系。在 5.3 节探讨相反的方向，即如何将对象偏好提升到关于命题的序。我

① 然而，在对象偏好和世界偏好之间有些很有趣的直觉上的不同，我们将在本章的末尾简要讨论。也可见定理 4.7.5。

们将会证明关于∀∃-型的自然提升的特征定理。在5.4节，我们研究如何将在两个层次上的具体的序-变化彼此对应起来。5.5节将PDL-可定义的偏好变化跟新近文献提供的方法（信念修正的乘积更新）联系起来，像动态认知逻辑一样使用“事件模型”对更新进行建模。最后，在5.6节，我们从语义结构转向形式语言的讨论，并给出了第3、4章所使用的两种逻辑语言之间的比较。

5.1 结构模型

关于命题的偏好（$\mathscr{P}$, <）和可能世界上的更好关系（W, ≤）可以用如下方式一并给出。

定义5.1.1 一个结构模型（structured model）$\boldsymbol{M}$是一个多元组（W, ≤, V,（$\mathscr{P}$, <））。其中，W是可能世界的集合，≤是关于W的偏好关系，V是关于命题字母的赋值函数，（$\mathscr{P}$, <）是一个命题的有序集，$\mathscr{P}$是由“重要性质”或优先性构成的集合①。

结构模型拓展了经典的模态逻辑模型，模态逻辑的模型可以被看做$\mathscr{P}$等于W的幂集时的特殊情况。

以下是一些约定。就像在第3章中一样，$y \leqslant x$意思是x与y相比是“至少一样好”或者“x比y更受偏爱”。其中，$y<x$意思是x严格地比y更受偏爱：即$y \leqslant x$但并非$x \leqslant y$。为了强调从优先序列（$\mathscr{P}$, <）所得到的偏好关系，我们记做$y \leqslant_P x$。一般而言，集合$\mathscr{P}$是个偏序。但是，我们可以先考虑一个更简单的情形作为练习。假定$\mathscr{P}$是一个不带有任何序的集合。在这种情况下，我们将结构模型简单地记做（W, ≤, V, $\mathscr{P}$）。

关于标记的一些解释：本章将用大写英文字母或加下标英文字母S, T, X, Y, P_i…表示集合$\mathscr{P}$中的任一命题，小写英文字母x, y, z, …表示任一可能世界。其中，Px表示$x \in P$。对于命题层次上的关系，我们用$Y \trianglelefteq X$（或$Y \triangleleft X$）表示命题X至少和Y一样好（或X比Y严格地更受偏爱）。

简单而言，结构模型结合了来自前两章的不同方法。特别是，第4章的语法

① 与通常的模态模型（W, ≤, V）相比，结构模型多了一个组成部分，即可区分的性质$\mathscr{P}$的集合。在Girard（2008）中介绍的以议程（agenda）为基础的模态模型有相似的结构，因为议程也是一个可区分的性质的集合。可以很自然的看待关于世界的模态语言，其中赋值映射只把集合$\mathscr{P}$中的命题作为值赋给原子命题字母。更多地，我们可以令$\mathscr{P}$决定世界间偏好关系。找出经典模态逻辑在这些受限模型上会有什么变化是很有意思的一个问题，因为这将说明关于$\mathscr{P}$结构的信息。不过，本章不会进一步探讨这个问题。

性质被移到了模型中，并与世界间的序关系放在了一起。在5.2节；我们将看到这两个序关系是如何相互联系的。

5.2　从命题性质到个体对象的偏好

我们先看看如何从优先序列推导出偏好的序。这是很多研究领域的一个共同课题。例如，给定一个由命题构成的有穷集，称为目标基（goal base），并且通常都有一个与之关联的排序函数，Coste-Marquis 等（2004）将这种目标基上的优先关系拓展得到选择肢的偏好关系。类似地，在信念修正理论中，一个认知“嵌入关系”（entrenchment relation）为信念排序，那些嵌入程度最低的信念是最先被主体放弃的（Gardenfors，Makinson，1988；Rott，2003）。但是，在第4章，我们的灵感来自于语言学的优选论（Prince，Smolensky，1993）。在优选论中，由选项构成的集合是由语法或语音理论产生的，然后，有一些相关的约束条件。语言使用者采用最能满足约束条件的选项。

在这里我们感兴趣的是形式机制本身，即如何从优先序列得到偏好的序。在现存的文献中关于这个问题有很多解决方案。下面，我们将会讨论其中一些，包括第4章采用的优选论那一种。不过，我们会将问题放在更一般的层面上讨论，以便与第3章进行比较。

第4章只考虑了有穷的线性的优先序列，对象个体的序以OT-风格的词典顺序被派生出来。用结构模型（W，$\preccurlyeq$，V，($\mathscr{P}$，$<$)）的术语说，($\mathscr{P}$，$<$）是一个有穷的线性序。下面，我们先给出OT-定义[①]：

$y \preccurlyeq_{\mathscr{P}}^{OT} x ::= \forall P \in \mathscr{P}(Px \leftrightarrow Py) \vee \exists P' \in \mathscr{P}[\forall P < P'(Px \leftrightarrow Py) \wedge (P'x \wedge \neg P'y)]$

为了看清楚这个定义是如何起作用的，我们重复来自第4章的实例。

例5.2.1　艾丽丝打算买套房子，对于她来说有几件事应当考虑——费用、质量和周边环境，并且这些因素的重要性严格地按照上面说的顺序排列。她有如下优先序列：

$$C(x) \gg Q(x) \gg N(x)$$

其中，$C(x)$、$Q(x)$ 和 $N(x)$ 的意思分别是“x 具有更低的成本”、“x 质量好”和“x 有个好邻居”。考虑具有如下性质的 d_1 和 d_2 两套房子：$C(d_1)$，$C(d_2)$，¬

① 这里的公式表述与第三章中的表述稍有不同，但本质上是相同的。

$Q(d_1)$，$\neg Q(d_2)$，$N(d_1)$ 和$\neg N(d_2)$。根据刚刚给出的定义，我们得到艾丽丝偏爱 d_1 胜于 d_2，也就是说，$d_2 < d_1$。

这个 OT-定义并非是我们发明的，它在其他文献中也出现过。例如，Benferhat 等（1993）基于优先性解决经典公式的不一致集的问题时用到类似的定义，Lehmann（1995）研究如何从一个缺省命题的集获得新的结论时也用到它。在其他文献中，这样的方法有时被称为字母排序最小化（leximin ordering）。

除了刚刚提到的 OT-定义，还有其他从优先序列派生个体对象偏好序的方法。为了探讨更多的方法，我们首先考虑一个最简单的情形，即当$\mathscr{P}$是扁平的（无序的）。下面的定义给出了一个很自然的序（我们称之为“ * －定义”）：

$$y \leqslant^{*}_{\mathscr{P}} x ::= \forall P \in \mathscr{P} (Py \to Px)$$

这个定义被费尔特曼的缺省推理理论所采用（Veltman，1996），还有 van Benthem（2000）在 Chu-空间的拓扑序理论中也用到。另外，如果我们选取扁平集合和其上平凡的全序关系，关于个体对象偏好的 OT－定义会给出我们与此相同的序。像往常一样，给定一个非严格序≤，我们可以定义严格版本的序<如下。

$$y < x ::= y \leqslant x \wedge \neg (x \leqslant y)$$

所以，严格版本的 $y \leqslant^{*}_{\mathscr{P}} x$ 可以被写作：

$$y <^{*}_{\mathscr{P}} x ::= \forall P \in \mathscr{P} (Py \to Px) \wedge \exists P' \in \mathscr{P} (P'x \wedge \neg P'y)$$

在下面的讨论中，我们将仅仅给出非严格版本的偏好。

回到带有 OT－定义的一般的结构模型，自然有很多问题要解决。在关于可能世界的序中，哪些是生成的？我们总可以找到产生对象偏好的优先序列吗？下面的表示定理的技术结果对此做出了一个精确的回答。在第 4 章中，我们有一个类似结论。但在这里，我们给出一个新的证明，并舍弃了关于有穷性的假定。

定理 5.2.1 对于任一标准模型（W，≤，V），下面两个命题等价：

（1）存在结构模型 $\boldsymbol{M'} = (W, \leqslant, V, (\mathscr{P}, <))$ 满足对任意 $x, y \in W$，$y \leqslant x$，当且仅当，$y \leqslant^{\mathrm{OT}}_{\mathscr{P}} x$。

（2）$y \leqslant x$ 是个准线性序。

证明：（1）⇒（2），第 4 章的结果已经表明，OT-定义总能产生一个准线性序 $\leqslant^{OT}$。

现在证明相反的方向（2）⇒（1）。首先，定义一个“簇”（cluster）作为 W 的最大子集 X 使得 $\forall y, z \in X$：$y \leqslant z$。由于 Zorn 引理，簇总是存在的，因为其极大性，簇与簇之间两两不相交。任一点 x 属于一个簇，我们将称之为 Cx。其次，我们定义一个簇的自然序，其反映世界上的序：

$C' \trianglelefteq C$，如果 $\exists y \in C', \exists x \in C : y \leqslant x$。

下面我们先证明关于它与给定的对象的序之间的联系的一个结果。

引理 5.2.1

$y \leqslant x$，当且仅当，$Cy \trianglelefteq Cx$。

证明：（⇒）根据定义，$x \in Cx$ 和 $y \in Cy$，因此 $Cy \trianglelefteq Cx$ 成立。

（⇐）如果 $Cy \trianglelefteq Cx$，那么根据定义 $\exists u \in Cx$，$v \in Cy$，$v \leqslant u$。所以，我们有 $u \leqslant x$（$x \in Cx$）和 $y \leqslant v$（$y \in Cy$）——再根据传递性，我们得到 $y \leqslant x$。

重要的是，这个簇上的序不是单纯的准线性序：它是一个严格线性序，就像我们的优先序列的定义所要求的一样。因此，我们定义了集合 $\mathscr{P}^\bullet$ 作为所有簇构成的集合。而且，我们令更优先的序处在簇的序的向上的方向（这个方向的选择只是个约定，但我们必须在下面的证明中注意这一点）。

现在我们准备证明主要的命题，即对于所有的 y，x，下面的结果成立。

$y \leqslant x$，当且仅当，$y \leqslant_{\mathscr{P}}^{OT} x$。

（⇒）假定 $y \leqslant x$。我们需要证明

$\forall P \in \mathscr{P}^\bullet (Px \leftrightarrow Py) \vee \exists P' \in \mathscr{P}^\bullet (\forall P < P'(Px \leftrightarrow Py) \wedge (P'x \wedge \neg P'y))$

为了证明这一点，注意根据引理 5.2.1，有 $Cy \trianglelefteq Cx$。下面，我们区分两种情形。如果 $Cy = Cx$，那么 x，y 分享了这个性质并且没有其他的性质，所以左边的析取肢成立。如果 $Cy \neq Cx$，有 $Cy \lhd Cx$（根据线性序的性质），那么有 $x \in Cx$ 并且 $y \notin Cx$，所以，右边的析取肢成立。

（⇐）假定 $y \leqslant_{\mathscr{P}}^{OT} \cdot x$。又可以区分两种情形。第一，令 x，y 分享 $\mathscr{P}^\bullet$ 中的同样的“性质”，即 $Px \leftrightarrow Py$。特别地，$x, y \in Cx$，所以 $y \leqslant x$。第二，假设存在 $P' \in \mathscr{P}^\bullet$，$P'x \wedge \neg P'y$，其中 x，y 分享同样的性质 $P < P'$。因为有 $P'x$，我们必须令 $P' = Cx$，其中，$Cx \neq Cy$。因为有 $\forall P < P'$（$Px \leftrightarrow Py$），我们可推出（$Cx \lhd Cy$）。因此，$Cy \lhd Cx$ 成立，根据引理 5.2.1 得 $y \leqslant x$。■

有趣的是，在上面的证明中构造的命题都是两两不相交的。从优选论的角度看，这也许不是最显然的情形，但正像我们将要看到的那样，这是一个技术上更为方便的设定，且不失一般性。

关于世界序的其他定义　从优先序列得到偏好序的另一种有趣的定义被称为最好-显现序（best-out ordering）。在 Benferhat 等（1993）中，这个方法被当做基于优先性解决经典公式的不一致集的替代方案。

$y \leqslant_{\mathscr{P}}^{best} x :: = \forall P \in \mathscr{P}(Px \wedge Py) \vee \exists P'(\forall P < P'(Px \wedge Py) \wedge (P'x \wedge \neg P'y))$

最好-显现序定义与 *OT*-定义相似，唯一不同的是，它要求合取（$Px \wedge Py$）

而不是等价式（$Px \leftrightarrow Py$）。从直观上说，这意味着当从优先基派生偏好序时只有正值的情况是相关的。再看例4.2.1，我们若有 $d_1 \leqslant d_2$ 和 $d_2 \leqslant d_1$，艾丽丝就根本不会考虑 N。

尽管其他方法十分有趣，从现在开始我们转向更一般的观点。

偏好融合与偏序 下面，我们将考虑另一个从优先序列导出偏好序的形式化的方法，就是由 Andreka 等（2002）所提出的方法，下面我们有时候会把这篇文章叫做 *ARS*。该文章的想法是在不同的应用背景下被提出来的。但我们将会看到，在下面的两种意义上，它是对我们所给出的定义 $\leqslant_{\mathscr{P}}^{OT}$ 的一种自然概括。

第一，它可以融合任意给定的对象间的关系，而不只是那些由命题或性质所给定的关系。

第二，适用于融合偏好的定义在命题的偏序集上起作用，线性优先序列就成为它的一个特殊情形。

我们简要地回顾 Andreka 等（2002）中的一些基本概念。一个偏好关系是任一满足自返性和传递性的关系（“前序” pre-order）。假定有一族这样的偏好关系 $(Rx)_{x \in V}$，都作用在同一的集合 W 上，V 是变元的集合。在很多场合中，例如，从社会选择理论到信念修正理论的“信念融合”（belief merge），都有一个共同的问题，那就是，如何整合这些关系使之变成一个单一的作用在集合 W 上的关系。

特别是，给定的偏好关系可以源于不同的标准，而我们希望可以依据其重要性进行组合——就像在“多维决策问题”中那样。但是，最初的序并不仅仅以集合的形式出现。我们需要使用进一步的结构来获得一个似乎合理的融合概念。这里，核心的概念是优先图（priority graph），在 Andreka 等（2002）中优先图的定义如下。

定义 5.2.1 一个优先图是个多元组（N, $<$, v）。其中，N 是节点的集合，$<$ 是 N 上的严格偏序（“优先关系”），v 是从 N 变元集合的函数，表示给定的二元关系被融合。集合 N 可以是无穷的，尽管我们这里主要考察有穷的情形。

优先图可以被看做关于“输入关系”的变元的序关系。某些变元在一个序中可能多次被表示，只要重复它们在优先图中的出现就可以了。现在，任何优先图都表示如下作用在给定的偏好关系上的算子。

定义 5.2.2 由优先图（N, $<$, v）所表示的 V 元算子$\circ$：

$$m \circ ((Rx)_{x \in V}) n \Leftrightarrow \forall i \in N (mR_{v(i)} n \vee \exists j \in N (j < i \wedge mR^{<}_{v(j)} n))$$

其中，$V=v[N]$，表示在图中出现的变元的集合，$R^{<}_{v(j)}$ 是偏序 $R_{v(j)}$ 的严格版本。

算子∘作用于偏好关系 $(Rx)_{x\in V}$ 的集合上，最终得到唯一的偏好。在定义 5.2.2 背后的具体的直观是：

$m\leqslant_{C}n$ 如果 对于所有单独的关系 $R_{v(i)}$ 而言：或者 $mR_{v(i)}n$，或者如果 n 在相对于 m 的“测试”中失败，为了“补偿”这个失败 n 在某些更重要的测试中胜过 m，即某些关系 $R^{<}_{v(j)}$ 相对于 $j<i$ 成立，即它在图中有更高的优先性。

为了理解这个定义是如何起作用的，我们来看下面这个来自 Andreka 等（2002）的例子：

例 5.2.2 优先图 $g_1=(N,<,v)$。其中，$N=\{1,2,3\}$，$1<2$，$1<3$ 并且 $v(1)=y$，$v(2)=x$，$v(3)=y$（图 5.2.1）。

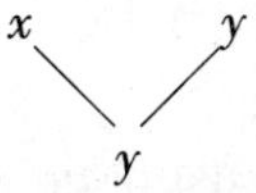

图 5.2.1 优先图

这里，位置越低表示优先性越高。这个图表示一个二元算子，因为这里只有两个不同的变元。它把两个偏好关系，如 R 和 S，变成了一个关系，即它们在给定优先性下的整合。所以，如果 σ_1 是图所代表的算子，那么 $\sigma_1(R,S)$ 是如下的 R 和 S 的优先整合，如图 5.2.2 所示。

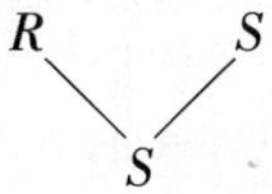

图 5.2.2 偏好关系的表示

通过定义 5.2.2 算出它的意思，我们就得到关系 $\sigma_1(R,S)=(R\cap S)\cup S^{<}$。

为了更深层的理解 ARS 系统是如何工作的。注意：上面的关系 $(R\cap S)\cup S^{<}$ 与由简单的线性优先图（图 5.2.3）推导出来的关系恰好一样。

图 5.2.3 线性图

这并不是巧合。在这后面有个十分有趣的代数结构。特别是，Andreka 等

(2002）证明了每一个有优先图定义的融合算子可以从下面的两个基本关系的代数组合派生出来。

(1）（$R \cap S$）$\cup$ $S^{<}$；

(2）$R \cap S$。

有趣的是，推导出第二个算子的优先图不是线性的，而是一个简单的不相交并关系，因此，它是一个偏序，见下图示。

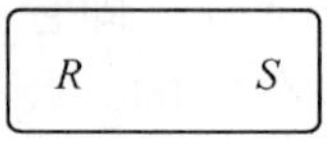

图 5.2.4　偏序

容易看出，根据定义 5.2.2，这得到 R 和 S 的交叉。确实，这暗示有一个更为一般的观点，它表示作用在优先图上的算子是如何影响融合结果的。可以简单地检查上面的定义来证明一个事实。

事实 5.2.1　对于任意两个优先图 $\mathscr{P}$ 和 $\mathscr{P}'$，下面的等价式成立。

$y \leqslant^{\mathscr{P} \uplus \mathscr{P}'} x$，当且仅当：($y \leqslant_{\mathscr{P}} x$）并且（$y \leqslant_{\mathscr{P}'} x$）。

其中，$\uplus$ 代表两个图的不相交并①。

比较 ARS 和 OT　ARS 式的想法与 OT 风格的定义 $\leqslant^{OT}$ 不谋而合，唯一不同的是后者考虑的是命题的有序集合而非关系 R_i。不过，很容易就可以把它重新表述成关系的情形。对于每个命题 A，我们可以找到与之相联系的一个序关系 $\leqslant(A)$。

$y \leqslant (A) x$　当且仅当 $(Ay \rightarrow Ax) \vee (\neg Ay \wedge Ax)$。

这正是在信念修正理论中所见到的情形，即当一个表示 A 成立的信号出现时所导致的可能世界的排序方式（Rott，2007；van Benthem，2007a）。确实，不管我们是在谈论命题 A 还是关系 $\leqslant(A)$，它们都是可以相互交换的：因为二者包含着相同的信息。但关系的形式更为一般，因为并非所有给定的对象序都需要用这个简单的方式由命题产生。同样的，直观上讲，命题的 *OT* 式的优先序列对应优先图中的序关系（其中，我们不考虑变元重复出现的情形，这对应于在优先序列中同样的性质重复出现）。

现在我们可以写出应用于命题序的 ARS 定义：

① 事实上，这在 Girard（2008）中是优先图演算的公理之一。在 Girard（2008）中，公式形如：〈$G_1 \uplus G_2$〉 $s \leftrightarrow$ 〈G_1〉$s \cap$ 〈G_2〉s。其中，s 是个可能世界的名字（nominal）。

$y \leqslant_{\mathscr{P}}^{ARS} x ::= \forall P \in \mathscr{P}((Py \to Px) \vee \exists P' < P(P'x \wedge \neg P'y))$

为了比较起见，我们也写出 $\leqslant_{\mathscr{P}}^{OT}$ 的定义：

$y \leqslant_{\mathscr{P}}^{OT} x ::= \forall P \in \mathscr{P}(Px \leftrightarrow Py) \vee \exists P' \in \mathscr{P}(\forall P < P'(Px \leftrightarrow Py) \wedge (P'x \wedge \neg P'y))$

从语法看，这个定义看起来有所不同，在量词的辖域中有一个颠倒。但事实上，如下的等价结果成立。

定理 5.2.2 对于任意命题的线性序集 $\mathscr{P}$ 和任意的世界 x, y

$y \leqslant_{\mathscr{P}}^{OT} x \quad \text{iff} \quad y \leqslant_{\mathscr{P}*}^{ARS} x$

其中，$\mathscr{P}^*$ 是从 $\mathscr{P}$ 派生的优先图，命题 A 被关系 $\leqslant(A)$ 所代替，$\mathscr{P}$ 的其他关系保持不变。

证明：(⇒). 令 $y \leqslant_{\mathscr{P}}^{OT} x$。假定 $y \leqslant_{\mathscr{P}*}^{ARS} x$ 不成立。那么我们有

$\exists P \in \mathscr{P}^* [(Py \wedge \neg Px) \wedge \forall P' < P(P'x \to P'y)]$

令 P^* 是这样的 $\mathscr{P}$。注意 $\neg(P^*x \leftrightarrow P^*y)$ 成立。由 $y \leqslant_{\mathscr{P}}^{OT} x$，令 $P^\bullet$ 是最小的 $P \in \mathscr{P}^*$，满足 $P^\bullet x \wedge \neg P^\bullet y$。那么 $P^\bullet$ 不可能在 P^* 前面，因为我们有 $\forall P' < P^*(P'x \to P'y)$。那么唯一可能的情况是 $P^\bullet \geqslant P^*$。这里 $P^\bullet = P^*$ 导致了矛盾，因为 $P^\bullet x$ 但 $\neg P^* x$。但如果 $P^\bullet$ 在 P^* 后面，那么根据 OT-定义，$P^*x \leftrightarrow P^*y$，得到矛盾。

(⇐). 令 $y \leqslant_{\mathscr{P}*}^{ARS} x$。假定并非 $y \leqslant_{\mathscr{P}}^{OT} x$，那么我们有

$\exists P \in \mathscr{P} \neg(Px \leftrightarrow Py) \wedge \forall P'[\exists P < P' \neg(Px \leftrightarrow Py) \vee (P'x \to P'y)]$

从 $\exists P \in \mathscr{P} \neg(Px \leftrightarrow Py)$，不失一般性，取 $P^* = P$，即最小的 $P \in \mathscr{P}$，其中 $\neg(P^*x \leftrightarrow P^*y)$。运用合取肢 $\forall P'(\exists P < P' \neg(Px \leftrightarrow Py) \vee (P'x \to P'y))$ 到 P^*，P^* 是不等价的最小性质，我们得到 $\neg(P^*y \to P^*x)$，即 $P^*y \wedge \neg P^*x$。运用 ARS-定义于 P^*，我们得到 $(P^*y \to P^*x) \vee \exists P' < P^*(P'x \wedge \neg P'y)$。其中，第二个析取肢并不成立，因为 P^* 的最小性对等价而言不成立。同时，第一个析取肢也不成立：$(P^*y \to P^*x)$ 不可能出现，因为 $P^*y \wedge \neg P^*x$ 成立。所以，我们得到结论 $\neg(y \leqslant^{ARS} x)$。这与假设矛盾，证毕。■

ARS-定义也可应用到 $\mathscr{P}$ 是偏序和/或集合 $\mathscr{P}$ 是无穷的情形，所以，我们把它看做 OT-定义的一个自然的概括。

关于偏序和前序，再多说几句 论文（Andreka et al., 2002）中还有很多值得研读的技术性的结果，包括融合算子的代数公理化以及关于在社会选择理论中基于优先图融合的特征的结果。但是，我们这里考虑这个系统的原因仅仅是：在第 3 章中所考虑的基本的可能世界的偏好关系是自返、传递的前序，而非准线性序。而且，在动态关系转换的背景下，自返性和传递性可以被保持（详细证明，

参见第3章)，但一般的连通性则不能保持。我们后面将会讨论这个问题。现在，我们要证明一个类似定理5.2.1的表示结果。它适用于前序和偏序图，从而，可以说是我们早期的关于准线性对象序和严格线性优先序列结果的一般化。

定理5.2.3 令 $\boldsymbol{M}=(W, \leqslant, V)$ 是一个通常的关于对象的模型。如下两个陈述是等价的：

(1) 存在结构模型 $\boldsymbol{M}'=(W, \leqslant, V, (\mathscr{P}, <))$。其中，$(\mathscr{P}, <)$ 是给定命题关系 $\leqslant(A)$ 的优先图使得对于所有的 $x, y\in W$，$y\leqslant x$ 当且仅当 $y\leqslant_{\mathscr{P}}^{\mathrm{ARS}}x$。

(2) $y\leqslant x$ 是个自返、传递的前序。

证明：(1) ⇒ (2) 由定义很容易看出所有前序的优先图产生的 $\leqslant_{\mathscr{P}}^{ARS}$ 关系都具有自返性和传递性。

相反地，考虑 (2) ⇒ (1) 的方向。与定理5.2.1的证明相似，我们可以定义簇 C_x 的集合。用同样的方式定义簇的序：

$C\trianglelefteq C'$ 如果 $\exists y\in C, \exists x\in C': y\leqslant x$

引理5.2.1对前序而言也成立，因为它的证明并不依赖对象的准线性序假定。确实，这里又有一个小的“进步”：簇的序变成偏序了，也就是说，如果第一个簇在第二个簇的前面，同时第二个簇在第一个簇的前面，那么它们一定是同一个簇。(后面的这个性质对于前序而言一般不为真，甚至对准线性序也不是什么时候都是成立的。)

正如我们在前面章节看到的，任一“簇命题”都与一个序关系 $\leqslant(P)$ 相联系，于是从簇的偏序可以得到一个偏序优先图。再一次，我们需要表明由此导出的关系与给定的关系是相匹配的，即

$y\leqslant x$ 当且仅当 $y\leqslant_{\mathscr{P}}^{\mathrm{ARS}}x$

(⇒) 假定 $y\leqslant x$ 成立。我们需要证明 $y\leqslant_{\mathscr{P}}^{\mathrm{ARS}}x$ 也成立，即 $\forall P\in\mathscr{P}\,(Py\to Px)\vee\exists P'<P\,(P'x\wedge\neg P'y)$。现在，考虑任一簇命题 P，或者与它相联系的性质。如果 $Py\to Px$，那么可以直接证明结论。所以，可以假定 $Py\wedge\neg Px$。那么我们一定有 $P=Cy$，因为像前面一样，我们的簇命题形成一个不相交的划分。而且，将引理应用于 $y\leqslant x$，我们得到 $C_y\trianglelefteq C_x$，因为 $C_y\neq C_x$ (因为 x 不是 C_y，它们不相交)，从而得到 $C_y\triangleleft C_x$。很容易看出，C_x 是 P' 对于那些我们需要在ARS定义的第二个析取肢中验证的 x 的“补偿”。

(⇐) 假定 $y\leqslant_{\mathscr{P}}^{\mathrm{ARS}}x$。考虑谓词 $P=Cy$，其中 Py 显然成立。分两种情形考虑。首先假定 Px。因为 $P\,(=Cy)$ 是个簇，我们有 $y\leqslant x$。接着，假定并非 Px。根据 $y\leqslant^{\mathrm{ARS}}x$ 的“补偿句”，$\exists P'<P: P'x\wedge\neg P'y$。显然，这个 P' 只能是 C_x，所以我

们有 $C_y \lhd C_x$，$C_y \unlhd C_x$，根据引理5.2.1，我们得到 $y \leqslant x$。 ■

我们在后面的章节将会继续 ARS 式的讨论。现在，我们以一个简单而有用的事实结束本节。

事实 5.2.2 令 $\mathscr{P}$; A 是一个有序优先性质的集合，其末尾处带有优先性质 A，于是我们有

$y \leqslant^{\text{ARS}}_{\mathscr{P};A} x \Rightarrow y \leqslant^{\text{ARS}}_{\mathscr{P}} x$

证明：如果在 $\mathscr{P}$; A 中有谓词 P' 使得 $P'y \wedge \neg P'x$，那么根据 ARS 定义，在 $\mathscr{P}$; A 中必定有一个“更高的补偿谓词”，但是因为 A 是最后一个，所以这个补偿谓词只能在 $\mathscr{P}$ 中。 ■

5.3 从世界上的偏好到命题的优先性质

在本节，我们采取与5.2节相反的角度。一个原始的可能世界上的序先被给出，我们将把它提升到命题的序上去，那样，我们就能对可能世界集进行比较。

这样的情形也在很多文献中出现，对基本的关系 $y \leqslant x$ 的解释在不同的文献中有所不同。在 Boutilier（1994）的条件句逻辑和缺省推理中把这个关系解释为“x 至少跟 y 一样正规（或典型）”，在 Doyle 等（1991）中它被解释为“x 至少跟 y 一样受偏爱或渴求”，在 Lewis（1973）的反事实条件句中它被解释为“x 绝不比 y 距现实世界更远”，在 Hapern（1997）的概率量化推理中它被解释为“x 跟 y 一样的可能”。在所有这些理论中，将给定的世界序扩展为命题 P、Q 上的序都是十分有意义的。例如，在现实生活中，学生也许有课程选择的偏好，但他们需要形成一个对课程组的序，例如，是喜欢理论类的课还是实践类的课，即关于不同课程集合的比较。类似地，在日常生活中，我们也可能对个别商品有偏好，但我们经常需要的是对于商品的集合之间进行比较。类似的情形和实例在社会选择理论中还有很多，文献（Barbera 等，2001）对此有较全面的概述。

量词提升

我们可以将世界序 $x \leqslant y$ 提升到命题或集合的序 $P \leqslant Q$，一个最明显的方法是利用其中所包含的量词的不同组合形式。像 van Benthem 等（2009）评论的那样，有四个明显的双量词组合形式：

$\forall x \in P \, \forall y \in Q : x \leqslant y$；

$\forall x \in P \, \exists y \in Q : x \leqslant y$；

$\exists x \in P \, \forall y \in Q : x \leqslant y$；

$\exists x \in P \exists y \in Q : x \leqslant y$。

对于其中任何一种提升方法，大家都可以给出理由对其合理性进行论证。van Benthem 等（2006c）声明 $\forall\forall$ 是冯莱特在他的关于偏好逻辑的工作（von Wright，1963）中所想要的“偏好”的概念，并对这一概念提供了一个公理化的方法[①]。事实上，关于关系提升的讨论已经有很长的传统了，而且利用（模态）逻辑研究可能世界间的偏好关系出现在 Lewis（1973）、Boutilier（1994）、Halpern（1997）等文献中。特别需要提到的是，Halpern（1997）研究了上面的 $\forall\exists$ 组合，给出了如下更精确的定义。

定义 5.3.1 令（W，$\leqslant$，V，（$\mathscr{P}$，$<$））是任意的结构模型。对于 X，$Y \in \mathscr{P}$，如果对所有的 $y \in Y$，都存在 $x \in X$，使得 $y \leqslant x$ 成立，那么 $Y \lhd^{\forall\exists} X$。

同样，我们可以定义严格的 $Y \lhd X$ 为 $Y \trianglelefteq^{\forall\exists} X$ 且并非 $X \trianglelefteq^{\forall\exists} Y$。类似地，我们可以定义所有的上面提到的量词组合。

就像我们在第 3 章中看到的一样，有些组合可以直接用模态语言的模型 $\boldsymbol{M} = (W, \leqslant, V)$ 来表达。即，通过使用全称模态词，我们可以得到关于“更好”模态词的定义方式[②]。例如，对于 $\forall\exists$-偏好，可以用如下模态语言来定义：

$pref^{\forall\exists}(\varphi, \psi) ::= U(\psi \to \langle bett \rangle \varphi)$

这个定义说的是，对于模型中的任意 ψ-世界，都存在一个更好的 φ-世界。类似这样的“多数化”原则似乎是一个很自然的比较可能世界集的办法。在其他很多领域，研究幂集上的序时都有类似的做法。例如，Halpern（1997）就采取了这个定义（解释了命题间的“相关的相似性”）并给出了当 W 的基础序是前序时的完全逻辑。同样，广为人知的是 Lewis（1973）研究反事实条件句时给出了命题偏好关系的完全的逻辑，其中已给定的 W 上的序是准线性序。下面，我们的讨论重点不是完全性定理的结果和证明[③]，而是一些语义层面的新问题，希望以此来理解一般的提升现象。

关于 $\forall\exists$ - 偏好的进一步讨论

上面，我们已经看到了存在不同的提升方式，那么，一个自然的问题是：哪种提升方式是“正确的提升”？这个问题很难回答，文献中也从没对某个独特的

① van Benthem 等（2006c）需要假定世界偏好关系的准线性来定义它们在模态语言中的提升关系。

② van Benthem 等（2006c）表明标准模态语言加全称模态算子并不足以表达对 $\forall\forall$ 或 $\exists\forall$ 的定义。语言必须用严格偏好算子 $[bett]^s$ 来扩张。

③ 参见我们在 4.7 节的讨论。

提案形成一致意见。不过，还是有几个明显的必然条件，比如说，下面的“保守主义”形式：

扩展规则：对于所有的 x，$y \in X$，$\{y\} \lhd \{x\}$ 当且仅当 $y \leqslant x$。

但是，这个规则并没有对我们提到的提升有任何限制，因为那四个量词组合都满足它。我们在此将不会详细讨论其他的一般的限制条件。相反，我们把注意力集中在一个具体的 $\forall\exists$-提升上，并试着更好地理解整个提升过程是怎么运作的。有一个问题立即映入脑海：在可能世界层面上的偏好的那些性质在被提升到命题层次后能否被保持？具体来说，考虑我们在第 3 章假定的满足自返性和传递性的关系。换句话说，我们能否证明 $\lhd^{\forall\exists}$（φ，ψ）具有自返性和传递性吗？实际上，下面的事实表明，我们可以证明一个更强的结论。

事实 5.3.1 $\leqslant$关系的自返性和传递性在提升关系$\lhd^{\forall\exists}$之下是可保持的，但反过来不成立。

证明：自返性。我们需要证明$\lhd^{\forall\exists}(X, X)$。为此，根据定义 5.3.1，我们要证明$\forall x \in X \exists y \in X$：$x \leqslant y$。因为$x \leqslant x$ 成立，所以结论成立。

另一方向，我们取 $X = \{x\}$。运用$\lhd^{\forall\exists}(X, X)$ 得到$\forall x \in X \exists x \in X$：$x \leqslant x$。因为 x 是 X 的唯一元素，因此 $x \leqslant x$ 成立。

传递性。假定$\lhd^{\forall\exists}(X, Y)$ 和$\lhd^{\forall\exists}$（Y，Z）成立。我们需要证明$\lhd^{\forall\exists}(X, Z)$ 也成立。由根据定义 5.3.1，这意味着我们有 $\forall x \in X \exists y \in Y$：$x \leqslant y$ 和 $\forall y \in Y \exists z \in Z$：$y \leqslant z$ 。又因为基本关系具有传递性，因此$\forall x \in X \exists z\ x \leqslant z$ 成立，而这正是$\lhd^{\forall\exists}$（X，Z）。

另一方向，令 $x \leqslant y$ 和 $y \leqslant z$ 成立。取 $X = \{x\}$，$Y = \{y\}$ 和 $Z = \{z\}$，运用$\lhd^{\forall\exists}$，我们得到 $X \lhd Y$ 和 $Y \lhd Z$。根据传递性，$\lhd^{\forall\exists}$（X，Z）成立，根据定义，我们立即得到 $x \leqslant z$。■

类似地，我们可以证明如果$\lhd^{\forall\exists}$是准线序，那么$\leqslant$也是。但反方向不成立。

除了上面提到的三个性质，很多其他的性质也是有意义的。事实上，上面的简单论证显示了个体序关系的性质与它们的集合的提升之间的更广泛的对应。

接下来，在命题层面，我们看看前面章节中表示定理的一个类似结果。假定我们有个偏好关系是从基本的可能世界关系的 $\forall\exists$-提升。那么，这个关系的充分必要条件是什么？下面的定理对此提供了一个完全的刻画。

定理 5.3.1 一命题间的二元关系$\lhd$满足下面的四个性质，当且仅当，它是可能世界的某个偏好关系的 $\forall\exists$-提升。

(1) $Y \lhd X \Rightarrow Y \cap Z \lhd X$（左向下单调）。

(2) $Y \trianglelefteq X \Rightarrow Y \trianglelefteq X \cup Z$(右向上单调)。

(3) $\forall i \in I, Y_i \trianglelefteq X \Rightarrow \cup_i Y_i \trianglelefteq X$(左合并)。

(4) $\{y\} \trianglelefteq \cup_i X_i \Rightarrow \{y\} \trianglelefteq X_i$对有的 $i \in I$.(右分配)。

证明:($\Leftarrow$) 假定$\trianglelefteq$是一个$\forall\exists$-提升。我们证明$\trianglelefteq$有这四个性质。

(1) 假定 $Y \trianglelefteq X$ 成立,即$\forall y \in Y \exists x \in X$: $y \leqslant x$。因为 $Y \cap Z \subseteq Y$,我们有$\forall y \in Y \cap Z \exists x \in X$: $y \leqslant x$,因此 $Y \cap Z \trianglelefteq X$ 成立。

(2) 假定$\forall y \in Y \exists x \in X$: $y \leqslant x$ 成立。因为 $X \subseteq X \cup Z$,我们有$\forall y \in Y \exists x \in X \cup Z$: $y \leqslant x$,这就是 $Y \trianglelefteq X \cup Z$。

(3) 假定对于所有 $i \in I$; $\forall y \in Y_i \exists x \in X$: $y \leqslant x$ 成立。令 $y \in \cup_i Y_i$,那么对于某些j: $y \in Y_j$。根据假定,我们有$\forall y \in Y_j \exists x \in X$: $y \leqslant x$,所以$\exists x \in X$: $y \leqslant x$ 成立。这就证明了$\cup_i Y_i \trianglelefteq X$。

(4) 假定$\forall y \in \{y\} \exists x \in \cup_i X_i$: $y \leqslant x$ 成立。那么存在某个 X_i,使得$\exists x \in X_i$: $y \leqslant x$,也就是说,对于某个 $i \in I$,$\{y\} \trianglelefteq X_i$。

($\Rightarrow$) 另一个方向。我们先定义一个个体对象上的序

$y \leqslant x$ 当且仅当 $\{y\} \trianglelefteq \{x\}$.(†)

接着,给定任一具有上面四条性质的初始关系 $Y \trianglelefteq X$,我们证明总有下面的结论成立:

$Y \trianglelefteq X$ 当且仅当 $Y \trianglelefteq^{\forall\exists} X$

($\Rightarrow$) 假定 $Y \trianglelefteq X$ 成立。对于任意 $y \in Y$,由自返性得 $\{y\} \subseteq Y$。于是,由性质(1)我们得到 $\{y\} \trianglelefteq X$。因为 $X = \cup_{x \in X}\{x\}$,于是又有 $\{y\} \trianglelefteq \cup_{x \in X}\{x\}$,所以,根据定义(†)得 $y \leqslant x$。这就表明,对于任一 $y \in Y$,存在某个 $x \in X$ 满足 $y \leqslant x$,即 $Y \trianglelefteq^{\forall\exists} X$。

($\Leftarrow$). 假定$\forall y \in Y \exists x \in X$: $y \leqslant x$ 成立。由定义(†),$y \leqslant x$ 等值于 $\{y\} \trianglelefteq \{x\}$。因为 $\{x\} \subseteq X$,由性质(2)我们有 $\{y\} \trianglelefteq X$。所以,对于任意 $y \in Y$,$\{y\} \trianglelefteq X$ 成立。由性质(3)得$\cup_{y \in Y}\{y\} \trianglelefteq X$,这就是 $Y \trianglelefteq X$①。 ■

最后,还有一个重要的问题要问:集合提升产生的命题的序关系跟第4章和第4.2节的核心内容优先序列有什么关系?直觉上说,二者之间不需要有很强的联系,因为优先序列是关于相对重要性而非关于偏好的。然而,在某些特殊的情况下,我们可以说得更多。我们在$\trianglelefteq^{\forall\exists}$-提升方面有一些这样的结果,我们会引用一个第4章的观察结果,它跟现在的讨论相关。当我们处理特殊的世界的集合时,优先序列和提升了的个体序可以是一致的。下面是一个例子。

① Halpern (1997) 给出了一个关于 $pref^{\forall\exists}$ 的完全的逻辑,其公理看起来与我们的刻画定理有所不同。但可以证明它们在本质上是等价的。

定义 5.3.2 一个集合 X 是向上封闭的，如果

$\forall x, y \in X(y \in X \wedge y \leqslant x \to x \in X)$

事实 5.3.2 只考虑向上封闭的集合 X。我们定义

$y \leqslant x$ 当且仅当 $\forall X(x \in X \leftrightarrow y \in X) \vee \exists X(x \in X \wedge y \notin X)$

于是这个个体序的$\trianglelefteq^{\forall\exists}$-提升就与集合的包含关系等价，而后者与下面的优先序列等价：

$X \subseteq Y \Leftrightarrow X \gg Y$

当我们考虑关系改变的时候，关于上面提到的联系，我们可以提出更一般的问题，例如：

第一，给定一个优先序列（$\mathscr{P}$，<），和由它导出的世界序$\leqslant_{\mathscr{P}}^{ARS}$（或$\leqslant_{\mathscr{P}}^{OT}$），什么时候$\mathscr{P}$上的关系<可以作为$\leqslant_{\mathscr{P}}^{ARS}$的一个量词提升得到？

第二，给定一个世界序（W，$\leqslant$），和某个提升，例如，$\trianglelefteq^{\forall\exists}$，它被用做在幂集上的一个优先序列，什么时候 W 上的关系$\leqslant$可以作为$\trianglelefteq^{\forall\exists}$的导出关系？

要回答这些问题，我们需要探讨在世界和命题这两个层次间的更深联系，在那里相对的重要性和偏好都被包含在提升和推导中。现在我们不准备研究这些问题。不过，我们可以说，那里一定有更多的规律和事实需要揭示。

5.4 两个层次上的动态对应

偏好的动态变化是前两章的核心论题。在第 3 章，我们研究了可能世界上的更好关系如何发生变化。在第 4 章，我们考虑了优先序列可能的变化，以及信念的变化如何引起偏好的变化。就像我们在 5.1 节引入了结构模型后指出的那样，在本章我们将要系统地研究两个层次的动态变化及其它们的联系。

在世界层次上的关系转换

在第 3 章中，可能世界的更好关系是动态变化的发生的地点。新的信息进来之后会导致可能世界的重新排序。这里，我们再一次列出一些第 3 章的具体动态算子。

最简单的算子是 Cut(A)。它仅仅把世界 A 和$\neg A$ 间的可及关系消去，却保留了所有的可能世界[①]。下面的 Cut(A) 的定义是用命题动态逻辑中的一些自明的

① 这与公开宣告的消去是不同的，那里的世界可能会因为更新而消失。对于偏好变化、信念修正、或者记忆受限的主体的信息更新，保持可能世界是合理的并且是必要的，就像 van Benthem 和 Liu（2007）、van Benthem（2007a）、Liu（2007）展示的一样。

术语来表述的。

定义 5.4.1 对于所有的 R 关系和命题 A，新的关系 $\mathrm{Cut}(A)(R)$ 定义如下：

$\mathrm{Cut}(A)(R) ::= (?A;R;?A) \cup (?\neg A;R;?\neg A)$①

我们知道，“建议 A”（记做 $\#A$）是第 3 章主要考虑的动态行为，它以如下方式改变（偏好）关系。

定义 5.4.2 对于任意关系 R 和任意命题 A，新的关系 $\#A(R)$ 被定义为

$\#A(R) ::= (?A;R;?A) \cup (?\neg A;R;?\neg A) \cup (?\neg A;R;?A)$

所以，在更新模型里不存在 $\neg A$ - 世界比 A - 世界更受偏爱的情形。我们也可以定义建议关系为：

$\mathrm{Cut}(A)(R) \cup (?\neg A;R;?A)$

事实上，$\mathrm{Cut}(A)$ 是最基本的一个算子，下面我们还会讨论这个问题。一个稍微复杂的相关算子是“更新 A”，记为 $\Uparrow A$：

定义 5.4.3 新的关系 $\Uparrow A(R)$ 定义如下：

$\Uparrow A(R) ::= \mathrm{Cut}(A)(R) \cup (?\neg A;\top;?A)$

在新信息 A 出现之后，在新的模型中，所有的 A - 世界都在 $\neg A$ - 世界的顶部，在 A 和 $\neg A$ 内部其他的顺序保持不变。在这里，除了 $\mathrm{Cut}(A)$ 和以前一样，新增加了关联（$?\neg A;\top;?A$），包括全称关系（universal relation）$\top$。另外，回到 5.2 节，$\Uparrow A(R)$ 也可以被定义为

$\mathrm{Cut}(A)(R) \cup \leqslant(A)(R)$

这里，值得注意的是，上面的定义使得介于可能世界之间的序在模型中由命题给定的“区域”之间成立。恰好满足同样命题的世界的表现都一样。所以，我们实际上是在为“世界类”进行排序（通过划分世界的定义域），而非单个的可能世界。记住这个直观想法对理解下面很多技术结果是有帮助的。

我们已经使用了简单的 PDL 语言的程序片段定义了那些在可定义的算子发挥作用后的新的可能世界关系。现在，让我们更一般地研究这个问题。我们注意到，用来建立新的关系的基本元素是

$?\varphi \mid ; \mid \cup \mid R \mid \top$

这些是标准的 PDL 算子。$?\varphi$ 是测试，; 和 $\cup$ 分别表示顺序组合与选择。R 是

① 注意：链接剪切算子在 van Benthem 等（2009）中是作为议程的扩展出现的，而在 Herzig 等（2000）中则是 PDL 的测试活动。

给定的输入关系，被当做原子式对待，常元$\top$代表了处处成立的全称关系。下面的事实给出了一个十分有用的“范式”。

事实 5.4.1 每一个上面样式的 PDL 算子都有一个定义，它是形如? A_1；$\{R, \top\}$;? A_2；$\{R, \top\}$；…的有穷的“路径表达式”的一个合取。其中，$\{R, \top\}$ 表示 R 或者$\top$。

证明：为了把任一程序表示成范式，我们采用下面的等价式，把程序选择算子从内向外推进：

$$(S \cup T);U = S;U \cup T;U$$

$$S;(T \cup U) = S;T \cup S;U$$

其中，S，T，U 分别是来自 *PDL* 语言任意形式的? φ，R，$\top$。但是，我们仍然会碰到序列的验证，而非单独的验证。但这个问题可以用下面的有效式来解决：

$$?\ A_1;?\ A_2 = ?\ (A_1 \wedge A_2)$$

事实上，我们所看到的算子 Cut（A），$\Uparrow A$，#A 的定义已经是范式了。但是原则上，很多关系可以用 PDL 形式定义，这囊括了很多可能的关系变化算子。当然，这里的关系变化有些有直观上的意义，但有些只是出于数学研究的兴趣。我们将在后面回到这个论题上来。

命题层次上的优先序列变化

在第 4 章中，我们考虑了在有穷线性序的优先性（$\mathscr{P}$, <）的集合的层次上的一些动态算子，它们在直观上都很自然。我们再次列举它们如下：

- [+A]　　添加一个新的性质 A 到序列的右边，
- [A +]　　添加 A 到序列的左边，
- [−]　　舍弃序列的最有一个元素，
- [$i \leftrightarrow i+1$]　　交换序列的第 i 个和第 $i+1$ 个元素。

我们已经说明前面两个算子中的任意一个加上后两个算子就足以表示基于有穷优先序列上的任何变化。Andreka 等（2002）中也考察了一些动态的算子，不过是关于优先图的。例如，关系的不相交并，删除优先图的一个节点，添加 j 作为 i 的后继，如果这么做不会改变 i 向下的集合。为了确保问题简单，下面，我们只考虑前面的“前置”和“后置”算子［+A］和［A+］，我们将记为$\mathscr{P}$; A 和 A; $\mathscr{P}$。在特殊的扁平集合$\mathscr{P}$上，两者都坍塌为一个算子$\mathscr{P}$+A。

在两个层次上的关系变化

在回顾了两个层次的基本算子之后，接下来，让我们重点研究它们之间系统的对应关系。首先，我们表述两个简单但很一般的观察结果，这很容易从前面章节的定义和表示定理中获得。这些结果一般都成立，因为我们不需要确认具体的动态变化。为了方便起见，我们表述几个在 OT - 定义下的结论，但是这些结论对 ARS-定义的前序也成立。

声明 5.4.1 给定 OT-定义，如果在可能世界模型上的关系变化保持准线性序，那么在有序的命题集上存在一个对应的变化。

证明： 假定旧关系是 R_1 而经过变化之后变成了 R_2。因为 R_1 和 R_2 都是准线序，定理5.2.1 给出了对应的优先序列 $\mathscr{P}_1$ 和 $\mathscr{P}_2$。这就是我们需要找的命题变化。

■

更有趣的问题是 $\mathscr{P}_1$ 和 $\mathscr{P}_2$ 间的变化能否用 R_1 和 R_2 来定义。我们将在后面讨论这个问题。现在我们先阐述相反方向上的一个结果，它也很简单。

声明 5.4.2 给定 OT-定义，如果一个命题关系的变化保持准线序，那么存在一个在可能世界的偏好的变化。

由前面的定义可立即得出这个结论。

统一可定义的联系

接下来，我们考察在两个层次上的关系变换之间更多的统一的联系。为讨论问题方便，我们先给出一个关于关系转化函数的定义。

定义 5.4.4 令 F：$(\mathscr{P}, A) \rightarrow \mathscr{P}'$，其中 $\mathscr{P}$ 和 $\mathscr{P}'$ 是命题的集合，A 是个新命题。令 σ：$(\preccurlyeq, A) \rightarrow \preccurlyeq'$，其中 $\preccurlyeq$ 和 $\preccurlyeq'$ 是可能世界间的关系，A 是新命题。给定从命题派生关于个体偏好的某个定义，如果对于任意命题的集合和新命题 A，有 $\sigma(\preccurlyeq_{\mathscr{P}}, A) = \preccurlyeq_{F(\mathscr{P},A)}$，我们说映射 F 导出映射 σ。

我们从简单的情形开始对这种联系进行讨论，首先考虑以下情形：添加一个新的命题到一个扁平的优先性集合中去。我们已经在 5.2 节中介绍了导出个体偏好的定义（∗）。

事实 5.4.2 给定（∗）- 定义，建议 A 是由下面的命题层次的算子所导出的可能世界的关系：添加一个新命题到扁平集 $\mathscr{P}$。更精确地，图 5.4.1 可以交换。

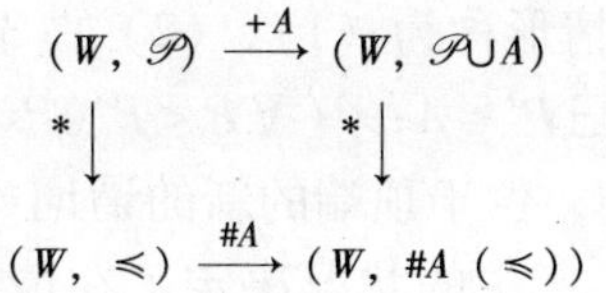

图 5.4.1

证明：我们需要证明下面的等价式：

$y \leqslant^{*}_{\mathscr{P}+A} x$　当且仅当　$y\#A(\leqslant^{*}_{\mathscr{P}})x$

($\Leftarrow$) 我们知道在#A 之后，y 和 x 间的关系可以表示如下：

$\#A(\leqslant^{*}_{\mathscr{P}}) ::= (?\ A;\leqslant^{*}_{\mathscr{P}};?\ A) \cup (?\ \neg A;\leqslant^{*}_{\mathscr{P}};?\ \neg A) \cup (?\ \neg A;\leqslant^{*}_{\mathscr{P}};?\ A)$

考虑任意世界 x 和 y 之间的关系，上面的三种情形都给出了蕴涵式 $Ay\rightarrow Ax$。根据 $y\leqslant^{*}_{\mathscr{P}}x$，我们还有 $\forall P\in\mathscr{P}$: $Py\rightarrow Px$。所以 $\forall P\in\mathscr{P}+A$: $Py\rightarrow Px$，

即 $y\leqslant^{*}_{\mathscr{P}+A}x$ 成立。

($\Rightarrow$) 假定 $y\leqslant^{*}_{\mathscr{P}+A}x$ 成立，即 $\forall P\in\mathscr{P}+A$: $y\in P\rightarrow x\in P$。特别是，$y\in A\wedge x\notin A$ 不可能成立。所以，在所有的给定的关系 R 中，那些满足（$?\ A;\ \leqslant^{*}_{\mathscr{P}};?\ \neg A$）的关系不能再出现。这正是我们对关系 $y\#A(\leqslant^{*}_{\mathscr{P}})$ x 进行定义的过程。■

简单而言，上面的这个证明表明，在两个层次上一些自然的动态算子之间是有联系的。

接下来我们考虑命题集是有序集（$\mathscr{P}$, $<$）的情形，先考虑新的命题 A 被加到有序命题集合的最前面的情况。两个层次上的动态变化之间的关系表述如下。

事实 5.4.3　给定 OT－定义，可能世界的更新 $\Uparrow A$ 是有下面的命题优先序列导出来的：在有序的命题集（$\mathscr{P}$, $<$）前面添加一个新的命题 A。图 5.4.2 更精确地表达了这一结果。

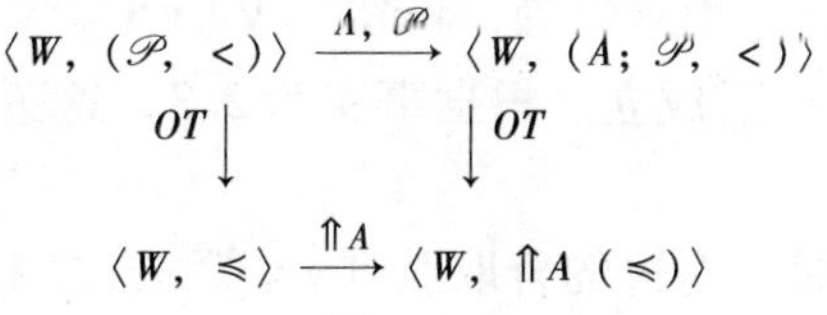

图 5.4.2

证明：为了证明这个事实，我们需要证明下面的简单的等价式：

$y\leqslant^{OT}_{A;\mathscr{P}}x$　当且仅当　$y\Uparrow A(\leqslant^{OT}_{\mathscr{P}})x$.

($\Leftarrow$). 我们知道，在更新运算 $\Uparrow A$ 之后，可能世界上 y 和 x 之间的关系可以被表述为：

$\Uparrow A(\leqslant^{OT}_{\mathscr{P}}) ::= (?\ A;\leqslant^{OT}_{\mathscr{P}};?\ A) \cup (?\ \neg A;\leqslant^{OT}_{\mathscr{P}};?\ \neg A) \cup (?\ \neg A;\top;?\ A)$

分别把等号右边的三种情形称为（1），（2），（3）。我们要证明 $y \leqslant^{OT}_{A;\mathscr{P}} x$，即
$\forall P \in A;\mathscr{P}(Px \leftrightarrow Py) \vee \exists P' \in A;\mathscr{P}(\forall P < P'(Px \leftrightarrow Py) \wedge (P'x \wedge \neg P'y))$

在情况（1）和（2）中，位于顶端的新的谓词 A 并不能区别世界 x 和 y，因此它们的序关系仅由它们在 $\mathscr{P}$ 中的状况决定。在情况（3）中，因为（$Ax \wedge \neg Ay$），对于任意序对 y 和 x，A 是我们所需的 OT - 定义 A；$\mathscr{P}$ 中的补偿谓词 P'。所以，在所有的三种情况下，我们都有 $y \leqslant^{OT}_{A;\mathscr{P}} x$。

（⇒）假定 $y \leqslant^{OT}_{A;\mathscr{P}} x$。考虑下面两种情况：①对于所有 $P \in A;\mathscr{P}\, Px \leftrightarrow Py$。特别地，$Ax \leftrightarrow Ay$ 成立，我们得到情形（1）和（2）；②存在 $P' \in A$；$\mathscr{P}$ 使得对于所有 $P < P'$（$Px \leftrightarrow Py$）而（$P'x \wedge \neg P'y$）成立。那么 $P' = A$ 或者 $P' \in \mathscr{P}$。如果 $P' = A$，$Ax \wedge \neg Ay$，那么有情形（3）。如果 $P' \in \mathscr{P}$，那么根据前置，$A < P'$，由假定我们得 $Ax \leftrightarrow Ay$，再一次，我们又得到情形（1）和（2）。■

以上我们用类似的方法证明了两个十分相似的结论，将可能世界层次上的运算与优先性层次上的运算联系起来。事实上，我们可以进一步从以下两个方面思考这个联系：

（1）给定任意优先性 - 层次上的转化算子，我们定义一个与之相匹配的世界层次上的转化算子。

（2）给定任意世界层次上的转化算子，我们定义一个与之相匹配的优先性层次上的转化算子。

作为方向（1）的例证，让我们考虑在有序命题集后面添加一个新命题的自然算子 $\mathscr{P}$; A。我们将会在下面看到，这种情形没有像上面的事实那么精致的结果，在可能世界层次上并没有一个简单的对应的算子。我们需要早先的 PDL 公式之外的一些关系代数，见下面的观察结果。

事实 5.4.4 $y \leqslant^{ARS}_{\mathscr{P};A} x$ 当且仅当 $y <^{ARS}_{\mathscr{P}} x \vee [y \leqslant^{ARS}_{\mathscr{P}} x \wedge (Ay \rightarrow Ax)]$

证明：（⇒）假定 $y \leqslant^{ARS}_{\mathscr{P};A}$ 成立。根据事实 5.2.3，这蕴涵着 $y \leqslant^{ARS}_{\mathscr{P}} x$。现在考虑下面的两种情形：

（1）$Ay \rightarrow Ax$。这时，右边的合取肢［$y \leqslant^{ARS}_{\mathscr{P}} x \wedge (Ay \rightarrow Ax)$］成立。

（2）$Ay \wedge \neg Ax$。我们把 $y <^{ARS}_{\mathscr{P}} x$ 的定义重复如下：

$y \leqslant^{ARS}_{\mathscr{P}} x \wedge \neg\ (x \leqslant^{ARS}_{\mathscr{P}} y)$.

我们必须证明这个合取式，左边的合取肢已经成立了。假定 $x \leqslant^{ARS}_{\mathscr{P}} y$，我们希望推出矛盾。因为 $Ay \wedge \neg Ax$，把 ARS 定义应用于 $y \leqslant^{ARS}_{\mathscr{P}} x$，得到 $\exists P' \in \mathscr{P}$；$A$（$P' < A \wedge P'x \wedge \neg P'y$）。注意有 $P' \in \mathscr{P}$，所以，我们得到 $\exists P'' \in \mathscr{P}(P'' < P' \wedge P''x \wedge \neg P''y)$。重复上面的这两个步骤，我们能得到在 $\mathscr{P}$ 中的"补偿"的无穷的向下的序

列（或一个有穷的循环），这与优先图的良基性相矛盾。

（$\Leftarrow$）考虑两种情形：

（1）$y \leqslant^{\mathrm{ARS}}_{\mathscr{P}} x$。那么 $\exists P \in \mathscr{P}$: $Px \wedge \neg Py$。根据 $\mathscr{P}$; A 的定义，任何这样的 P 都满足 $P < A$。所以这个 P 是 $\mathscr{P}$; A 中的补偿性质。从而有 $y \leqslant^{\mathrm{ARS}}_{\mathscr{P}} x$ 成立。

（2）$y \leqslant^{\mathrm{ARS}}_{\mathscr{P}} x \wedge (Ay \rightarrow Ax)$。我们必须证明 $y \leqslant^{\mathrm{ARS}}_{\mathscr{P}} x$ 对于扩展了的优先图 $\mathscr{P}$; A 成立。如果 Py，$\neg Px$ 对于任意 $P \in \mathscr{P}$; A 成立，那么或者 $P \in \mathscr{P}$，或者 $P = A$。如果 $P \in \mathscr{P}$，那么在集合 $\mathscr{P}$ 中有一个补偿 P' 使得 $P'x$ 并且 $\neg P'y$。P' 也在 $\mathscr{P}$; A 中。所以 $y \leqslant^{\mathrm{ARS}}_{\mathscr{P}} x$。如果 $P = A$，那么我们有 Ay，$\neg Ax$：但这与（$Ay \rightarrow Ax$）矛盾。所以，原命题得证。 ■

接下来，我们举例说明方向（2），从一个给定的可能世界序转化算子到优先性层面上的算子。在可能世界的层次上考虑“建议”算子（#A）。首先，我们看一下这个算子如何对线性序的性质起作用。

例 5.4.1 令 $\mathscr{P} = \{P\}$，它显然是线性序。这使得任意 P－世界比任意 $\neg P$-世界更受偏爱。在建议 A 出现之后，$\neg A$-世界再也不能比 A-世界更受偏爱了。这个结果在图 5.4.3 中有显示。

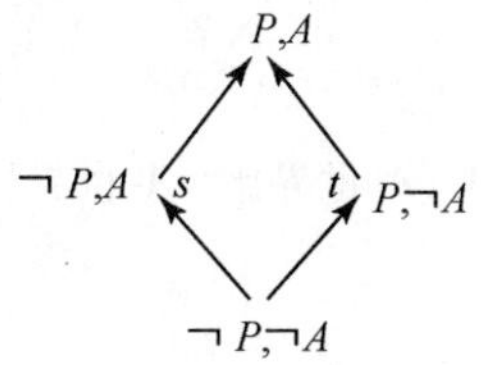

图 5.4.3 连通性的丧失

特别是，让我们看世界 s 和 t，$\neg P \wedge A$ 在 s 上为真，$P \wedge \neg A$ 在 t 上为真。但 s 和 t 在新世界中是不相容的，而在旧模型中，t 比 s 更受偏爱（因为 t 是 P-世界，而 s 不是）。所以，这样就丧失了连通性。

这个例子表明，给定在可能世界层次上的变化算子，并不一定能找到一个简单的优先性层次上的变化算子与之对应。就像我们刚刚看到的一样。

事实 5.4.5 给定一个线性命题集（$\mathscr{P}$，$<$）。#A 不能由任何保持线性序的 F 导出来。

证明：线性命题集可以导出准线性序，我们刚刚看到建议的算子导致失去准线性的。 ■

然而，如果我们取一个偏序的优先性集合，再一次回到优先图的讨论，那么就可以得到一个肯定的结果，表述为下面的事实。

事实 5.4.6 算子#A 是由下面的优先图上 $\mathscr{P}$的算子 F 导出来的：

$F(A,\mathscr{P}) = (A;\mathscr{P}) \uplus (\mathscr{P};A)$.

证明：注意我们引入了一个不相交并运算，其中同一个 A 出现了两次，但是在不同的位置。我们需要证明下面的等价式。

$y \leqslant^{ARS}_{A;\mathscr{P} \uplus \mathscr{P};A} x$ 当且仅当 $y\#A(\leqslant^{ARS}_{\mathscr{P}})x$.

根据事实 5.2.1，需要证明

$y \leqslant^{ARS}_{A;\mathscr{P}} x$ 和 $y \leqslant^{ARS}_{\mathscr{P};A} x$ 当且仅当 $y\#A(\leqslant^{ARS}_{\mathscr{P}})\ x$。

在左边，根据事实 5.4.3 和 5.4.4，我们可以得到：

$y \Uparrow A(\leqslant_{\mathscr{P}})x$ 和 $(y \leqslant_{\mathscr{P}} x \vee (y \leqslant_{\mathscr{P}} x \wedge (Ay \rightarrow Ax)))$。

图 5.4.4 和图 5.4.5 分别描述了公式的第一个合取肢和第二个合取肢的情景。

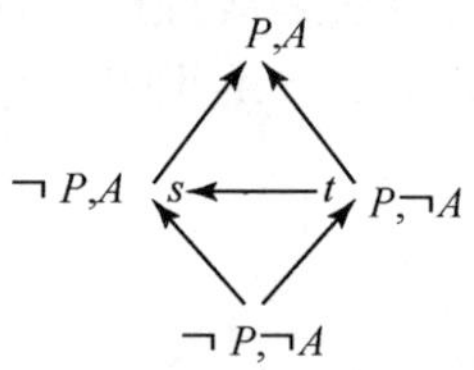

图 5.4.4 A-世界比¬ A-世界更受偏爱

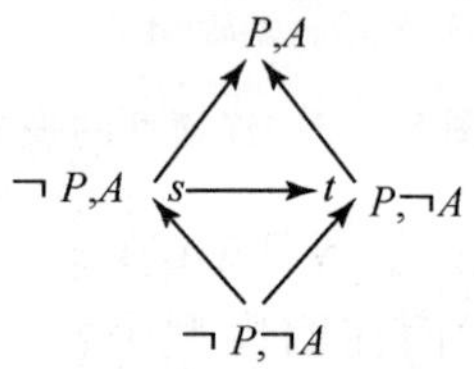

图 5.4.5 P-世界比¬ P-世界更受偏爱

显然，这两个关系的交就得到了例 5.4.1 中的结果。优先图的偏序集允许相交运算以及不可比较的情形出现。 ■

定义的一般形式

上面的这些例子为我们提出了一个更为一般的问题：具体来说，对于每一个用 PDL 语言能定义的世界层次上的关系转化算子（它将某个旧的关系 R 和新的命题 A 当做输入），能否由简单的优先图上的算子来产生吗？这个问题不容易回答，因此我们在这里仅仅提供一些讨论。为了与上面的例子匹配，我们先从下面两个方面对 PDL-公式做一些限制：

（1）我们只考虑原子测试$?A$，$?\neg A$。

（2）我们只考虑 R 关系单独出现的范式。形如$?A$；R；R；$?\neg A$ 的公式将被舍弃。[1]

给定了上面的限制，我们可以列举所有可能的情形：

事实 5.4.7　在可能世界上，最多有 28 种基本的 PDL-转化形式。

证明：正范式的析取肢具有下面的形式：

$\{?A, ?\neg A\};(R,\top\};\{?A,?\neg A\}$

在每一个位置，都有 2 种可能的选择，这样就得到 8 种基本情形。要定义新的关系，这些情形中的每一个又有出现或不出现两种情况，这样就得到幂指数增长。 ■

例如，$\Uparrow A(R)$ 是下面三个基本情形的并。

$(?A;R;?\quad A)\cup(?\neg A;R;?\neg A)\cup(?\neg A;\top;?\quad A).$

就像前面观察到的那样，这样的关系变化中，有些可以从优先序列的变化中推导出来，有些则不能。而且，并不是所有的变化都保持自返性和传递性等基本性质。例如，这里是一个反例，取$?A$；R，即：“如果 A 是真的，则保留旧的关系”。这个更新并不保持自返性，因为$\neg A$-世界上面没有任何关系了。所以这个关系转化甚至不能用偏序图来定义。$\#A$ 确实保持自返和传递序（第 3 章中的简单证明），但并不总是保持序的连通性（例 5.4.1）。而且，我们刚刚看到它不是线性优先图的映射可定义的，尽管我们可以用一个偏序图定义它。这里有一个更一般的问题：什么时候一个可能世界的关系算子可以由优先图层次上的算子导出来？以下是我们对这个问题答案的一个猜想：

猜想 5.4.1　所有保持可能世界的准线性的 PDL 形式的定义可以由偏序优先图的可定义算子导出来。

5.5　另一种方法：“优先性乘积更新”

到目前为止，我们已经看到了改变可能世界或一般个体对象的给定二元关系

[1] 技术上，这个限制使得我们的算子在它的 R-主目中可以分配。

的几个动态算子。就像在本章的开始所看到的，这些关系可以代表很多东西，从信念修正中的似乎合理的序（Rott，2006）到相对的偏好序关系。这就意味着，为了某一种语义解释而发展起来的技术结果通常可以运用到另一个领域中。特别是，正如我们已注意到的，van Benthem（2007a）就采用本书第3章中使用的方法（即偏好变化的建模方法）来为信念修正的多种策略进行建模。为了更一般地讨论问题，在5.4节中，我们采用了具有PDL风格的关系转化的定义。在本节，我们简单地考察一个来自近期信念修正文献的新方法，即使用动态认知逻辑中的“事件模型”对更新进行建模。我们在第3章的讨论已经介绍了事件模型 $\boldsymbol{E}$ 以及与它相联系的认知模型 $\boldsymbol{M}$、“乘积更新” $\boldsymbol{M}\times\boldsymbol{E}$。

首先，我们考虑下面的一个简单例子，它来自论文（Baltag，Smets，2008）。转化 $\Uparrow A$ 可以很自然地与一个事件模型联系，该模型包含两个公开宣告，或者最好在这里称为两个“信号”！A 和！$\neg A$，如图5.5.1所示。其中，信号！A 比！$\neg A$ 更合理或“更好”。

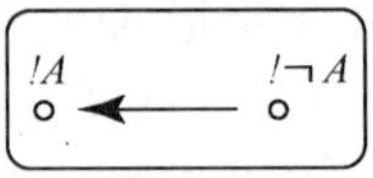

图5.5.1　ε =（！$\neg A\leqslant$！A）=（！$\neg A\leqslant$！A）

这个模型描述了一个情形，我们并不确定 A 成立，但我们认为 A 比 $\neg A$ 更合理。那么，我们如何使用这个事件模型进行更新呢？我们需要定义在 $\boldsymbol{M}\times\boldsymbol{E}$ 的序对 <旧世界，新事件> 上的新的合理序。对上面问题的一般回答是下面的“优先性乘积更新”（priority product update）规则。也许有人会说这个规则是“反词典顺序地”起作用，把优先性给了事件（即最后观察到的事件更重要），而且，只有当事件的序无殊时可能世界上的序才起作用。

定义5.5.1（优先性更新）　在积模型 $\boldsymbol{M}\times\boldsymbol{E}$ 中，序对（s，σ）上的合理性关系定义如下：

$(s,\sigma)\leqslant(s',\sigma')$　当且仅当　$\sigma<\sigma'$　or　$\sigma\sim\sigma', s\leqslant s'$

Baltag和Smets（2008）表明这个规则如何处理van Benthem（2007a）中的例子。同时，该文说明如何能处理多主体信念修正的其他问题。还有，Baltag和Smets提供一个动态信念逻辑，并证明了它的完全性。有趣的是，在他们的分析中的一个关键元素是对合理性序使用简单的模态词 $\langle bett\rangle$，他们也引入存在模态词 E，正像本书第3章（van Benthem，Liu，2007）提出的方法那样。事实上，他们在文中指出了他们的工作与本书第 3 章的联系①。

这种方法最关键的创新是下面这个变化：对于信念修正的不同策略，不再使用不同的定义进行区分和建模（像我们在第 3 章中已经做的那样），而是只使用一个在任何情况下都能用的单一的更新规则。所有的关于如何给世界重新排列的方法都必须被包括在“输入信号”里，即带信号的事件模型 $\boldsymbol{E}$ 和优先性的序。这种方法的一个益处是：我们只需要为基本模态词找到一条规约公理就可以了，不必给不同的策略找不同的公理②。这个有趣的转变将关于关系转化定义模式一般性转移到了相关事件模型的记述。而且，事件模型跟我们早先的优先性图有一些形式上的相似性（Girard，2008）。

关于事件模型模式与 PDL 式的定义之间的关系，有一些显然的问题可以研究。在事情还没完全弄清楚之前，也许二者之间只能选其中之一，目前我们至少可以看到一些明显的事实。为比较起见，我们将考虑准线性序。

事实 5.5.1 对于每个 PDL 定义的一个关系转化，其所表示的动态行动也可由合适的事件模型 $\boldsymbol{E}$ 使用优先性的乘积更新 $\boldsymbol{M}\times\boldsymbol{E}$ 来定义。

证明：这是个将 PDL 定义转变为等价的事件模型的语法程序。因为根据事实 5.4.1，每一个这样的定义都可以写成范式，成为可能世界间的关系的有穷的并。其程序如下。

第一步，用经典的命题等价式，重写定义中的验证条件，使其变成一个关于所有世界的集合的某个有穷划分的两两不相交的“状态描述”。我们在提及这种情况时将记做？SD。那么，现在的定义就变成了句子$?SD;\ R;?SD'$和$?SD;\ \top;?SD'$的并。

第二步，取状态描述作为事件模型里的信号，当 PDL 定义有句子$?SD;\ R;?SD'$时就在 SD 和 SD'之间放入一个无殊关系。当 PDL 定义有句子$?SD;\top;?\ SD'$时就直接在 SD 和 SD'之间建立联系。

用这样的方法，关于算子 σ 的信息转移到了事件模型 $\boldsymbol{E}$ 里去了。这就很容易看出，下面等式成立：

对于任意的 PDL 可定义算子 σ，$\sigma\ (R^M)\ =\leqslant^{BS}_{M\times E}$。

① 优先性更新也有上面提到的优先图融合的味道，van Benthem（2007b）给出了更一般的表述，它对预序也有效。

② 当然，后者提供了关于具体的信念变化的更具体的信息。同样，这个方法中事件模型的精确角色并不很明晰，因为它们不再是 DEL 方法最初关注的那类真正的事件，而更像是一种抽象的信号组合，被设计以用来解释修正策略。

主要的原因是，无殊关系的句子使得旧模型可以起决定作用，而关于直接关系的句子将添加新的关系，正如句子？SD；$\top$；?SD'所要求的那样[①]。 ■

反过来，什么时候一个由事件模型 $\boldsymbol{E}$ 给出的优先性更新在我们的 PDL 语言中是可定义的？再一次，我们只看一个特殊情形，即世界的集合不发生改变的情形。事件模型 $\boldsymbol{E}$ 的事前条件形成了一个划分，每一个事件都有唯一的事前条件[②]。在这个设置下，我们也有一个相反的化归。下面是其过程。

第一步，令事件的事前条件形成一个与事件本身一一对应的划分。这产生了一个关系转化的 PDL 定义，那里我们验证其前提条件。

第二步，当 SD 和 SD'在事件模型中是无殊时，记做?SD；R；?SD'。

第三步，当 SD'比 SD 在世界模型中更受偏爱时，记做?SD；$\top$；?SD'。 ■

很容易看到，使用与上面的逆程序相似的方法，就可以证明下面的事实：

事实 5.5.2 在划分的事件模型上的优先性更新可以导出在基本 PDL 公式中可定义的关系变化。

在这里还有更多的问题可以讨论。例如，如果 $\boldsymbol{E}$ 上的序是准线性的，那么只有 PDL 定义是与保持准线性相关的。确实，很多 PDL 定义只产生前序，因此优先性乘积更新也需要被进一步概括（van Benthem，2007b）。除此以外，对于那些输入关系 R 重复出现的定义情形，从寻找规约公理的角度看没有任何问题（van Benthem，Liu，2007），但是却没有明显的乘积更新的反例。反过来，如果要为整个事件模型写出 PDL 定义，那么我们需要将 van Benthem 和 Liu（2007）中的关系转化推广，使其不但能改变现存对象间的关系，而且可能给模型添加新的对象，或舍弃旧的对象。

上面的分析表明 PDL 算子和优先性乘积更新是密切相关的，它们基于不同的直觉。不过，它们之间的联系到现在还没有被完全搞清楚。

5.6 比较两种逻辑语言

到现在为止，我们主要从语义的观点比较了第 3、4 章的方法。但“逻辑”还包括另一个重要方面：语言。在本节，我们将比较第 3、4 章偏好逻辑所使用的形式语言和系统。为此，我们将借助一些表格来概述它们的主要特点。

① 注意这个事件模型复制了原来的模型 $\boldsymbol{M}$：不像一般的乘积更新，没有世界的副本经由事件而产生，因为所有的 SD 是都互相排斥，它们一起穷尽了所有的可能性。

② 这有点像 van Benthem 等（2006a）中的“协议”情景。

第 3 章的语言是关于认知 – 更好关系模型的组合的模态语言，它将 K 作为经典的认知算子，用模态算子［*bett*］来描述“局部偏好”。沿着 van Benthem 等（2006c）的思路，全称模态词 U 也被添加到语言中来。添加全称模态词的目的是为了与［*bett*］组合，来表达命题间的各种偏好的概念。这是完全的语言的静态部分。它被用来描述经典的模态模型（W，$\sim$，$\leqslant$，V）。其中，W 是可能世界的集合，$\sim$ 是关于知识的等价关系，$\leqslant$ 是“至少一样好”关系，V 是原子的赋值函数。

另外，我们在第 3 章研究了模型的动态变化。逻辑语言中有两个动态算子：即公开宣告模态词［$A!$］和建议模态词［$\#A$］。例如，公式［$\#A$］φ 表示“在建议 A 之后，φ 成立”。对此，我们有一个规约公理的完全集来刻画动态行为前后的变化。这个关系变化的模式还可以拓展到可用 PDL 定义那些关系变化。表 5.6.1 包含了语言中所有的关键因素。

表 5.6.1

静态	模态语言	新算子	混合算子	定义偏好
	$p \mid \neg \mid \wedge \mid K$	［*bett*］	U	$pref^{\forall\exists}$，$pref^{\forall\forall}$，etc.
动态	$A!$	$\#A$		

第 4 章的语言不是模态的语言，而是一阶信念语言的一个片段。就像表 5.6.2 表示的一样，它有两个层次。“规约语言”包含了命题公式以及关于常元偏好的表达式：如 $pref$（d_i，d_j）说明“d_i 比 d_j 更受偏爱”。在扩展语言中，我们添加了一阶量词、谓词和变元，从而我们能够明晰地谈论优先性。而且，我们引入了一个算子来表达主体的信念。那里的语义模型是一个一阶信念结构〈W，D，R，$\{\leqslant_w\}_{w \in W}$，$V$〉。其中，$W$ 是世界的集合，D 是不同的常元的集合，R 是个具有欧性和持续性的 W 上的可及关系。对于任一 w，$\leqslant_w$ 是 D 上的准线性序，它在所有欧性等价类上都一样，V 是原子赋值函数。

与第 3 章类似，第 4 章也研究了偏好的动态。信念通过模型的合理性结构的变化而变化，就像 van Benthem（2007a）所做的那样，那里有以一个关于修正算子 $\Uparrow A$ 的例子。因为我们用信念的术语定义偏好，因此信念的修正导致偏好的变化。但是，优先序列也可以直接发生变化，这也导致偏好的变化。对于这种变化，我们前面介绍了四个模态词：［$+A$］表示把 A 加到整个优先序列的右边，［$A+$］表示把 A 加到优先序列的左边，［$-$］表示舍弃优先序列中的最后一个元素，［$i \leftrightarrow i+1$］表示互换第 i 和第 $i+1$ 个元素。在第 3 章，我们还给出了这些算子的规约公理。这些要素被罗列和概括于表 5.6.2。

表 5.6.2

静态	规约语言	扩展语言	优先性
	$p \mid \neg \mid \wedge \mid pref \mid B$	$P\ (d_i) \mid x \mid \forall$	$P\ (x) \gg Q\ (x)$
动态	$\Uparrow A$	$[^{+}A]$, $[A^{+}]$, $[-]$, $[i \leftrightarrow i+1]$	

读者也许从以上的表中发现了这个语言的一个“缺口”。我们在第 4 章中不断使用优先序列这个概念，但是它们从来就不是语言本身的一个要素。如果有人想要发展本书第 4 章的方法和观点，应当使用一种语言，从而能够谈论优先性本身、优先性的顺序、关于优先序的推理原则，以及优先序的改变等。

看起来我们似乎完全忽略了上面的一些要点，不过，事实并非如此。实际上，前面提到的很多语义上的观察结果本身已经是优先序列或者是优先图演算的有效的原则。例如，下面的两个等价式已被证明是有效的（事实 5.2.1 和事实 5.4.3）：

（1） $\leqslant_{\mathscr{P} \uplus \mathscr{P}'} = \leqslant_{\mathscr{P}} \cap \leqslant_{\mathscr{P}}'$；

（2） $\leqslant_{A;\mathscr{P}} = \Uparrow A(\leqslant_{\mathscr{P}})$。

显然，如果我们引入等式右边的符号，这些规则就成为某种代数的法则。这样的演算可以看成第 4 章的一个自然后续。事实上，Girard（2008）已经基于 Andreka 等（2002）开始了关于“议程改变”的相关研究。关于这些问题的进一步探讨，建议读者参考本书的第 4 章和 Girard（2008）。

那么，第 3 章和第 4 章所采用的逻辑形式系统的比较是怎样的？模态与一阶之间的区别在这里并不是关键点，因为大家都知道有模态对应理论（van Benthem，1999；Andreka et al.，1998；Blackburn，van Benthem，2007）。在第 3 章，我们主要关心的是可能世界层次上的更好关系，模态语言描述了它在单一世界上的“局部性质”。如果有人想做更多的全局断言，例如，跟命题偏好相关的判断，需要使用不受限制的量词，而全称模态词 U 是通向一阶逻辑之路的中转站。但是，人们也可以使用第 4 章末尾的一阶语言，以及它的模态或非模态的各种片段。当然，当我们研究动态模型变化算子时事情会变得更复杂，如同我们已经比较了的动态模态和一阶语言一样。当增加一个语言来谈论优先性（即关于个体的命题）时，我们可以把它看成是一种二阶语言，或者是关于 5.1 节两个层次结构模型双种类的一阶语言。后者将具有明显的模态片段。所以我们的结论是，尽管第 3 章和第 4 章所使用的语言表面上看起来不同，事实上它们是很相近的。

最后，更有趣的问题也许是这样的。给定第 3 章和第 4 章所采用的结构的语义条件，以及它们的语言之间的联系，能否找到这两种逻辑之间的规约？我们认为答案是肯定的。不过，我们希望把这个问题留到今后做更进一步的研究。

6 偏好、知识与信念

我们在第4章中看到，偏好不只是纯粹的“更好”关系，在不完全信息的情况下，信念与偏好具有错综复杂的关系。事实上，在第3章，我们也看到了一个逻辑系统既包括知识又包括偏好关系。不管是认知算子 K 还是第4章的信念算子 B，它们都是与偏好相关的主体的认知状态。要更好地理解偏好，有必要研究它与知识和信念之间的纠缠关系，尤其是当我们研究主体是如何在信息不确定的条件下做出决策时这个问题显得十分重要。本章就是在这个层面上进一步比较第3、4章的观点，探讨偏好、知识和信念之间的深层联系。

当我们面临不完全的信息时，形成一定的偏好经常依赖某些信念。也就是说，我们需要用信念来定义偏好。下面简单回顾一下第4章的有关概念。

第一，我们区分了关于个体对象的偏好和关于命题的偏好。对象偏好是根据主体是否相信对象具有某种性质来定义的。随后，我们把同样的办法应用到关于命题的偏好。

第二，为了方便阅读，我们重复一些基本的定义：给定如下形式的优先序列 $\mathscr{P}$。

$$P_1(x) \gg P_2(x) \gg \cdots \gg P_n(x) \qquad (n \in \mathbf{N})$$

其中，每个 $P_m(x)$ 都是一个来自于所使用的逻辑语言的公式，它们具有共同的变元 x。接着，我们定义对象的偏好如下：

$$pref(d_1, d_2) ::= \exists P' \in \mathscr{P}(\forall P < P'(BPd_1 \leftrightarrow BPd_2) \wedge (BP'd_1 \wedge \neg BP'd_2)) \qquad (pref\text{-}obje)$$

第三，类似地，我们可以定义命题的偏好。给定一个如下形式的长度为 n 的命题优先序列

$$\varphi_1(x) \gg \varphi_2(x) \gg \cdots \gg \varphi_n(x)\ (n \in \mathbf{N})$$

其中，每一个 $\varphi_m(x)$ 都是一个带有一个共同命题变元的命题公式，我们定义对

于命题 ψ 和 θ 的偏好如下。

pref（ψ，θ），当且仅当，对某些 i，

$$(B\varphi_1(\psi)\leftrightarrow B\varphi_1(\theta))\wedge\cdots\wedge(B\varphi_{i-1}(\psi)\leftrightarrow B\varphi_{i-1}(\theta))\wedge$$
$$(B\varphi_i(\psi)\wedge\neg B\varphi_i(\theta))\qquad(pref\text{-}\mathrm{prop})$$

第四，我们坚持认为偏好是主体的一种认知状态（即它是主观的，从而是具有内省能力的）。因此，某人偏爱某事物胜于其他事物，当且仅当他相信他的这个偏好状态。所以，$pref\ (d_1,\ d_2)\ \leftrightarrow\ Bpref\ (d_1,\ d_2)$ 是我们的偏好逻辑的一条公理，表示主体的正内省能力。

与此不同，信念的概念不是第 3 章所考虑的逻辑语言的一部分。读者也许还记得，第 3 章的语言中包含一个全称模态词 U，认知算子 K 和更好的模态词 $[bett]$。借助这些词汇，我们可以表达很多关于命题偏好的概念，这取决于量词的不同组合（表现为不同的“提升”方式）。在第 3 章中，由于更好的模态算子是基于模型中的个体对象间的关系的，所以与此相关的偏好模态一般来说不是主观的。然而，我们可以在偏好关系前面加认知算子，从而偏好也能够依赖认知态度。在这种背景下，我们讨论偏好和知识之间的关系。例如，认知偏好是否违背了正内省等问题。特别是，我们考察了“后悔”这个有趣的概念，它被解释为：“主体知道 p，但他喜欢 $\neg p$。”只有通过客观和主观的角度的组合才能达到对这个概念的表达。

为了更好地比较第 3 章和第 4 章的方法，我们首先将在第 3 章的语言中添加一些信息，并进一步发展其体系。之后，我们将给出第 3 章和第 4 章之间的比较以及它们的不同偏好概念。首先，我们简要地回顾第 3 章的一些重要的技术细节，它们将会在本章后面的讨论中被用到。

（1）该语言可以表达命题偏好，这里的命题被看成是可能世界的集合。我们定义一个核心的偏好概念 $pref^{\forall\exists}$ 如下：

$$pref^{\forall\exists}(\varphi,\psi)::=U(\psi\rightarrow\langle bett\rangle\varphi)\qquad(Ubett)$$

（2）第 3 章还给出了关于新算子 $\langle bett\rangle$ 的规约公理，为偏好关系的变化建模，来处理如“建议 A”（$\#A$）的例子。上面的规约公理一旦给定，我们可以得到关于命题之间偏好改变的一个完全的逻辑，主要的规约公理如下。

① $\langle\#A\rangle\langle bett\rangle\varphi\leftrightarrow(\neg A\wedge\langle bett\rangle\langle\#A\rangle\varphi)\vee(\langle bett\rangle(A\wedge\langle\#A\rangle\varphi))$；

② $\langle A!\rangle\langle K\rangle\varphi\leftrightarrow(A\wedge\langle K\rangle\langle A!\rangle\varphi)$；

③ $\langle A!\rangle E\varphi\leftrightarrow(A\wedge E\langle A!\rangle\varphi\vee\langle\neg A!\rangle\varphi)$。

（3）因为算子 $pref^{\forall\exists}$ 由全称模态词 U 和 $\langle bett\rangle$ 定义的，一旦我们有了关于这两个算子的独立的规约公理，我们立即就可以计算出 $pref^{\forall\exists}$ 的规约公理。其精

确的演算形式如下：

$$\langle \#A\rangle pref^{\forall\exists}(\varphi,\psi)\leftrightarrow\langle \#A\rangle U(\psi\to\langle bett\rangle\varphi)$$
$$\leftrightarrow U(\langle \#A\rangle(\psi\to\langle bett\rangle\varphi))$$
$$\leftrightarrow U(\langle \#A\rangle\psi\to\langle \#A\rangle\langle bett\rangle\varphi)$$
$$\leftrightarrow U(\langle \#A\rangle\psi\to(\neg A\wedge\langle bett\rangle\langle \#A\rangle\varphi)\vee(\langle bett\rangle(A\wedge\langle \#A\rangle\varphi)))$$
$$\leftrightarrow U(\langle \#A\rangle\psi\wedge\neg A\to\langle bett\rangle\langle \#A\rangle\varphi)\wedge U(\langle \#A\rangle\psi\wedge A\to\langle bett\rangle(\langle \#A\rangle\varphi\wedge A))$$
$$\leftrightarrow pref^{\forall\exists}(\langle \#A\rangle\varphi,\langle \#A\rangle\psi)\wedge pref^{\exists\forall}(\langle \#A\rangle\varphi\wedge A)(\langle \#A\rangle\psi\wedge A)$$

6.1 偏好与知识

正如我们在前面看到的，在定义（*pref-obje*）和（*pref-prop*）中的偏好是完全基于信念的，因此，第4章实际上是采取了主观的立场。但直觉上，在（*Ubett*）中定义的偏好要更主观些。在做这样的比较时，我们忽略个体对象和可能世界的差异。但是，我们将在本章的末尾专门讨论这个问题。直觉上，（*Ubett*）表达的是下面的陈述：

对于模型中的任一 ψ-世界，都存在一个世界是至少跟它一样好的，在其上 φ 成立。

这可以用图6.1.1表示。

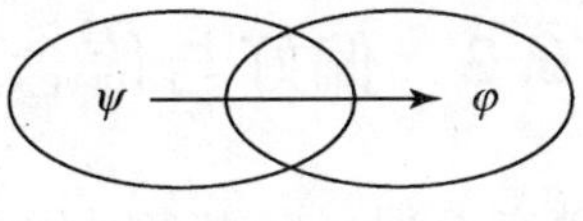

图6.1.1 由 U 和更好关系定义的偏好

根本上，这是模型里的 ψ-世界和 φ-世界之间的比较，这里尚未包含任何主观态度。但是，即使是在第3章逻辑语言的背景下，我们也可以建立偏好、知识和信念之间的联系——接下来我们马上就要说明这一点。

考虑下面的情形。不是取出任何的模型里的 ψ-世界（像全称模态 U 所做的那样），我们现在只看这些对主体 i 而言认知可及的 ψ-世界。这里的直观可以表达如下。

对于模型里所有的对主体 i 而言认知上可及的 ψ-世界，都存在一个世界与其一样好，在它上面 φ 为真。

这个陈述可以用图6.1.2来表示。

在黑圈里面的部分表示对主体而言认知可及的世界。另外的两个圆圈分别表示 ψ-世界的集合和 φ-世界的集合。从图6.1.2可见，只有一

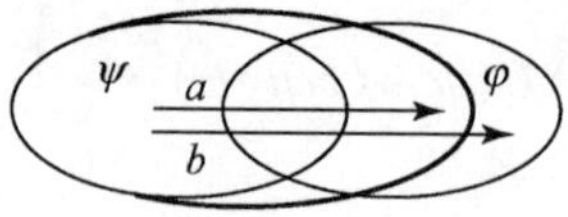

图 6.1.2　由 K 和更好关系定义的偏好

些 φ- 世界是认知可及的。更好关系有两种可能的情形：或者它由 a- 箭头组成，意味着更好的 φ- 世界本身是在模型的可及部分的；或者它由 b- 箭头组成，意味着更好的 φ- 世界不一定是模型里的可及部分。

我们将上面的解释用形式语言写出来，就是

$$pref^{\forall\exists}(\varphi,\psi) ::= K_i(\psi \to \langle bett \rangle \varphi) \qquad (Kbett)$$

如果读者对定义（*Kbett*）和（*Ubett*）进行比较的话，可以看出，这里我们只是用 K_i 替换了 U。事实上，回顾第 3 章，这样做实际上很显然，因为我们的语言中本身就有认知算子 K。第 3 章给出的模型可以直接为了这个目的而使用，它们的完全逻辑也相应地可以得到。

由于偏好是通过知识和更好关系定义的，因此，偏好的动态变化也由认知和更好关系的变化而激发。用跟全称模态一样的方法，通过从 K_i 和 $\langle bett \rangle$ 的规约公理做计算，我们可以得到认知偏好的正确的规约公理。很容易写出其中的细节，这里省略。

6.2　偏好与信念

跟上面讨论的情况稍有不同，在很多时候我们并没有明确的信息，而只有一些信念。但是，我们依然想要对情形之间进行比较，确定哪个更好。换言之，我们也想表达如下陈述。

> 对任意在模型里对主体 i 而言最可能的 ψ-世界，都存在一个与它一样好的世界。其中，φ 为真。

这就需要引入信念，用公式表示为

$$pref^{\forall\exists}(\varphi,\psi) ::= B_i(\psi \to \langle bett \rangle \varphi) \qquad (Bbett)$$

图 6.2.1 展示了我们脑中所想的概念。在图 6.2.1 中，可能世界按照它们的合理度比较来排序，就像在刘易斯的条件逻辑的球形语义一样。在黑圈以内的部分描述的是最合理的世界。我们考虑这个区域的 ψ- 世界，再一次把它们分成两种偏好关系：“a 类”关系停留在最合理的可能世界区域内，“b 类”却延伸到了不那么合理的区域，甚至是模型中不合理的区域。

为了更好地在形式上解释信念，我们定义模型如下：

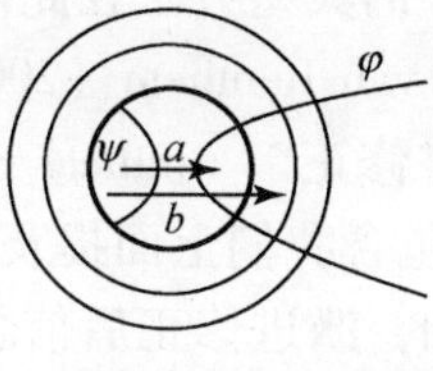

图 6. 2. 1　由 B 和更好关系定义的偏好

定义 6. 2. 1　一个信念偏好模型是一个多元组 $\boldsymbol{M}=(W, \leqslant, \preccurlyeq, V)$。其中，$W$ 是可能世界的集合，$\leqslant$ 是“至少一样合理”的信念关系，$\preccurlyeq$ 是我们在前面提到的“至少一样好的关系”，V 是对命题字母的赋值①。

给定了上面的语义之后，我们可以定义纯粹的信念算子 B 和更一般的条件信念算子 $B^{\psi}\varphi$ 的真值条件：

$\boldsymbol{M}, s \models B\varphi$，当且仅当：$\boldsymbol{M}, t \models \varphi$ 对于所有在序 $\lambda xy. \leqslant s\ xy$ 中最小的世界 t 上都成立。

$\boldsymbol{M}, s \models B^{\psi}\varphi$，当且仅当：$\boldsymbol{M}, t \models \varphi$ 对所有的在集合 $\{u \mid \boldsymbol{M}, u \models \psi\}$ 的序 $\lambda xy. \leqslant s\ xy$ 中最小的世界 t 上都成立。

这里一元算子 B 的真值条件与 **KD45** 模型在本质上是一样的，以后者系统的“可及世界”作为最可能的世界。但是，不同的是，这里我们也可以比较不太合理的世界，这对于理解条件信念至为关键。

评论 6. 2. 1　若先给定条件信念的概念，事实上，对于基于信念的偏好而言存在一个不同的表述。在上面的（*Bbett*）版本的定义中，主体看到了模型里所有的正规或最优的世界，然后就更好关系来比较 ψ - 世界和 φ - 世界。另一种不同的表述是：取偏爱 ψ 胜过 φ 本身就是个条件信念，用下面的公式

$$B^{\psi}\langle bett\rangle\varphi \qquad (Bbett')$$

众所周知，这与（*Bbett*）并不等价。这也许是基于信念的偏好概念的另一个选择。偏好应不应该考虑条件性的情景，例如“根据最近接收到关于的 ψ 信息”，这是一个值得思考和讨论的问题。不过，这里提到的两种定义都可以用我们所提出的逻辑来处理，也都适合于我们将要考虑的动态分析。

这样，我们就可以在两个方面对变化进行建模，即改变模型里的合理性关系

① 在文献（Baltag，Smets，2006b）和（Baltag，Smets，2008）中，作者们也使用“同样合理”关系来解释安全信念（safe belief）的概念，说的是，一个命题在所有那些与当下世界至少一样合理的世界上成立，那么它是安全信念。这个概念与我们的更好模态词类似，只不过是用于信念而非偏好。

和改变模型里的更好关系。DEL 的典型方法在此依然适用，因为就形式而言，这两种情形十分相似。我们知道，van Benthem（2007a）给出了两种信念变化的有效的规约公理，即所谓的“激进修正”（radical revision）和“保守修正”（conservative revision）。其中，前者包含我们上面提及的关系转化 $\Uparrow A$。这些技术结果在这里可以直接得到应用。例如，激进修正后信念的规约公理是：

$$[\Uparrow A]B\varphi \leftrightarrow (EA \wedge B([\Uparrow A]\varphi | A)) \vee B[\Uparrow A]\varphi$$

当然，读者应当注意，我们在上面的公式中使用了条件信念，要得到完全的逻辑系统，我们需要给出条件信念的规约公理。详细的技术细节，参见 van Benthem（2007a）。

沿着同一条思路，一旦我们有了关于信念和更好算子的规约公理，我们就可以计算出基于命题的偏好的规约公理，如命题偏好（*Bbett*）中的 $pref^{\forall\exists}$。这样，我们就获得了基于信念的偏好的动态变化的完全的逻辑。

（*Kbett*）和（*Bbett*）的定义有一个共同特点：一个通向更好的 φ-世界的箭头可以通达模型中可及关系或最合理部分以外的范围，见前面图示中的 b 型箭头。这个现象背后的直观很显然，而且，在很多情形下这也是合理的、可以设想的。然而，也有可能存在更好的世界，其中主体并不将其视为认知上可能的或更合理的。但是，如果我们想要将这两个关系更紧密地交织在一起，我们确实需要查看一下在相关的认知或信念区域内更好的选择肢。这些想法在 Lang 等（2003）对规范推理的研究中可以找到，在那里规范关系和偏好关系在同一个模型中并存。类似地，van Benthem 等（2009）讨论了其他情形均同的“正常意义”，将偏好关系限制到主体的认为正常的世界上。下面，我们将讨论这两种基本关系的更为密切的互动。

6.3 融合可能世界上的相对合理性关系与更好关系

现在我们设定：与偏好相关的更好世界被包括在模型的最合理的部分里。直观上说，这意味着我们是“信息的现实主义者”。为了表达这一点，我们需要融合上面提到的两种关系，即使用这两种关系的交叉。以下给出的定义表明我们如何能够做到这一点。

定义 6.3.1 一个融合偏好模型是一个多元组 $\boldsymbol{M}=(W, \leqslant, \preccurlyeq, \leqslant \cap \preccurlyeq, V)$。其中，$W$ 是带有信念和更好关系的可能世界的集合，$\leqslant \cap \preccurlyeq$ 表示“至少一样合理”与“至少一样好”的交叉关系，V 是命题字母的赋值。

初始语言有独立的模态算子 B 和 $[bett]$，但是，现在我们用一个新的模态词

H 来拓展它。公式 $H\varphi$ 被读作“希望 φ 成立”。这样的公式的真值条件定义如下。

$\boldsymbol{M}$，$s \models H\varphi$，当且仅当、对所有的 t 若 $s \leqslant t$ 和 $s \leqslant t$，则 $\boldsymbol{M}$，$t \models \varphi$ 。

在包含 H 新算子的语言中，我们同样可以再定义一个关于命题的偏好，它事实上与第 4 章的定义（*pref-prop*）更接近。

$$pref^{\forall\exists}(\varphi,\psi) ::= B(\psi \rightarrow \langle H \rangle \varphi) \qquad (BH)$$

换言之：

> 对于模型里所有的可信的 ψ－世界，都存在一个世界与这个世界一样好，同时与这个世界一样合理，并且在其上 φ 为真。

显然，我们现在可以谈论被限制到模型里最合理部分的偏好。用图 6.2.1 的术语说，我们现在考虑的只有“a 类”箭头。

事实上，同样的做法也可以应用定义（*Kbett*）。我们也可以要求更好的世界保留在可及世界部分，因此，得到下面的定义：

$$pref^{\forall\exists}(\varphi,\psi) ::= K(\psi \rightarrow \langle \sim \cap \leqslant \rangle \varphi) \qquad (Kbett')$$

这意味着我们只保留了图 6.1.2 里的 a 箭头。

定义（*BH*）给出了一个主观的偏好概念，因为我们只考虑了最合理的部分。正如我们所说的，这个定义与前面见到的定义（*pref-prop*）更接近。更精确地说，评论 4.7.2 由（*pref-prop*）定义的∀∃-版本的偏好与下面的表达式等价：

$$B(\psi \rightarrow \langle bett \rangle \varphi)$$

因为我们知道［bett］φ ::=（φ，⊤），而 *pref* 又是由信念来定义的，因此，更好关系自然地停留在模型的最合理部分。所以，定义∀∃－(*pref-prop*）实际上与定义（*BH*）是等价的。

现在让我们迅速讨论一下带有新算子 H 的模态语言的表达力。（*BH*）的偏好的概念能否仅仅由初始语言中的模态算子 B 和［bett］表达吗？换句话说，使用绝对的信念模态词和更好的模态词可以达到（*BH*）所展示的交叉效果吗？正如我们从一般的模态语言所学习到的，这是不可能的，因为相交模态词（intersection modalities）不是互模拟不变的（Blackburn et al.，2001）。事实上，下面的事实可以证明这一否定性结论。

事实 6.3.1 对于 B（$\psi \rightarrow \langle H \rangle\ \varphi$）（＊）而言，用经典的带有算子 B 和［bett］的模态语言是不可定义的。

证明：假定（＊）是可定义的。那么在语言中存在不带模态词 H 的公式 φ 使得 $\varphi \leftrightarrow$（＊）在每一个模型中都成立。现在考虑在图 6.3.1 中的两个模型。

更好关系≤以带箭头的实线表示，合理性关系≤以带箭头的长点线表示。命题字母 p 和 q 的赋值可以从图中读出来。很容易看出这两个模型关于更好和合理

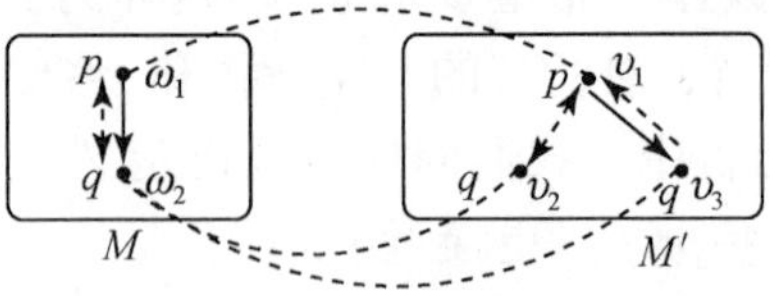

图 6.3.1　互模拟模型

性关系都是互模拟的，其互模拟关系由圆点线表示。

我们有 $\boldsymbol{M}$，$w_1 \models B(p \rightarrow \langle H\rangle q)$ 成立，因为 p-世界 w_1 可以看到更好更合理的 w_2，在 w_2 上 q 为真。因为 $\varphi \leftrightarrow (*)$，我们有 $\boldsymbol{M}$，$w_1 \models \varphi$。因为 $\boldsymbol{M}$ 和 $\boldsymbol{M'}$ 是互模拟的，我们有 $\boldsymbol{M'}$，$v_1 \models \varphi$。所以我们也有 M'，$v \models B(p \rightarrow \langle H\rangle\ q)$。但是，我们知道 M'，$v_1 \not\models B(p \rightarrow \langle H\rangle q)$，因为 p-世界 w_1 可以看到更好但并非更合理的 w_2，所以不存在世界满足 q 并且是更好更合理的。出现矛盾，原命题得证。 ■

上面的这番论证表明新的语言确实有更强的表达力。尽管这个结果很好，但确实有一个自然的问题：我们先前的方法是否对这个新的语言依然奏效？

特别是，我们想要考察对融合关系可能的动态变化。这里我们只看三个特征性的行为：激进的信念修正 $\Uparrow A$，它改变合理性关系；建议 $\#A$，它改变更好关系，经典的公开宣告行动改变可能世界的定义域。当这些动态行动发生时，规约公理的 *DEL*-方法始终有用。

定理 6.3.1　下面的等价式是有效的：

(1) $\langle \#A\rangle\langle H\rangle\varphi \leftrightarrow (A \wedge \langle H\rangle(A \wedge \langle \#A\rangle\varphi)) \vee (\neg A \wedge \langle H\rangle\langle \#A\rangle\varphi)$；

(2) $\langle \Uparrow A\rangle\langle H\rangle\varphi \leftrightarrow (A \wedge \langle H\rangle(A \wedge \langle \Uparrow A\rangle\varphi)) \vee (\neg A \wedge \langle H\rangle(\neg A \wedge \langle \Uparrow A\rangle\varphi)) \vee (\neg A \wedge \langle \mathrm{bett}\rangle(A \wedge \langle \Uparrow A\rangle\varphi))$；

(3) $\langle A!\rangle\langle H\rangle\varphi \leftrightarrow A \wedge \langle H\rangle\langle A!\rangle\varphi$。

证明：作为例示，我们只证明比较有意思的公理 2。假定 $\langle \Uparrow A\rangle\langle H\rangle\varphi$。回顾激进的信念修正 $\langle \Uparrow A\rangle$，它改变合理性关系，原样保留偏好关系。新的合理性关系可以写成：

$$(?A;R;?A) \cup (?\neg A;R;?\neg A) \cup (?\neg A;\top;?A)$$

从最初的模型可以看出，我们可以区分三种情形，这些正好是三个右边的析取肢。注意：对于最后一个我们只需插入旧的偏好关系 $\langle bett\rangle$，因为合理性关系 $(?\neg A;\top;?A)$ 是新的。 ■

要公理化带有新的模态词 H 的完全逻辑，有很多种技术可以使用。例如，可以引入混合逻辑的“世界名称”（nominals），就像用相交模态词来公理化模态逻辑一样（Blackburn，1993；katsuhiko，2007）。前面的观察结果表明完全的动态逻辑可以由添加这三个规约公理来获得。所以，DEL 方法在语言扩展的背景下也起作用。

为了方便读者，我们把到目前为止见过的不同偏好的定义列在图 6.3.2 中，它们之间的关系如下，其中箭头表示蕴涵关系。

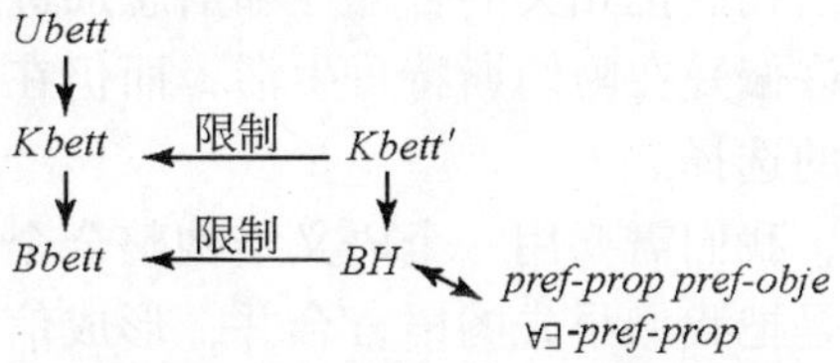

图 6.3.2　偏好的不同定义

我们从第 3 章的绝对更好的定义（*Ubett*）开始。用同一种样式，我们把全称模态词“认知化”得到定义（*Kbett*）和（*Bbett*）。它们之间的关系如下：（*Ubett*）蕴涵（*Kbett*），（*Kbett*）蕴涵（*Bbett*），但反过来都不成立。于是，我们把比较更好之间的关系限定在模型的可及或最合理的区域，从而获得新的定义（*Kbett'*）和（*BH*）。它们与前面概念的关系如图所示。最后，跟第 4 章中出现的偏好概念的联系，定义（*pref-prop*）与定义（*BH*）是具有可比性的。这在技术上是真的，在直觉上也如此，因为所有这些概念都是主观的。特别是，我们已经表明（*BH*）的定义与∀∃－提升版的（*pref-prop*）定义是等价的。

6.4　整合个体对象的偏好和可能世界的偏好

前面，我们主要对第 3 章和第 4 章所涉及的偏好概念进行了比较。但是，还有一个问题我们想要在这一节简单提及。与其说我们需要对研究偏好的不同的方法进行对比和比较，不如说它们展现了偏好的一个自然属性，即偏好的不同方面需要进行整合。事实上，这也不难做到。在本节，我们表明如何做到这一点，还有什么样的进一步的问题需要解决。

首先，我们考虑一下不同偏好概念之间在“精神”本质上的不同。有穷的优先序列自然地适合描述个体对象之间的偏好，而命题模态语言则更适合描述可能世界间的偏好。正如我们在第 5 章所说的，这两种方法在技术上并没有什么不同。定理 4.7.6 甚至表明，个体对象的偏好和命题变元的偏好是等价的。然而，在现实生活中，我们经常同时对个体对象和情景之间进行比较，而不是非此即彼。我们先看下面的例子。

例 6.4.1　艾丽丝偏爱住在阿姆斯特丹胜于住在北京。在阿姆斯特丹有两套

房子 d_1 和 d_2 供她选，她偏爱 d_1 胜于 d_2。在北京，她偏爱 d_3 胜于 d_4。

一个关于上面这种区别的更抽象的例子是这样的。在某些世界里，我们也许有很多关于个体对象的偏好，而在其他世界，我们则没有任何偏好。在某些哲学和宗教理论中，我们或许偏好具有较少对象的世界（或者没有世界更好）胜于有很多的世界。而且，当我们把相关的合理性和信念加进来之后，事情会变得更复杂。例如，艾丽丝也许偏爱在阿姆斯特丹生活，而仍在想最终在北京定居会更合理，或者做与之相反的选择。

要谈论这样的例子，我们需要用一个语义结构整合个体对象的偏好和可能世界的偏好。合适的语言是把我们早先的语言合并，形成信念偏好谓词语言，定义如下。

定义 6.4.1 个体对象的项 t 包括变元 x_1, x_2, …和常元 d_1, d_2, …，并且 P_1, P_2, …是个体对象的谓词。该语言的递归定义如下：

$$\varphi ::= Pt_1, \cdots, t_n \mid \neg\varphi \mid \varphi \wedge \psi \mid \mathrm{pref}(t_i, t_j) \mid B\varphi \mid [pref]\varphi$$

这只是完整的信念偏好谓词逻辑的一个小部分，但足以达到我们的目的。当然，人们可以用量词 $\exists x\varphi$ 来直接拓展这个语言。

适合这个语言的语义模型定义如下：

定义 6.4.2 一个信念偏好谓词模型是一个多元组 $\boldsymbol{M}=(W, \leqslant, \preccurlyeq, \{D_w \mid w \in W\}, \{\preccurlyeq_w \mid w \in W\}, V)$。其中，$W$ 是可能世界的集合，$\leqslant$ 和 $\preccurlyeq$ 是世界上的合理性关系和更好关系。D_w 是每个可能世界 $w \in W$ 上的对象的定义域，其中 $\preccurlyeq_w$ 是这些定义域的对象上的关系“至少一样好”。V 是语言中的常元和谓词原子式的赋值或解释函数。

这意味着，一方面我们有可能世界上的偏好；另一方面，在可能世界内部又有关于个体对象之间的偏好。而且，可能世界也依据它们的合理性进行排序。用这个方法，偏好存在于语义模型的不同层次。现在可以对语言中的算子做寻常的解释了。特别是，如果我们要在语言中添加量词，它们的辖域将是 D_w 的定义域的一部分。大家都知道，模态谓词逻辑的语义和证明理论中有不少难题尚待解决（Fitting, Mendelsohn, 1998; Hughes, Cresswell, 1996; Brauner, Ghilardi, 2007）。但即使如此，为了讨论偏好中更多的问题，模态谓词逻辑的形式框架还是需要的。

例如，在这样的语言中我们可以表述以下命题：

（1）主体相信带有性质 P 的个体对象总是比带有性质 Q 的个体对象更好；

（2）主体偏爱个体对象 d 并不比个体对象 e 更受偏爱的情形；

（3）主体偏爱他们不知道 *P* 是否成立的情形胜于他们知道 *P* 是否成立的情形。

这样的语言表达力似乎是解决哲学文献中（Hansson，1990；Aqvist，1994；Hansson，2001a）所讨论的问题所必需的。还有，这个模型与复杂情景，如 Pacuit 等（2006）所讨论的“被告知的义务”也是很接近的。

但是，我们还可以走得更远。我们可以跨越可能世界来比较个体对象，正如罗素的著名句子“我想你的游艇比它实际的长度更长”。艾丽丝住在阿姆斯特丹的时候，也许偏爱那里的房子胜于北京的房子：“另一边的草总是更绿”。最后，我们也可以将第 4 章的优先性化为语义的显性元素，这样的语言可以表达主体是否相信优先性决定个体对象上的偏好。

显然，这个更丰富的模型也有一个如何处理动态变化的问题。例如，在例 6.4.1 中，当新信息进入时个体对象的偏好和可能世界偏好可以发生变化。我们相信前面的动态逻辑可以被一般化来处理这个问题，但在这个方向上迄今几乎没有人研究。最新的关于模态谓词逻辑的 *DEL* 风格的研究，可以参考 Kooi（2007），该文讨论了同时改变真值指派和可能世界的动态语义①。

总之，我们认为，整合第 3 章和第 4 章的方法是很可行的，语义和模态命题层面的比较揭示了二者之间的很多相似点。但是，为了更一般地研究这些问题需要引进模态谓词逻辑。这看起来十分可行，不过，在这里我们不准备进一步讨论，留做今后研究。

---

① 相关的早期用 *PDL* 术语进行的分析见 van Eijck，Cepparello（1992）、van Benthem（1996）。

7 未来的研究方向

本书基于动态逻辑给出了关于偏好和偏好改变的几个模型。我们看到了许多新问题得到解决，同时，也有不少有趣的问题有待进一步探讨。

首先，本书所考察的问题基本上仍然是关于单个主体的。然而，主体之间智能的互动是我们要理解的最终现象。如何把本书提出的模型进一步推广到多主体系统中去，研究具有不同偏好的主体之间的交流和互动？还有，如何利用一个群体中成员的不同偏好定义群体的偏好？尽管读者已经看到，我们在第 4 章已经开始考察合作的主体、竞争的主体之间的偏好交互，那只是抛砖引玉的工作。系统分析多主体偏好情形中的新问题确实是一个值得发展的研究方向。

其次，偏好的变化不是一触即发的，而常常经历一定的时间。因此，要完全理解偏好的变化，在现有的动态偏好模型中引入时间似乎是必不可少的一步。这方面的研究，可以借鉴的是在动态认知逻辑中引入时间的文献，如 van Benthem 和 Pacuit（2006）、Bonanno（2004）、Bonanno（2007）等。当然，我们可以说，动态认知逻辑、动态偏好逻辑在一定程度上也已经有了某种隐性的时间概念。例如，规约公理显然刻画了更新前后发生的变化，因此，实际上逻辑背后已经有了时间的概念。但是，比较有意思的是，若把时间作为语言的显性要素引入，这能给我们带来什么新的表达力？是否可以利用这样的语言对偏好的改变做出更为细致的刻画？

再次，在引论中我们已经提到，本书主要采取定性的方法，而不是定量的方法来研究偏好。而在决策论和博弈论中，定量的方法占主导。偏好通常被表示为一个效益函数，而偏好的变化则是效益函数值的变化。定性的方法和定量的方法当然有传统意义上的区分，各有自己的优势。就偏好本身的研究而言，逻辑学家更倾向于采用定性的研究方法，构造逻辑模型等。但是，也许是时候看看定量的方法，逐渐吸收定量方法中的要素，将其纳入逻辑系统中了。另外，对于决策论和博弈论的研究者们来说，很多无谓的、繁琐的数值计算有时是没有必要的，也许定性的分析和模型能够为他们提供一个更为抽象的视角。因此，如何将我们这里的模型与在其他领域中的定量模型进行比较、互相借鉴，得到更好的融合的模型？

最后，本书所给的逻辑模型都是抽象的模型，告诉我们理论上偏好如何变化。而实际的情景更为复杂多变。如何将现有的模型运用到实际情景的分析中去，从实际应用中汲取有利的要素进一步修正现有的模型？这些都是值得进一步探讨的问题。

参 考 文 献

郭美云 . 2006. 带有群体知识的动态认知逻辑 . 北京：北京大学博士学位论文

鞠实儿，梁庆寅，梁彪 1999. 哲学、逻辑与智能计算机 . 广州：中山大学出版社

刘奋荣 . 2010. 从方法论的角度看动态认知逻辑的研究 . 世界哲学，(3)

刘奋荣 . 2010. 基于命题的信念偏好逻辑 . 哲学研究，(3)

张家龙 . 2008. 亚里士多德对偏好如是说 . 逻辑学研究，(2)

张清宇，郭世铭，李小五 . 1997. 哲学逻辑研究 . 北京：中国社会科学文献出版社

周北海 . 1997. 模态逻辑导论 . 北京：北京大学出版社

周昌乐 . 2001. 认知逻辑导论，北京：清华大学出版社

Abramsky S. 1996. Semantics of interaction: an introduction to game semantics. *In*: Dybjer P, Pitts A, eds. Proceedings CLiCS Summer School. Cambridge University Press. 1 ~ 31

Abramsky S. 2007. Information, processes and games. *In*: van Benthem J, Adriaans P, eds. Handbook of Philosophy of Information

Agotnes T. 2004. A Logic of Finite Syntactic Epistemic States. PhD thesis. Department of Informatics. University of Bergen

Alchourron C, Gardenfors P, Makinson D. 1985. On the logic of theory change: Partial meet contraction and revision functions. Journal of Symbolic Logic, 50: 510 ~ 530

Alechina N, Jago M, Logan B. 2006. Modal logics for communicating rule-based agents. *In*: Perini A, Brewka G, Coradeschi S, Traverso P, eds. Proceedings of the 17th European Conference on Artificial Intelligence (ECAI 2006) . IOS Press

Alechina N, Jago M, Logan B. 2007. Belief revision for rule-based agents. *In*: van Benthem J, Ju S, Veltman F, eds. A Meeting of the Minds—Proceedings of the Workshop on Logic, Rationality and Interaction. King' s College Publications. 99 ~ 112

Alechina N, Logan B, Whitsey M. 2004. A complete and decidable logic for resource- bounded agents. *In*: AAMAS 2004. 606 ~ 613

Andreka H, Ryan M, Schobbens P- Y. 2002. Operators and laws for combining preferential relations. Journal of Logic and Computation, 12: 12 ~ 53

Andreka H, van Benthem J, Nemeti I. 1998. Modal logics and bounded fragments of predicate logic. Journal of Philosophical Logic, 27: 217 ~ 274

Aqvist L. 1987. Introduction to Deontic Logic and the Theory of Normative Systems. Naples: Bibliopolis

Aqvist L. 1994. Deontic logic. *In*: Gabbay D, Guenthner F, eds. Handbook of Philosophical Logic, volume 2. Dordrecht: Kluwer

Aucher G. 2003. A combined system for update logic and belief revision. Master's thesis. ILLC, University of Amsterdam

Aucher G. 2005. How our beliefs contribute to interpret actions. *In*: Pechoucek M, Petta P, Varga L Z, eds. CEEMAS 2005. Springer, 2005. LNAI 3690. 276 ~ 286

参考文献

Axelrod R. 1984. The Evolution of Cooperation. Basic Books. New York

Baltag A, Moss L S, Solecki S. 1998. The logic of common knowledge, public announcements, and private suspicions. *In*: Gilboa I, ed. Proceedings of the 7th conference on theoretical aspects of rationality and knowledge (TARK 98). 43 ~ 56

Baltag A, Smets S. 2006a. Dynamic belief revision over multi- agent plausibility models. *In*: Proceedings of the 7th Conference on Logic and the Foundations of Game and Decision Theory (LOFT 06). Liverpool

Baltag A, Smets S. 2006b. The logic of conditional doxastic actions: a theory of dynamic multi-agent belief revision. *In*: Artemov S, Parikh R, eds. Proceedings of the Workshop on Rationality and Knowledge. Malaga: ESSLLI

Baltag A, Smets S. 2008. A qualitative theory of dynamic interactive belief revision. *In*: Bonanno G, van der Hoek W, Wooldridge M, eds. Texts in Logic and Games. Amsterdam: Amsterdam University Press

Baltag A, van Benthem J, Smets S. 2007. A dynamic-logical approach to interactive epistemology. Working paper, ILLC. University of Amsterdam

Barbera S, Bossert W, Pattanaik. P K. 2001. Ranking sets of objects. Departement de sciences economiques, Universite de Montreal. http://www. sceco. umontreal. ca/publications/etext/2001-02. pdf

Belnap N, Perloff M, Xu M. 2001. Facing the Future. Oxford University Press, Oxford

Benferhat S, Cayol C, Dubois D et al. 1993. Inconsistency management and prioritized syntax-based entailment. *In*: Proceedings of IJCAI'93. 640 ~ 645

Blackburn P. 1993. Nominal tense logic. Notre Dame Journal of Formal Logic, 34: 65 ~ 83

Blackburn P, de Rijke M, Venema Y. 2001. Modal Logic. Cambridge University Press

Blackburn P, van Benthem J. 2007. Modal logic: a semantic perspective. *In*: Blackburn P, van Benthem J, Wolter F, eds. Handbook of Modal Logic. chapter 1. Elsevier, 1 ~ 85

Bolle. F. 1983. On Sen's second-order preferences, morals, and decision theory. Erkenntnis, 20: 195 ~ 205

Bonanno G. 2004. Memory and perfect recall in extensive games. Games and Economic Behavior, 47: 237 ~ 256

Bonanno G. 2007. Belief revision in a temporal framework. Working paper. University of California at Davis

Bonnay D, Egre P. 2007. A non-standard semantics for inexact knowledge with introspection. Working paper. IHPST. Paris

Boutilier C. 1993. A modal characterization of defeasible deontic conditionals and conditional goals. *In*: AAAI Spring Symposium on Reasoning about Mental States, 30 ~ 39

Boutilier C. 1994. Conditional logics of normality: A modal approach. Artificial Intelligence, 68: 87 ~ 154

Brauner T, Ghilardi S. 2007. First-order modal logic. *In*: Blackburn P, van Benthem J, Wolter F, eds. Handbook of Modal Logic. Elsevier, 549 ~ 620

Broersen J, Herzig A, Troquard N. 2006. Embedding alternating time temporal logic in strategic STIT logic of agency. Journal of Logic and Computation, 16: 559 ~ 578

Chevaleyre Y, Endriss U, Lang J. 2006. Expressive power of weighted propositional formulas for cardinal preference modelling. *In*: Proceedings of KR 2006, AAAI Press, 145 ~ 152

Chisholm R M, Sosa E. 1966a. Intrinsic preferability and the problem of supererogation. Synthese, 16: 321 ~ 331

Chisholm R M, Sosa E. 1966b. On the logic of intrinsically better. American Philosophical Quarterly, 3: 244 ~ 249

Cohen P R, Levesque H J. 1990. Intention is choice with commitment. Artificial Intelligence, 42: 213 ~ 361

Coste- Marquis S, Lang J, Liberatore P, et al. 2004. Expressive power and succinctness of propositional languages for preference representation. *In*: Proceedings of KR 2004. AAAI Press

Cresswell M J. 1971. A semantics for a logic of 'better'. Logique et Analyse, 14: 775 ~ 782

de Bruin B. 2004. Explaining Games: on the Logic of Game Theoretic Explanations. PhD thesis. ILLC. University of Amsterdam

de Jongh D, Liu F. 2006. Optimality, belief and preference. *In*: Artemov S, Parikh R, eds. Proceedings of the Workshop on Rationality and Knowledge. ESSLLI, Malaga. Technical Report, PP-2006-38, ILLC, University of Amsterdam

de Jongh D, Liu F. 2009. Preference, priorities and belief. *In*: Grune-Yanoff T, Hansson S O, eds. Preference Change: Approaches from Philosophy, Economics and Psychology. Theory and Decision Library, 85 ~ 108

Dechesne F, Wang Y. 2007. Dynamic epistemic verification of security protocols: framework and case study. *In*: van Benthem J, Ju S, Veltman F, eds. A Meeting of the Minds- Proceedings of the Workshop on Logic, Rationality and Interaction. King's College Publications. 129 ~ 144

Degremont C. 2007a. Beliefs and expectations in time. Working paper. ILLC, University of Amsterdam

Degremont C. 2007b. Epistemic foundations of extensive games and qualitative belief revision. Working paper. ILLC, University of Amsterdam

Degremont C, Zvesper J. 2007. Dynamic logic for cognitive actions in extensive games. Working paper. ILLC. University of Amsterdam

Demri S. 2005. A reduction from DLP to PDL. Journal of Logic and Computation, 15: 767 ~ 785

Doyle J, Shoham Y, Wellman M P. 1991. A logic of relative desire. *In*: Proceedings of 6th International Symposium on Methodologies for Intelligence Systems, 16 ~ 31

Doyle J, Thomason R H. 1999. Background to qualitative decision theory. AI Magazine, 20: 55 ~ 68

Doyle J, Wellman M P. 1994. Representing preferences as Ceteris Paribus comparatives. Working Notes of the AAAL Symposium on Decision-Theoretic Planning

Dung P H. 1995. An argumentation- theoretic foundation for logic programming. Journal of Logic Programming, 22: 151 ~ 177

Dunn J M. 2007. Information in computer science. *In*: van Benthem J, Adriaans P, eds. Handbook of Philosophy of Information

Egre P. 2004. Propositional Attitudes and Epistemic Paradoxes. PhD thesis. Universite Paris 1 et IHPST

Fagin R, Halpern J Y. 1985. Belief, awareness, and limited reasoning. *In*: Proceedings of the 9th International Joint Conference on Artificial Intelligence (IJCAI-85). 480 ~ 490

Fagin R, Halpern J Y, Moses Y, et al. 1995. Reasoning about Knowledge. The MIT Press

Fehige C, Wessels U. 1998. Preferences. Berlin: Walter de Gruyter

Fishburn P C. 1973. The Theory of Social Choice. Princeton University Press

Fishburn P C. 1999. Preference structures and their numerical representations. Theoretical Computer Science, 217: 359 ~ 383

Fitting M, Mendelsohn R L. 1998. First-order Modal Logic. Dordrecht: Kluwer

Gabbay D, Shehtman V. 1998. Products of modal logics (Part 1). Logic Journal of the IGPL, 6: 73 ~ 146

Gardenfors P, Makinson D. 1988. Revisions of knowledge systems using epistemic entrenchment. *In*: Proceedings of TARK. 83 ~ 95

Gardenfors P, Rott H. 1995. Belief revision. *In*: Gabbay D M, Hogger C J, Robinson J A, eds. Handbook of Logic in Artificial Intelligence and Logic Programming, volume 4. Oxford University Press

Gerbrandy J. 1999. Bisimulation on Planet Kripke. PhD thesis. ILLC. University of Amsterdam

Gigerenzer G, Todd P, The ABC Research Group. 1999. Simple Heuristics that Make us Smart. New York: Oxford University Press

Girard P. 2008. Modal Logics for Belief and Preference Change. PhD thesis. Stanford University

Goldstein E B. 2005. Cognitive Psychology-Connecting, Mind Research, and Everyday Experience. Thomson Wadsworth

Grosof B N. 1991. Generalising prioritization. *In*: Proceedings of KR 91. Morgan Kaufmann. 289 ~ 300

Grove A. 1988. Two modelings for theory change. Journal of Philosophical Logic, 17: 157 ~ 170

Grune-Yanoff T, Hansson S O. 2008. Preference Change: Approaches from Philosophy, Economics and Psychology. Theory and Decision Library

Hallden S. 1957. On the Logic of "Better". Lund

Halpern J Y. 1997. Defining relative likelihood in partially- ordered preferential structure. Journal of Artificial Intelligence Research, 7: 1 ~ 24

Hansson B. 1968. Fundamental axioms for preference relations. Synthese, 18 (4): 423 ~ 442

Hansson S O. 1989. Defining "good" and "bad" in terms of "better". Notre Dame Journal of Formal Logic, 31 (1): 136 ~ 149

Hansson S O. 1990. Preference-based deontic logic. Journal of Philosophical Logic, 19: 75 ~ 93

Hansson S O. 1995. Changes in preference. Theory and Decision, 38: 1 ~ 28

Hansson S O. 2001a. Preference logic. *In*: Gabbay D, Guenthner F, eds. Handbook of Philosophical Logic. volume 4, chapter 4. Dordrecht: Kluwer, 319 ~ 393

Hansson S O. 2001b. The Structure of Values and Norms. Cambridge University Press, 2001

Hansson S O, Grune-Yanoff T. 2006. Preferences. *In*: Stanford Encyclopedia of Philosophy. http: // plato. stanford. edu/ entries/preferences

Harel D, Kozen D, Tiuryn J. 2000. Dynamic Logic. The MIT Press

Harrenstein P. 2004. Logic in Conflict. Logical Explorations in Strategic Equilibrium. PhD thesis. Utrecht University

Hendricks V F. 2001. The convergence of scientific knowledge—a view from the limit. *In*: Studia Logica Library Series: Trends in Logic. Kluwer Academic Publishers

Hendricks V F. 2003. Active agents. Journal of Logic, Language and Information, 12: 469 ~ 495

Herzig A, Lang J, Polacsek T. 2000. A modal logic for epistemic tests. *In*: Proceedings of the ECAI 2000. Berlin

Herzig A, Troquard N. 2006. Knowing how to play: uniform choices in logics of agency. *In*: AAMAS 2006. 209 ~ 216

Hintikka J. 1962. Knowledge and Belief: An Introduction to the Logic of the Two Notions. Ithaca. New York: Cornell University Press

Hintikka J. 1973. Logic, Language-Games and Information. Clarendon Press, Oxford

Hodges H, Hodges W, van Benthem J, eds. 2007. Logic and Psychology. Guest issue of Topoi

Hötte T. 2003. A model for epistemic games. Master's thesis. MoL- 2003- 05. ILLC, University of Amsterdam

Houser D, Kurzban R. 2002. Revealed preference, belief, and game theory. Economics and Philosophy, 16: 99 ~ 115

Hughes G E, Cresswell M J. 1996. A New Introduction to Modal Logic. London and New York: Routledge

Hughes R I G. 1980. Rationality and intransitive preferences. Analysis, 40 (3): 132 ~ 134

Jago M. 2006. Logics for Resource-Bounded Agents. PhD thesis, University of Nottingham

Jeffrey R C. 1965. The Logic of Decision. Chicago: University of Chicago Press

Jennings R E. 1967. Preference and choice as logical correlates. Mind, 76: 556 ~ 567

Katsuhiko S. , 2007. A hybridization of irreflexive modal logics. Electronic Notes in Theoretical Computer Science, 174: 95 ~ 111

Konolige K. 1988. On the relation between default and autoepistemic logic. Artificial Intelligence, 35: 343 ~ 382

Kooi B. 2005. As the world turns: in the logic of public update. Manuscript, Department of Philosophy, University of Groningen

Kooi B. 2007. Dynamic term-modal logic. *In*: van Benthem J, Ju S, Veltman F, eds. A Meeting of the Minds- Proceedings of the Workshop on Logic, Rationality and Interaction. King's College Publications. 173 ~ 186

Kratzer A. 1981. Partition and revision: the semantics of counterfactuals. Journal of Philosophical Logic, 10 (2): 201 ~ 216

Kurucz A, Zakharyaschev M. 2003. A note on relativised products of modal logics. *In*: Balbiani P, Suzuki N. -Y, Wolter F, Zakharyaschev M, eds. Advances in Modal Logic, 4: 221 ~ 242. King's College Publications

Lang J, van der Torre L, Weydert E. 2003. Hidden uncertainty in the logical representation of desires. *In*: Proceedings of the 18th International Joint Conference on Artificial Intelligence (IJCAI '03)

Lee R. 1984. Preference and transitivity. Analysis, 44: 129 ~ 134

Lehmann D. 1995. Another perspective on default reasoning. Annals of Mathematics and Artificial Intelligence, 15: 61 ~ 82

Lenzen W. 1983. On the representation of classificatory value structures. Theory and Decision, 15: 349 ~ 369

Levesque H J. 1990. All I know: a study in autoepistemic logic. Artificial Intelligence Journal, 42: 381 ~ 386

Lewis D. 1969. Convention: A philosophical study. Harvard University Press

Lewis D. 1973. Counterfactuals. Oxford: Blackwell

Lewis D. 1981. Ordering semantics and premise semantics for counterfactuals. Journal of Philosophical Logic, 10: 217 ~ 234

Liu F. 2004. Dynamic variations: Update and revision for diverse agents. Master's thesis, MoL-2004-05. ILLC, University of Amsterdam

Liu F. 2006a. Diversity of agents. *In*: Alechina N, Agotnes T, eds. Proceedings of the Workshop on Logics for Resource Bounded Agents. Malaga: ESSLLI. Technical Report, PP-2006-37, ILLC, University of Amsterdam

Liu F. 2006b. Preference Change and Information Processing. *In*: Proceedings 7th Conference on Logic and the Foundations of Game and Decision Theory (LOFT 06), Liverpool

Liu F. 2007. Diversity of agents and their interaction. Technical Report, PP-2007-01, ILLC, University of Amsterdam

Liu F. 2008. Changing for the Better. Preference Dynamics and Agent Diversity. PhD Dissertation, University of Amsterdam

Liu F. 2009a. von Wright's *The Logic of Preference* revisited. Synthese, DOI 10.1007/s11229-009-9530-z

Liu F. 2009b. Diversity of agents and their interaction. Journal of Logic, Language and Information, 18 (1): 23 ~ 53

Liu F. 2009c. Preference change: a quantitative approach. Studies in Logic (《逻辑学研究》), 2

(3): 12 ~ 27

Liu F, Roy O. 2010. Advances in Belief Dynamics: Introduction. Synthese, 173 (2): 123 ~ 126. DOI 10. 1007/s11229-009-9710-x

Lutz C. 2006. Complexity and succinctness of public announcement logic. *In*: Proceedings of the 5th Internationl Conference on Autonomous and Multiagent System

Aucher G. A combined sgstem for update logic and beliefrevision. Master's thesis, MoL- 2003-03. ILLC, University of Amsterdam

McCarthy J. 2002. Two puzzles about knowledge. Department of Computer Science, Stanford University

Meyer J-J C. 1988. A different approach to deontic logic: Deontic logic viewed as a variant of dynamic logic. Notre Dame Journal of Formal Logic, 29: 109 ~ 136

Meyer J-J C, van der Hoek W. 1995. Epistemic logic for AI and Computer Science. Cambridge: The MIT Press

Moore R. 1985. A formal theory of knowledge and action. *In*: Hobbs J R, Moore R C, eds. Formal Theories of the Common Sense World. Ablex Publishing, Norwood, NJ

Nayak A. 1994. Iterated belief change based on epistemic entrenchment. Erkenntnis, 41 (3): 353 ~ 390

Osborne M, Rubinstein A. 1994. A Course in Game Theory. The MIT Press, Cambridge (Mass.)

Pacuit E, Parikh R, Cogan E. 2006. The logic of knowledge based on obligation. Knowledge, Rationality and Action, 149: 311 ~ 341

Parikh R, Ramanujam R. 2003. A knowledge-based semantics of messages. Journal of Logic, Language and Information, 12: 453 ~ 467

Plaza J A. 1989. Logics of public announcements. *In*: Proceedings of the 4th International Symposium on Methodologies for Intelligent Systems

Prince A, Smolensky P. 1993. Optimality Theory: Constraint Interaction in Generative Grammar. Malden, Ma: Blackwell

Pucella R, Weissmann V. 2004. Reasoning about dynamic policies. *In*: Proceedings FoSSaCS- 7, Lecture Notes in Computer Science 2987. 453 ~ 467

Rao A S, Georgeff M P. 1991. Modeling rational agents within a BDI-architecture. *In*: Allen J, Fikes R, Sandewall E, eds. Proceedings of the 2nd International Conference on Principles of Knowledge Representation and Reasoning. Morgan Kaufmann publishers Inc.: San Mateo, CA, USA, 473 ~ 484

Rescher N. 1966. Notes on preference, utility, and cost. Synthese, 16: 332 ~ 343

Rodenhauser B. 2001. Updating epistemic uncertainty: An essay in the logic of information change. Master's thesis, MoL-2001-07. ILLC, University of Amsterdam

Roelofsen F. 2005. Exploring Logical Perspectives on Distributed Information and its Dynamics. Master's thesis, MoL-2005-05. ILLC, University of Amsterdam

Rohde Ph. 2005. On Games and Logics over Dynamically Changing Structures. PhD thesis, Department of Informatics, Technische Hochschule Aachen (RWTH)

Rott H. 2001. Change, Choice and Inference: A Study of Belief and Revision and Nonmonotonic Reasoning. New York: Oxford University Press

Rott H. 2003. Basic entrenchment. Studia Logica, 73: 257 ~ 280

Rott H. 2006. Shifting priorities: Simple representations for 27 iterated theory change operators. *In*: Langerlund H, Lindstrom S, Sliwinski R, eds, Modality Matters: Twenty-Five Essays in Honour of Krister Segerberg. Uppsala Philosophical Studies 53, 359 ~ 384

Rott H. 2007. Information structures in belief revision. *In*: van Benthem J, Adriaans P, eds. Handbook of Philosophy of Information

Roy O. 2008. Thinking before Acting: Intentions, Logic and Rational Choice. PhD thesis. ILLC, University of Amsterdam

Rubinstein A. 1998. Modeling Bounded Rationality. The MIT Press

Savage L J. 1954. The Foundations of Statistics. Wiley, New York

Scheffler S. 1997. Relationships and responsibilities. Philosophy and Public Affairs, 26: 189 ~ 209

Schumm G. 1975. Remark on a logic of preference. Notre Dame Journal of Formal Logic, 16: 509 ~ 510

Sen A. 1971. Choice functions and revealed preference. Review of Economic Studies, 38: 307 ~ 317

Sen A. 1973. Behaviour and the concept of preference. Economica, 40: 241 ~ 259

Sergot M. 2004. (C +) + +: An action language for modelling norms and institutions. Technical Report 8. Department of Computing, Imperial College, London

Sevenster M. 2006. Branches of Imperfect Information: Logic, Games, and Computation. PhD thesis. ILLC, University of Amsterdam

Shoham Y. 1988. Reasoning About Change: Time and Causation from the Standpoint of Artificial Intelligence. The MIT Press: Cambridge, MA

Silberschatz A, Galvin P B, Gagne G. 2003. Operating System Concepts. John Wiley & Sons, Inc., New York, NY, USA

Smolensky P. 2004. Optimality Theory: Constraint Interaction in Generative Grammar. Blackwell Publishers

Snyder J. 2004. Product update for agents with bounded memory. Manuscript. Department of Philosophy, Stanford University

Spohn W. 1988. Ordinal conditional functions: A dynamic theory of epistemic states. *In*: Harper W L, Skyrms B, eds. Causation in Decision, Belief Change and Statistics II. Kluwer, Dordrecht, 105 ~ 134

Thomason R. 2000. Desires and defaults: A framework for planning with inferred goals. *In*: Proceedings of KR 2000, 702 ~ 713

Trapp R W. 1985. Utility theory and preference logic. Erkenntnis, 22: 301 ~ 339

Tversky A. 1969. Intransitivity of preferences. Psychological Review, 76: 31 ~ 48

van Benthem J. 1976. Modal Correspondence Theory. PhD Dissertation. University of Amsterdam

van Benthem J., 1982. Later than late: On the logical origin of the temporal order. Pacific Philosophical Quarterly, 63: 193 ~ 203 van Benthem J. 1996. Exploring Logical Dynamics. CSLI Publication. Stanford

van Benthem J. 1998. Annual Report Spinoza Award Project "Logic in action" . ILLC. University of Amsterdam

van Benthem J. 1999. Modal correspondence theory. *In*: Gabbay D, Guenthner F, eds. Handbook of Philosophical Logic. volume 3. Dordrecht: Kluwer, second edition. Reprint with addenda. 325 ~ 408

van Benthem J. 1999 ~ 2002. Logic in Games. Lecture Notes. Amsteradm and Stanford

van Benthem J. 2000. Information transfer across Chu spaces. Logic Journal of the IGPL, 8: 719 ~ 731

van Benthem J. 2001. Games in dynamic-epistemic logic. Bulletin of Economic Research, 53: 219 ~ 248

van Benthem J. 2002. Extensive games as process models. Journal of Logic. Language and Information, 11: 289 ~ 313

van Benthem J. 2003a. Logic games are complete for game logics. Studia Logica, 75: 183 ~ 203

van Benthem J. 2003b. Structural properties of dynamic reasoning. *In*: Peregrin J, ed. The Dynamic Turn. Amsterdam: Kluwer Academic Publishers

van Benthem J, 2004a. Local versus global update in games. Working paper, Department of Philosophy, Stanford University

van Benthem J. 2004b. A mini-guide to logic in action. *In*: Philosophical Researches: Special Issue in Logic. Beijing. The Chinese Association of Logic, 21 ~ 30.

van Benthem J. 2006a. "One is a lonely number": on the logic of communication. *In*: Koepke P, Chatzidakis Z, Pohlers W, eds. Logic Colloquium, ASL Lecture Notes in Logic 27. Providence, RI: AMS Publications. Technical Report, PP-2002-27, ILLC, University of Amsterdam

van Benthem J. 2006b. Open problems in update logic. *In*: Gabbay D, Goncharov S, Zakharyashev M, eds. Mathematical Problems from Applied Logic I. Springer. 137 ~ 192

van Benthem J. 2006c. Rationalizations and promises in games. *In*: Philosophical Trend: Special Issue in Logic. Bejjing: The Chinese Association of Logic. 1 ~ 6

van Benthem J. 2007a. Dynamic logic for belief revision. Journal of Applied Non-Classical Logic, 17: 129 ~ 156. Technical Report, PP-2006-11, ILLC, University of Amsterdam

van Benthem J. 2007b. Priority update and merging preorders. Working paper. ILLC, University of Amsterdam

van Benthem J. 2007c. Rational dynamics and epistemic logic in games. International Game Theory Review, 9: 13 ~ 45

van Benthem J. 2008. Rational animals, a logical jungle? *In*: the Journal of Peking University (Philosophy and Social Sciences)

van Benthem J. 2010. Logical Dynamics of Information Flow. Cambridge University Press

van Benthem J, Gross D, Liu F. 2010. Deontics = Betterness + Priority. Proceeding of DEON, 2010

van Benthem J, Liu F. 2004. Diversity of logical agents in games. Philosophia Scientiae, 8: 163 ~ 178

van Benthem J, Pacuit E. 2006. The tree of knowledge in action: towards a common perspective. *In*: Governatori G, Hodkinson I, Venema Y, eds. Proceedings of Advances in Modal Logic (AiML

2006). Uppsala Philosophical Studies, 53

van Benthem J, Liu F. 2007. Dynamic logic of preference upgrade. Journal of Applied Non-Classical Logic, 17: 157 ~ 182. Technical Report, PP-2005-29. ILLC. University of Amsterdam

van Benthem J, Martinez M. 2008. The stories of logic and information. *In*: van Benthem J, Adriaans P, eds. Handbook of Philosophy of Information. Elsevier

van Benthem J, van Eijck J, Frolova A. 1993. Changing preferences. Technical Report, CS-93-10. Centre for Mathematics and Computer Science. Amsterdam

van Benthem J, van Eijck J, Kooi B. 2006a. Logics of communication and change. Information and Computation, 204: 1620 ~ 1662

van Benthem J, Gerbrandy J, Kooi B. 2006b. Dynamic update with probabilities. Technical Report, PP-2006-21, ILLC, University of Amsterdam

van Benthem J, van Otterloo S, Roy O. 2006c. Preference logic, conditionals and solution concepts in games. *In*: Lagerlund H, Lindstrom S, Sliwinski R, eds. Modality Matters: Twenty Five Essays in Honour of Krister Segerberg. Uppsala Philosophical Studies 53. 61 ~ 77

van Benthem J, Gerbrandy J, Pacuit E. 2006d. Merging frameworks for interaction: DEL and ETL. *In*: Samet D, ed. Proceedings of TARK

van Benthem J, Roy O, Girard P. 2009. Everything else being equal: A modal logic approach to ceteris paribus preferences. Journal of Philosophical Logic, 38: Technical Report, PP-2007-09, ILLC, University of Amsterdam

van der Hoek W, Jaspars J, Thijsse E. 1990. A general approach to multi-agent minimal knowledge. *In*: Ojeda-Aciego M, Guzman I P, Brewka G et al, eds. Proceedings of the 7th European Workshop on Logics in Artificial Intelligence (JELIA 2000). Heidelberg: Springer-Verlag. LNAI 1919. 254 ~ 268

van Benthem J, ten Cate B. 2003. Automata and update agents in event trees. Working paper, Department of Philosophy, Stanford University

van der Hoek W, Wooldridge M. 2003. Towards a logic of rational agency. Logic Journal of the IGPL, 11: 133 ~ 157

van der Meyden R. 1996. The dynamic logic of permission. Journal of Logic and Computation, 6: 465 ~ 479

van der Torre L. 1997. Reasoning about Obligations: Defeasibility in Preference-based Deontic Logic. PhD thesis. Rotterdam

van der Torre L, Tan Y. 1998. An update semantics for deontic reasoning. *In*: McNamara P, Prakken H, eds. Norms, Logics and Information Systems. IOS Press. 73 ~ 90

van der Torre L, Tan Y. 1998. The temporal analysis of chisholm's paradox. *In*: AAAI'98/IAAI'98: Proceedings of the 15th National/10th Conference on Artificial intelligence/Innovative Applications of artificial intelligence. Menlo Park, CA, USA. American Association for Artificial Intelligence. 650 ~ 655 van Ditmarsch H. 2000. Knowledge Games. PhD thesis. ILLC. University of Amsterdam

van Ditmarsch H. 2005. Prolegomena to dynamic logic for belief revision. Synthese (Knowledge, Rationality & Action), 147: 229 ~ 275

van Ditmarsch H, van der Hoek W, Kooi B. 2007. Dynamic Epistemic Logic. Berlin: Springer

van Eck J. 1982. A System of Temporally Relative Modal and Deontic Predicate Logic and its Philosophical Applications. PhD thesis

van Eijck J, Cepparello G. 1992. Dynamic modal predicate logic. Technical Report CS-R9237

van Linder B, van der Hoek W, Meyer J-J Ch. 1996. Formalising motivational attitudes of agents: On preferences, goals and commitments. *In*: Wooldridge M, Mueller J, Tambe M, eds. Intelligent Agents Volume II Agent Theories, Architectures, and languages (ATAL'96). Berlin: Springer, 17 ~ 32

van Otterloo S. 2005. A Strategic Analysis of Multi-agent Protocols. PhD thesis, Liverpool University, UK

van Rooij R. 2007. Semi-orders and satisficing behavior. Working paper. ILLC, University of Amsterdam

Velazquez-Quesada F R. 2007. Relating abduction and belief revision. Working paper. ILLC, University of Amsterdam

Veltman F. 1996. Defaults in update semantics. Journal of Philosophical Logic, 25: 221 ~ 261

von Wright G H. 1951. Deontic logic. Mind, 60: 1 ~ 15

von Wright G H. 1963. The Logic of Preference. Edinburgh: The University of Edinburgh Press

von Wright G H. 1972. The logic of preference reconsidered. Theory and Decision, 3: 140 ~ 169

Wassermann R. 2000. Resource Bounded Belief Revision. PhD thesis. ILLC, University of Amsterdam

Wedgwood R. 2003. Choosing rationally and choosing correctly. *In*: Stroud S, Tappolet C, eds. Weakness of Will and Practical Irrationality. Oxford University Press, 201 ~ 229

Wooldridge M. 2000. Reasoning about Rational Agents. The MIT Press (Cambridge, Massachussetts/ London, England)

Yamada T. 2006. Acts of commands and changing obligations. *In*: Inoue K, Satoh K, Toni F, eds. Proceedings of the 7th Workshop on Computational Logic in Multi-Agent Systems (CLIMA VII). Revised version appeared in LNAI 4371, 1 ~ 19, Springer-Verlag, 2007

Yamada T. 2007. Logical dynamics of some speech acts that affect obligations and preferences. *In*: van Benthem J, Ju S, Veltman F, eds. A Meeting of the Minds-Proceedings of the Workshop on Logic, Rationality and Interaction. King's College Publications, 275 ~ 289

Yap A. 2006. Product update and looking backward. Technical Report, PP- 2006- 39, ILLC, University of Amsterdam

Zarnic B. 2003. Imperative change and obligation to do. *In*: Segerberg K, Sliwinski R, eds. Logic, Law, Morality: Thirteen Essays in Practical Philosophy in Honour of Lennart Aqvist. Uppsala philosophical studies 51. Uppsala: Department of Philosophy, Uppsala University. 79 ~ 95

Zvesper J. 2007. How to keep on changing your mind. *In*：van Benthem J，Ju S，Veltman F，eds. A Meeting of the Minds-Proceedings of the Workshop on Logic，Rationality and Interaction. King's College Publications. 291 ~ 308

附录 A 哈尔登关于“更好”的逻辑

Soren Hallden（哈尔登）于 1957 年出版 112 页专著《关于“更好”的逻辑》（*On the Logic of* “*Better*”），对“better”（更好）和“equally good as”（与……一样好）两个概念进行研究，给出逻辑系统对它们的意义进行刻画。他的研究受到了冯莱特的高度评价，冯莱特说“我认为，把他的工作看做先驱工作一点都不为过。”本附录的主要目的是对哈尔登的研究成果做一个概述。下面，我们主要遵照哈尔登的研究脉络进行阐述，强调他的一些重要思想和结果，省略具体的证明细节。

A1 基本概念：关系 B 和 S

哈尔登从讨论对实体的价值（value）比较出发，指出他所研究的主要是两个关系：更好、与……一样好。用符号表示：“pBq”表示更好关系，它对 p 和 q 的可能性进行比较，断定 p 比 q 更受偏爱。“pSq”则表示相等关系，它断定 p 和 q 的价值相等。这里的 p 和 q 是命题变元。B 和 S 是在严格、抽象和纯粹的意义上被使用的。换句话说，“pBq”和“pSq”所关心的问题仅仅是这些命题在价值上的排序，与这些概念在日常语言中蕴涵的其他意义没有任何关系。

“B”和“S”被称为“伦理联结词”（ethical connectives）①，用它们可以构造更为复杂的句子。合式公式的形式定义如下。

定义 A1 令带下标或不带下标的字母 p，q，r，s，t 等为命题变元，**A**-公式递归定义如下：

（1）所有的命题变元是 **A**-公式。

① 这些概念与伦理学关系密切，因此被称为伦理联结词。事实上，后来的发展表明，这些概念在道义逻辑中也受到极大重视，成为重点研究对象。

(2) 如果 φ 是一个 **A**-公式，那么 φ 的否定 $\neg\varphi$[①] 是一个 **A**-公式。

(3) 如果 φ 和 ψ 是一个 **A**-公式，那么表达式（$\varphi\wedge\psi$）、（$\varphi\vee\psi$）、（$\varphi\rightarrow\psi$）和（$\varphi\leftrightarrow\psi$）都是 **A**-公式。

(4) 如果 φ 和 ψ 是一个 **A**-公式，那么有表达式（$\varphi B\psi$），（$\varphi S\psi$）是 **A**-公式。

这里是一些常见的约定：括号根据类似于经典命题逻辑的省略方式进行省略。不过，在《关于“更好”的逻辑》中，哈尔登用加点的方式表示括号。例如，（（pBq）$\wedge r$）$\vee s$ 可以写成 $pBq\wedge r{:}\vee s$。另外，就联结词的结合力而言，否定符号结合力最强，其次是 B 和 S，再次是二元真值 - 函项联结词。例如，$pBq\wedge r$ 意味着（pBq）$\wedge r$，而不是 pB（$q\wedge r$）。

定义 A2　一个 *A*-公式是普遍有效的，当且仅当，对公式中包括的命题变元赋任意的值，公式都是真的。

例如，$\neg$（pBp）就是普遍有效的。

逻辑研究的任务就是发现普遍有效的公式，并对它们进行研究。在普遍有效的公式中，哈尔登区分出两类公式：根据逻辑的必然性而普遍有效的公式、根据伦理的缘由而普遍有效的公式。前者称为逻辑有效式，后者称为伦理有效式。例如，$pBq\leftrightarrow$（pBq）$B\neg$（pBq）就是伦理有效式。即从伦理的角度看，这个表达式陈述的事情是令人信服的。

在逻辑有效式中，哈尔登区分了更小的两类：重言有效式和非重言有效式。一个公式是重言有效式，当且仅当，我们可以通过对命题演算的重言式进行代入得到。例如，（pBq）$\rightarrow$（pBq）就是一个重言有效式。也就是说，这些有效式具有命题演算重言式的模式，现在对其中包含的命题变元代入 **A**-公式。当然，容易看出，重言有效式一定是逻辑有效式。反过来，有些逻辑有效式是非重言有效式，例如，上面提到的 $\neg$（pBp）就是非重言有效式。在一定程度上，这样的公式是否有效依赖于我们对算子 B 的意义的理解。非重言有效的逻辑有效式是我们研究的兴趣所在。

A2　系统 A 的构成

首先，哈尔登给出了一个逻辑系统，称为系统 **A**，用来研究概念 B 和 S。如

① 我采用现在通行的符号体系，因此跟 On the Logic of “Better” 中的符号稍有不同。在 On the Logic of “Better” 中，否定、合取、析取、蕴涵和等值符号分别是 $\neg$ 、$\wedge$、$\vee$、$\supset$ 和 $\leftrightarrow$。另外，在 On the Logic of “Better” 中，表达式的元变元为 P，Q，…这里，我们使用希腊字母 φ，ψ，…

下是他所定义的系统的构成。

系统 **A** 包括命题演算 **PC** 的所有定理。还包括如下几条规则：

R1：如果 φ 和 $\varphi\to\psi$ 都是 **A** 的定理，则 ψ 是 **A** 的定理（*modus ponens*）。

R2：假设 φ 是 **A** 的一个定理，ψ 是一个 **A**-公式。除了以下的不同之处外，公式 ψ 与 φ 在其他地方都相似：在 φ 中某个命题变元出现的所有地方在 ψ 中正好是一个 **A**-公式（代入规则 substitution）。

R3：假定 φ 和 $\alpha\leftrightarrow\beta$ 是 **A** 的定理，ψ 是一个 **A**-公式。除了以下的不同之处外，公式 ψ 与 φ 在其他地方都相似：β 在 ψ 中出现的地方正好是 α 在 φ 中出现的地方（替换规则（replacement））。

除了上面这些基本的要素外，更为重要的是，系统 **A** 还包括涉及联结词 S 和 B 的新公理。下面先列出比较简单的 5 条公理，它们的有效性是显然的。

A1：$pBq\to\neg(qBp)$。

A2：$(pBq\wedge qBr)\to pBr$。

A3：pSp。

A4：$pSq\to qSp$。

A5：$(pSq\wedge qSr)\to pSr$。

概括而言，以上公理说的是，B 是一个非对称的和传递的关系，S 是自返的、对称的和传递的关系。

S 的两种意义

此外，哈尔登还讨论了其他几条公理，它们的有效性没有那么显然。通常的情况是，在接受这些公理之前，我们需要预先设定一些条件。

A6：$(pBq\wedge qSr)\to pBr$。

这条公理是有关 B 和 S 之间的相互关系的。直观上讲，如果 p 比 q 更好，而 q 和 r 两种可能性在价值上相等，那么 p 比 r 更好。这一断定似乎没有什么问题。但是，它实际上涉及一个非常重要的问题，需要我们做进一步的讨论。

当我们试图用借助于“B”来对“S”做分析时，一个自然的想法是把“pSq”的意义解释为“$\neg(pBq\vee qBp)$”。然而，这样的分析并非在任何情况下都是充分的。例如，当两种可能性 p 和 q 的值无法进行比较的时候，我们能够接受 $\neg(pBq\vee qBp)$，但是却无法接受 pSq。换句话说，联结词“S”是在相对狭窄的意义上被使用的，它预设了以下的情况：两种可能性在价值上的等同除了意味着不存在一个明确的价值排序，还有其他的意味。

因此，这里需要区分“S”的两种意义，即“否定”的意义和“肯定”的意义。当“S”是在否定的意义上被使用时，“pSq”就意味着“$\neg(pBq\vee qBp)$”。

当“S”是在肯定的意义上被使用时，“pSq”断定更为肯定的信息：根据它所蕴涵的信息，p 和 q 在价值上是可以比较的。

如果“S”在否定的意义上被使用，公理 A6 就等值于下面的表达式：

$$pBq \wedge \neg\,(qBr \vee rBq) \rightarrow pBr$$

这个公式的有效性却是有争议的。我们考虑下面的例子：p 表示“明天会下雨”，q 表示“明天会下冰雹”，r 表示“昨天下冰雹了”。pBq 为真似乎是可以接受的，然而，我们似乎无法把 p 和 q 与 r 进行比较，也就是说，$\neg(qBr \vee rBq)$ 为真，pBr 为假。这样，整个公式就为假。

也就是说，当我们对 A6 做出解释时，“S”是在肯定的意义上被使用的。另外，显然，在系统中，A6 将会与其他的公理发生关联，因此我们必须假设在其他公理中出现的 S 也应当是在肯定的意义上被使用。因此，我们统一约定今后 S 是在肯定的意义上被使用。我们会在后面再次讨论这个问题。

p 值和 $\neg\,p$ 值之间的联系

现在我们讨论一个命题变元及其否定之间的关系。一般而言，事物的存在会好一些，而其缺损会遭一些。换句话说，如果 x 的出现比 y 的出现更受偏爱，那么 y 的缺损比 x 的缺损更受偏爱。似乎下面的原则是合理的。

$$pBq \rightarrow \neg\,qB\neg\,p \tag{A1}$$

我们必须承认，这个原则不像其他公理那样直观。但是，如下我们给出一个论证来试图为这一原则提供支持。

我们用实例说明比较的一般特征。某人在考虑他的度假计划。他问自己，乘飞机去巴黎和坐船到阿尔及尔哪个更便宜？他问自己，用多个小行李袋和用一个大行李袋，哪个更实用？他问自己，参观巴黎的博物馆和去沙漠里的绿洲，哪个更有意思？他对各种可能性进行比较，希望最后做出选择。

可以看出，当他对 x 和 y 做比较时，他总是比较（x 没有 y）和（y 没有 x）。例如，他比较（乘飞机去巴黎而不坐船到阿尔及尔）和（坐船到阿尔及尔而不乘飞机去巴黎）；他比较（用多个小行李袋而不用一个大行李袋）和（用一个大行李袋而不用多个小行李袋）；他比较（参观巴黎的博物馆而不去沙漠里绿洲）和（去沙漠里的绿洲而不参观巴黎的博物馆）。

关于比较的一般特征当然适用于我们现在讨论的关于价值的比较。也就是说，当我们说有 p 比有 q 会好一些，我们的意思是有 $p \wedge \neg q$ 比有 $q \wedge \neg p$ 好一

些[1]。当我们说有 p 或有 q 都无所谓，我们的意思是有 $p \wedge \neg q$ 和有 $q \wedge \neg p$ 无所谓。因此，我们可以得到如下两个有效的公式：

A7：$pBq \leftrightarrow (p \wedge \neg q)\ B(q \wedge \neg p)$。

A8：$pSq \leftrightarrow (p \wedge \neg q) S(q \wedge \neg p)$。

我们将会把它们作为公理加入系统 **A**。事实上，一旦它们变成公理，式（A1）就可以推导得到，我们作为内定理列出。

a1：$pBq \rightarrow \neg qB\neg p$。

a2：$pSq \rightarrow \neg qS\neg p$。

更多的内定理

哈尔登在《关于“更好”的逻辑》中明确说，系统 **A** 在逻辑上是弱的（weak）。因此，他不认为可以从中推出什么非常重要的新定理。但是，他认为系统可以被用来作为建立其他系统的基石，也可以作为我们哲学探讨的对象。事实上，哈尔登正是这样开展他自己的研究，在系统 **A** 的基础上，后面建立系统 **B**、**AC** 和 **BC**。我们很快会看到这些系统及其构造。即便如此，我们仍然希望系统 **A** 具有某种“主观的完全性”（subjective completeness）。虽然，我们不能希望它是语义完全的，即所有逻辑有效的 **A**-公式都是系统的定理，但是，我们完全可以希望那些有效性很显然的公式应该是 **A** 的定理。哈尔登十分谦虚地说，系统 **A** 不可能对这个领域的所有的为真的公式做系统的描述，但是，**A** 有可能对所有显然有效的公式给出了系统的描述。

为此，哈尔登在系统 **A** 中进行了推导演算，推出了一系列定理。这里我们省略证明的细节，仅仅列出定理：

a3：$\neg(pBp)$。

a4：$(pSq) \leftrightarrow (qSp)$。

a5：$pBq \leftrightarrow \neg qB\neg p$。

a6：$pSq \leftrightarrow \neg qS\neg p$。

a7：$pSq \rightarrow \neg(pBq)$。

a8：$pBq \rightarrow \neg(pSq)$。

a9：$pSq \wedge qBr \rightarrow pBr$。

a10：$pBq \wedge pSr \wedge qSs \rightarrow rBs$。

a11：$pBq \wedge pB\neg q \rightarrow pB\neg p$。

---

① 注意这个思想与后来冯莱特的偏好概念定义之间的关系。

a12：$qBp \wedge \neg q\ Bp \rightarrow \neg p\ Bp$。

a13：$(p \vee \neg p)B(p \wedge \neg p) \vee \neg[(q \vee \neg q)B(q \wedge \neg q)]$。

注意 a1、a2 与 a5、a6 的区别，后两个定理都是等值式。

A3　系统 A 的局限性

系统 **A** 在很多方面都是不充分的：许多关于公式的逻辑有效性的问题不能凭借系统 **A** 的帮助得到解决。现在我们列举其中几个问题。

系统 **A** 处理的公式称为“**A**-公式”。但是，这类公式可以分为两个更小的类：第一类包括相对简单的公式，第二类包括更复杂的公式。可以说，系统 **A** 研究的大部分是第一类的公式。我们将第一类公式叫做“**B**-公式”。以下给出 **B**-公式的形式定义。

定义 A3　一个表达式是 **B**-公式，当且仅当，它满足以下三个条件。

（1）它是 **A**-公式；

（2）若 $\varphi B\psi$ 或 $\varphi S\psi$ 在表达式中出现，那么没有二元真值涵项联结词出现在 φ 或 ψ 中；

（3）若 $\varphi B\psi$ 或 $\varphi S\psi$ 在表达式中出现，那么没有伦理联结词出现在 φ 或 ψ 中。

到现在为止，我们主要关注的实际上是 *B*-公式。在我们见到的公理中，A7 和 A8 是两个例外。我们现在开始考虑那些是 *A*-公式而不是 *B*-公式的公式。我们将研究几个典型的例子，看能否通过扩展现有的理论研究和解决这些问题。

第一个问题是有关分配性的。分配性是关系之间的一种关系。分配性的一个例子是我们所熟悉的等值式：

$$p \wedge (q \vee r) \leftrightarrow (p \wedge q) \vee (p \wedge r)$$

这就是所谓合取对析取的分配。下面是与之类似的等值式，是析取对合取的分配。这也是分配性的典型实例：

$$p \vee (q \wedge r) \leftrightarrow (p \vee q) \wedge (p \vee r)$$

一般而言，我们说 R 相对于 S 而言是分配的，这意味着，在某种意义上，我们可以把“$xR(ySz)$”或“$(xRy)\ Sz$”等同于“$(xRy)S(yRz)$”。

跟我们所研究的概念相联系，分配性体现为以下 4 个公式的有效性问题：

H1：$pBq \wedge (r) \rightarrow pBq \wedge pBr$。

H2：$pBq \wedge pBr \rightarrow pB(q \wedge r)$。

H3：$(p \wedge q)Br \rightarrow pBr \wedge qBr$。

H4：$pBr \wedge qBr \rightarrow (p \wedge q)Br$。

可以看出，H2 是 H1 的另一个方向的描述，H4 是 H3 的另一个方向的描述。

这些公式颇具吸引力，如果我们能够把它们加到包括基本公理的理论中去，结果得到的理论将既具有逻辑的表达力又具有元逻辑的简洁性。可惜，我们似乎不得不放弃这样的奢望。仔细审查这些公式，我们会发现它们与常识伦理不一致。确实，我们常常会碰到 x 和 y 的总值大于它们各自值的情形。因此，即使有一个 z 比 x 被偏爱，也比 y 被偏爱，我们仍然可能偏好 x 和 y 的组合胜过 z。受这个想法的激发，下面，我们给出两个例证来反驳上面的四个公式。

假设一个乒乓球选手有三个球，分别叫做“A”、“B”和“C”。B 和 C 是同一个牌子的球，A 是好一点的另一个牌子的球。A 击碎比 B 和 C 都击碎看起来更好。但是，A 击碎不比 B 击碎更好。这样的情况与 H1 所说的情形不相容。进而言之，B 击碎比 A 击碎更好，并且 C 击碎比 A 击碎更好。但是，B 和 C 都击碎并不比 A 击碎更好。这与 H4 矛盾。

接下来，我们考虑另一个不同的例子：一位船长要离开即将沉没的船。在船舱里有三个小桶装有金子，我们称之为“D”、“E”和“F”。E 和 F 装有相同数量的金子，D 中的金子比 E 或 F 都稍微多一点。显然：①保存 D 比保存 E 更好；②保存 D 比保存 F 更好；③保存 D 不比保存 E 和 F 更好。这与 H2 矛盾。还有：①保存 E 和 F 比保存 D 更好；②保存 E 并不比保存 D 更好。这与 H3 相矛盾。

从上面的例证可见，这 4 个公式与常识的价值观念不一致。

此外，哈尔登还讨论了以下两组公式，注意它们都包括命题变元的否定。

第一组公式：

H5：$(p \vee \neg p)B(p \wedge \neg p)$。

H6：$(p \vee \neg p)S(p \wedge \neg p)$。

H7：$(p \wedge \neg p)\ B\ (p \vee \neg p)$。

第二组公式：

H8：$(p \wedge \neg q) \leftrightarrow (pBq)B\neg(pBq)$。

H9：$pBq \leftrightarrow (pBq)B\neg(pBq)$。

并且论证说明这些公式都不是逻辑有效的公式。这就结束了对非 B-公式的 A 公式的考察。

接着，哈尔登回到主要的研究课题上，继续讨论与 B-公式相关的问题。其中，最主要的问题是可比较性的问题（comparability）。可比较性的关系将会在系统 A 的帮助下展开讨论。我们将会证明一些与可比较性有关的定理。在第 A4 节，我们还将继续考察可比较性假设的一些逻辑后承。在 A5 节，我们将证明一些与之相关的新定理。

所谓可比较性的问题，指的是就价值而言所有的可能性是否是可比较的问题。可比较性假设指的就是下面这个公式。

H10：$pBq \lor pSq \lor qBp$。

根据这个公式，如果 p 和 q 是任意的公式，就它们的价值而言，存在一个确定的序关系。或者其中一个比另一好，或者它们两个恰好具有相同的值。

早些时候，我们曾经区分了 S 的两种意义：肯定的意义和否定的意义。根据其否定的意义，句子“pSq”和“$\neg(pBq \lor qBp)$”意义相同。容易看出，若 S 在否定的意义上使用，H10 就成为重言有效式了，等于下面的公式。

$$pBq \lor \neg(pBq \lor qBp) \lor qBp$$

当时，我们决定“S”应该在肯定的意义上被使用，目的是为了挽救公理 A6。那么问题是：如果“S”在肯定的意义上被使用，可比较性假设是逻辑有效的吗？

哈尔登认为，这个假设还是有合理的成分，但是似乎很难对其做十分肯定的回答，因为没有这样的论证。同样，似乎也没有强有力的证据反驳这个假设。因此，只能说，关于这个假设的问题是没有确切答案的。

为了利于书写，我们用 C 表示可比较关系。下面的定义将会被加到系统 A 中。

D1：今后，我们将“$\varphi B\psi \lor \varphi S\psi \lor \psi B\varphi$”写做“$\varphi C\psi$”。

同时，我们约定 C 作为联结词的结合力与 B、S 相同。这样，可比较性假设就具有以下简单的形式。

H10：pCq。

此外，我们也可以利用下面的一些不同表述来表示可比较性假设。

H11：$pC\neg p$。

H12：$pCq \land qCr \rightarrow pCr$。

H13：$pCq \rightarrow pC\neg q$。

H14：$pCq \lor pC\neg q$。

这 4 个公式都可以从 H10 中推导得到。另外，若假设 H13 和 H14 都是有效的，我们也可以推出 H10。这几个公式看起来也很合理，但是，似乎没有一个比 H10 更具吸引力。

接下来，为了对可比较性有更深入的了解，哈尔登利用系统 **A** 的资源，进一步推导一些关于可比较性定理。这里省略推理的细节，仅仅列出一些定理。

a14：pCp。

a15：$pCq \leftrightarrow qCp$。

a16：$pCq \leftrightarrow \neg pC\neg q$。

a17: $pCq \wedge qSr \rightarrow pCr$。

a18: $pCq \wedge qBr \rightarrow pCr \vee qBp$。

a19: $pCq \wedge rBq \rightarrow pCr \vee pBq$。

a20: $pCq \wedge qCr \rightarrow pCr \vee qBp \wedge qBr \vee pBq \wedge rBq$。

a21: $pCq \wedge qS\neg q \rightarrow pC\neg p$。

a22: $pCq \wedge \neg pCq \rightarrow pC\neg p \vee qC\neg q$。

a23: $pCq \wedge rCq \wedge qS\neg q \rightarrow pCr \vee pC\neg r$。

在这些证明的定理中，a17 包括了获得 H12 的方法。a21 和 a22 是与 H11 相关的两个定理。a23 在意义上与 H14 有联系。后面，我们还将做类似的尝试，设法证明以下与 H10 ~ H15 近似的定理。

以上列出了不少公式，如 H1 ~ H14，讨论能否通过添加它们到系统 **A** 中来扩展系统。但是，有一个可能性，这些新的公式已经在系统 **A** 中是可证的，或是 **A** 的定理。情况若是如此，添加这些公式到系统 **A** 中就不是真正的扩展。也就是说，我们需要证明这些公式在系统 **A** 中是不可推演的。

第二个相关的问题是，这些公式的否定有可能是系统 **A** 的定理。在这种情况下，添加这些公式到系统 **A** 中，就得到一个不一致的系统。这也是我们不愿意看到的现象。因此，我们也需要证明这些公式可以被作为新公理一致地加入系统 **A**。

还有，前面我们提出了一个问题：形如 $\varphi B\psi$ 的公式能否在 **A** 中被推演得到？这也是可以通过证明得到以下答案的：没有形如 $\varphi B\psi$ 的公式在 **A** 中被推演得到。

以上三个方面的论题都可以找到严格的证明，证明的细节我们不准备在这里一一阐述。只是提到一点，这些证明中会用到一系列的真值表，在基本的真值表中，除了通常我们所熟悉的真值涵项真值表，哈尔登给出关于算子 B 和 S 的不同真值计算。哈尔登提供的证明非常巧妙，感兴趣的读者可以参考学习。

A4 系统 B 的构成

本节将引入一个新的系统 **B**，来对可比较性假设的后承做进一步的考察。这个新系统在有些方面比 **A** 更强。H10 会被包括在新的公理系列中。但是，另一方面，系统 **B** 比 **A** 更弱。

从前面的讨论可以看出，事实上，我们对于 B 和 S 以及真值联结词之间的关系了解甚少，而且，对于结构较为复杂的 B 和 S 命题也了解得很少。A7 和 A8 已经充分说明了这一点。为了简化问题，我们不准备继续讨论此类问题。也就是说，我们不会研究 **A**-公式逻辑有效性的一般问题，而是把注意力集中在一个具体的问题上，即 **B**-公式的逻辑有效性。

我们将会详细定义系统 **B**。并且，我们将为系统 **B** 的构成要素提供详细的定义。这样做是必要的，考虑到我们后面将要提及的元逻辑。与系统 **A** 相比，系统 **B** 更容易根据元逻辑的处理而进行调节。我们会对 **B** 的结构进行讨论。

首先，我们定义系统的语言。所谓“变元”，我们指的是带下标或不带下标的字母“p”、“q”、“r”、“s”等。因此，变元的个数是无穷的。

其次，我们定义项（terms）。

定义 A4　一个表达式是一个项，当且仅当

（1）变元是项；

（2）如果 φ 是项，那么 $\neg\varphi$ 是项。

因此，字母“p”、“q”、“r”等都是项，而且“$\neg p$”、“$\neg\neg q$”等也是项。

我们将会使用大写字母加下标 V_1，V_2，V_3，…表示任意的变元，使用大写字母加下标 T_1，T_2，T_3，…表示任意的项。

定义 A5　一个表达式是原子公式，当且仅当，它从如下规则得到。

（1）如果 φ 和 ψ 是项，那么（$\varphi B\psi$）是原子公式；

（2）如果是 φ 和 ψ 是项，那么（$\varphi S\psi$）是原子公式。

最后，我们定义 B－公式。

定义 A6　一个表达式是 B-公式，当且仅当，它从如下规则得到。

（1）变元是 B-公式；

（2）原子公式是 B-公式；

（3）如果 φ 是 B-公式，那么 $\neg\varphi$ 是 B-公式；

（4）如果 φ 和 ψ 是 B-公式，则（$\varphi\wedge\psi$）、（$\varphi\vee\psi$）、（$\varphi\rightarrow\psi$）、（$\varphi\leftrightarrow\psi$）都是 B-公式。

注意，括号省略的方式跟之前的约定相同。

系统 **B** 的推理规则与 **A** 相同，即包括 R1（分离规则，modus ponens）、R2（代入）和 R3（替换）。

接着，我们列出系统 **B** 的公理。它包括一般命题演算的所有定理。此外，还有下面的公理。

B1：$pBq\rightarrow\neg(qBp)$。

B2：$pBq\wedge qBr\rightarrow pBr$。

B3：pSp。

B4: $pSq \rightarrow qSp$。

B5: $pSq \wedge qSr \rightarrow pSr$。

B6: $pBq \rightarrow \neg qB\neg p$。

B7: $pBq \vee pSq \vee qBp$。

注意，可比较性假设被包括到系统 **B** 中。定义了系统 **B** 后，我们就可以推导出以下定理。在这里，不再给出推导的细节。

b1: $\neg(pBp)$。

b2: $pBq \leftrightarrow \neg qB\neg p$。

b3: $pSq \leftrightarrow qSp$。

b4: $pSq \rightarrow \neg(qBp)$。

b5: $pSq \rightarrow \neg(pBq)$。

b6: $pSq \leftrightarrow \neg(pBq) \wedge \neg(qBp)$。

b7: $pSq \leftrightarrow \neg pS\neg q$。

b8: $\neg(pBq) \leftrightarrow qBp \vee pSq$。

b9: $\neg(pSq) \leftrightarrow qBp \vee pBq$。

b11①: $pSq \wedge qBr \rightarrow pBr$。

b12: $pBq \rightarrow pBr \vee rBq$。

b13: $pSq \wedge qSr \rightarrow pSr$。

b14: $pSq \leftrightarrow pSq \wedge qSp$。

b15: $pBq \wedge qBr \leftrightarrow pBq \wedge qBr \wedge pBr$。

b16: $pBq \wedge qSr \leftrightarrow pBq \wedge qSr \wedge pBr$。

b17: $pSq \wedge qBr \leftrightarrow pSq \wedge qBr \wedge pSr$。

b18: $pSq \wedge qSr \leftrightarrow pSq \wedge qSr \wedge pSr$。

b19: $pBq \leftrightarrow pBq \wedge \neg qB\neg p$。

b20: $pSq \leftrightarrow pSq \wedge \neg qS\neg p$。

b21: $p \leftrightarrow (p \wedge qBr) \vee (p \wedge qSr) \vee (p \wedge rSq) \vee (p \wedge rBq)$。

此外，关于系统的两个元定理成立。

M1:系统 **B** 是一致的。

M2:不存在不是 PC-定理的 PC 公式是 **B** 的定理。

接着，哈尔登花了很大的篇幅证明以下结论：

存在一个判定程序可以判定一个公式是否为 B 系统的定理。

---

① 在 *On the Logic of "Better"* 中，没有 b10。

这就说明系统**B**是可判定的。

在判定程序的帮助下，一些新的重要定理被发现。

b23[①]: $pBq \wedge pSr \wedge qSs \rightarrow rBs$。

b24: $pBq \rightarrow pBr \vee rBs \vee sBq$。

b25: $pBq \wedge pB\neg q \rightarrow pB\neg p$。

b26: $pBq \wedge \neg pBq \rightarrow \neg qBq$。

b27: $pBq \rightarrow pB\neg p \vee \neg qBq$。

b28: $pB\neg p \rightarrow pB\ q \vee qB\neg q$。

b29: $\neg pBp \rightarrow qBp \vee \neg qBq$。

b30: $pB\neg p \rightarrow p\ B\ q \vee pB\neg q$。

b31: $\neg pBp \rightarrow qBp \vee \neg qBp$。

b33[②]: $pB\neg p \vee pS\neg p \vee \neg pBp$。

b34: $pB\neg p \wedge qS\neg q \rightarrow pBq$。

b35: $pS\neg p \wedge \neg qBq \rightarrow pBq$。

b36: $pB\neg p \wedge \neg qBq \rightarrow pBq$。

b37: $pS\neg p \wedge qS\neg q \rightarrow pSq$。

b38: $pBq \wedge qS\neg q \rightarrow pB\neg p$。

b39: $pBq \wedge pS\neg p \rightarrow \neg qBq$。

A5　“好的”、“坏的”和“无殊的”

与伦理算子 B 和 S 密切相关的还有几个概念，它们分别是“Vp”、“Ip”和“Up”。“Vp”的大致意思是“若 p 则好”（it is good if p），“Ip”的大致意思是“p 或 $\neg p$ 是无殊的”，“Up”的大致意思是“若 p 则坏”（it is bad if p）。

为研究以上的这些新联结词，我们定义两类新形式语言。

第一类语言是**AC**-公式。所谓**AC**-公式，就是那些利用五个伦理算子、五个真值涵项联结词从命题变元构造的公式。精确的定义如下：**AC**-公式是由以下两条规则决定的表达式：

（1）所有的命题变元是**AC**-公式；

（2）若 φ 和 ψ 是**AC**-公式，则 $\neg\varphi$，$V\varphi$，$U\varphi$，$I\varphi$，$(\varphi\wedge\psi)$，$(\varphi\wedge\psi)$，$(\varphi\rightarrow\psi)$，$(\varphi\leftrightarrow\psi)$，$(\varphi B\psi)$ 和 $(\varphi S\psi)$ 都是**AC**-公式。

---

① 在 *On the Logic of "Better"* 中，没有b22。

② 在 *On the Logic of "Better"* 中，没有b32。

第二类语言是系统 **B** 语言的一个扩展。它是 **BC**-公式类的一个子类。我们称之为 **BC**-公式。**BC**-公式有如下定义：

项的定义同 **BC**-公式中项的定义。原子公式是具有以下形式的表达式：$V\varphi$，$U\varphi$，$I\varphi$，$(\varphi B\psi)$，$(\varphi S\psi)$。其中，φ 和 ψ 是项。然后，我们说一个表达式是 **BC**-公式，当且仅当，它是根据下列规则得到的。

（1）所有的项是 **BC**-公式；

（2）所有的原子公式是 **BC**-公式；

（3）如果 φ 和 ψ 是 **BC**-公式，则 $\neg\varphi$，$(\varphi\wedge\psi)$，$(\varphi\vee\psi)$，$(\varphi\rightarrow\psi)$，$(\varphi\leftrightarrow\psi)$ 是 **BC**-公式。

括号的省略方式跟前面一样，新的联结词 V、U、I 的结合力跟 B、S 相同。涉及这三个联结词的新公理如下。

C1：$Vp\vee Ip\vee Up$。

C2：$Vp\wedge Iq\rightarrow pBq$。

C3：$Ip\wedge Uq\rightarrow pBq$。

C4：$Vp\wedge Uq\rightarrow pBq$。

C5：$Ip\wedge Iq\rightarrow pSq$。

C6：$pBq\wedge Iq\rightarrow Vp$。

C7：$pBq\wedge Ip\rightarrow Uq$。

把以上 7 条公理添加到系统 **A** 或系统 **B** 中，我们就得到新的系统 **AC** 或系统 **BC**。当然，系统 **A** 和系统 **B** 分别被包含在系统 **AC** 和系统 **BC** 中。

利用这两个新系统，我们首先研究之前见过的一个问题，即，可比较性问题。我们将会在系统 **AC** 中证明一些与 H10 ~ H14 意义接近的定理。下面这些公式是较为根本的定理。

ac1：$Ip\leftrightarrow\neg Vp\wedge\neg Up$。

ac2：$pSq\rightarrow(Ip\rightarrow Iq)$。

ac3：$Iq\wedge I\neg q\rightarrow\neg(Vp\wedge V\neg p)$。

ac4：$Iq\wedge I\neg q\rightarrow\neg(Up\wedge U\neg p)$。

ac5：$Iq\wedge I\neg q\rightarrow\neg(Vp\wedge I\neg p)$。

ac6：$Iq\wedge I\neg q\rightarrow\neg(Up\wedge I\neg p)$。

ac7：$Iq\wedge I\neg q\rightarrow(Ip\leftrightarrow I\neg p)$。

ac8：$(Vp\wedge Vq)\vee(Up\wedge Uq)\vee pCq$。

ac9：$Iq\wedge I\neg q\rightarrow pC\neg p$。

ac10：$Iq\wedge I\neg q\rightarrow pCr\vee pC\neg r$。

ac11：$Iq\rightarrow pCq$。

其中，ac8 包含了算子 C，是关于可比较性的一条定理。ac9 接近于公式 H11。ac10 的意义接近 H14。

接下来，我们考虑这五个伦理联结词之间的关系。这些联结词并不是相互独立的，这可以从有效公式 ac1 中得到。

也就是说，I 可以由 V 和 U 定义。通过类似的证明，我们可以得到 **AC** 的两个定理。

ac12：$Vp \leftrightarrow \neg Ip \wedge \neg Up$。

ac13：$Up \leftrightarrow \neg Vp \wedge \neg Ip$。

这就表明，V 也可以通过 I 和 U 定义，U 也可以通过 I 和 V 定义。

此外，我们在系统 **B** 中曾经证明定理 b6。

我们之前对 S 的意义有过一些讨论。根据那里的讨论，在一元联结词和二元联结词之间可以建立起某种内部联系。所以，一个有意义的问题是：这两组联结词之间是否通过某种方式被联系在一起？也许我们应当考虑以下三个公式①。

H15：$Vp \leftrightarrow pB\neg p$。

H16：$Ip \leftrightarrow pS\neg p$。

H17：$Up \leftrightarrow \neg pBp$。

对这些等值式的间接支持可以从以下事实获得：我们关于 U、V、I 的理论与系统 B 中关于 $pB\neg p$、$pS\neg p$ 和 $\neg pBp$ 的理论是完全平行的。读者不妨对公理C1 ~ C7 和定理 $b33$ ~ $b39$ 进行比较。

现在我们将利用现有的两个系统（**AC** 和 **BC**），证明一些与以上提到的三条原则（H15 ~ H17）意义接近的定理。首先，我们在 **AC** 中证明一些定理，这些定理在 **BC** 中也是可证的。然后，我们在 **BC** 中证明一些新定理。

在 **AC** 中的定理如下：

ac14：$Iq \wedge I\neg q \rightarrow (Vp \rightarrow pB\neg p)$。

ac15：$Iq \wedge I\neg q \rightarrow (Up \rightarrow \neg pBp)$。

ac16：$Iq \wedge I\neg q \rightarrow (Ip \rightarrow pS\neg p)$。

所有在 **AC** 中证明的定理都可以在 **BC** 中证明，因此我们将把上面标 ac 的定理看做已经证明的 bc 的定理。接下来，我们再证明几个 bc 的定理。

---

① 这是作者自己的注。这些定义最初由 A. P. Brogan 提出。参见：A. P. Brogan. The fundamental value universal.（98，99）. *Journal of Philosophy*，*Psychology and Scientific Methods*. 1919，16：96 ~ 104. 参见：K. Menger. A logic of the doubtful. On optatobe and imperative logic *Reports. of a Mathematical Colloquium*，53 ~ 64. University of Notre Dame Mathematical Publications，1945. 61，62 参见：M. Timur，Better as the value fundamental. *Mind*，1955，64 bc17：$Iq \wedge I\neg q \rightarrow (pB\neg p \rightarrow Vp)$。

bc14（ac14）和 bc17 一起蕴涵下面的公式，这近似于 V 的定义。

bc18：$Iq \wedge I\neg q \rightarrow (Vp \leftrightarrow pB\neg p)$。

若存在一个命题 q 使得 Iq 和 $I\neg q$ 成立，那么公式 H15 就是普遍有效的。若存在一个命题 q 使得 Iq 和 $I\neg q$ 是逻辑必然的，那么公式 H15 就是逻辑有效的。

下一个定理是对 bc15 的一个补充。

bc19：$Iq \wedge I\neg q \rightarrow (\neg pBp \rightarrow Up)$。

同样，如果我们把 bc15 和 bc19 一起看，可以证明下面的定理。这个定理接近于 H17 的意义。

bc20：$Iq \wedge I\neg q \rightarrow (Up \leftrightarrow \neg pBp)$。

对于 H16，哈尔登首先证明了以下定理。

bc21：$Iq \wedge I\neg q \rightarrow (pS\neg p \rightarrow Ip)$。

把 bc16 与 bc21 合起来看，就得到以下定义：

bc22：$Iq \wedge I\neg q \rightarrow (Ip \leftrightarrow pS\neg p)$。

附录B 冯莱特的偏好逻辑

冯莱特于1963年出版“*The Logic of Preference*”（《偏好逻辑》）一书，这是基于他1962年在爱丁堡大学所作《伦理学和逻辑》系列报告之一写成的。该书的出版是偏好逻辑作为一门哲学逻辑的产生的标志之一。在本附录中，我将沿着冯莱特对于偏好的研究思路对其成果进行介绍和综述。需要说明一点，本附录所使用的逻辑符号都是《偏好逻辑》采用的。不过，读者不难跟本书前面所使用的符号相互转换。

接下来，我想以冯莱特在“前言”中的两段话开始本综述：

> “本书从形式逻辑的角度研究偏好概念。大体上，偏好概念与喜欢(liking)一事物比另一事物更多的意思相同。而且，偏好概念是一种内在的和纯粹的喜欢——由于事物本身的原因或自身而喜欢它胜过喜欢其他的事物。我们也可以把它称做纯偏好概念。
>
> 我认为偏好的概念对于一般的价值论及其三个主要分支学科都有着十分重要的意义。这里所说的三个主要分支学科指的是美学、经济学和伦理学。在我看来，偏好的作用在于它是美学、经济学和道德评价的某种“根本性价值”或共同的根基。当然，这不是说所有的价值评价都可以“规约”到纯偏好，而是说对美学、经济学和伦理学中的价值概念的全面分析将会揭示如下的道理：纯偏好概念是很多概念（如果不是所有的概念）所共同拥有的一个概念要素。因此，理解纯偏好概念的本质不仅是有益的，而且对理解更为复杂的价值概念也是必需的。”

从上面的这两段话可以看出，冯莱特把偏好概念看做美学、经济学和伦理学的核心概念。换句话说，他对偏好进行分析、为偏好建立逻辑模型，其中一个目的是希望这样的工作也能够帮助我们理解这些学科中更为复杂的概念和行为。

B1 偏好在一般哲学概念中的地位

冯莱特开篇主要讨论偏好概念在哲学概念谱系中的位置及其特性。他列举了道德哲学家们感兴趣的概念，并且把它们划分为三类。第一类被称为道义的（deontological）和规范的（normative）概念。其中，最显著的是如下的概念：权利、职责、命令、允许和禁止。第二类被称为价值论的（axiological）或价值概念（value-concepts）。其中，在伦理学中最显著的是好和恶，更好的比较性概念。第三类被称为人类学的（anthropological）概念。属于这一类的概念有：需要、意愿、决策、选择、动机、目标和行动。

对于第一类概念进行研究的学科被称为道义理论或规范的一般理论；而对第二类概念进行研究的学科被称为价值论或价值的一般理论。第三类概念的研究被称为哲学人类学。伦理学或道德哲学是一门对此三类概念都做研究的具体学科。

当然，这三类概念之间没有十分严格的划分。若认为可以脱离于其他概念的联系对其中一类概念单独进行成功的研究，那就大错特错了。而且，需要特别指出的是，对规范和价值概念的研究必须要以对人类学概念的深入分析为基础，这样的分析比传统所认为的更为必要。伦理学和道德哲学的基础必须是人类学或关于人的哲学。

这三类概念可以从不同的角度进行研究。其中的一个是形式逻辑的角度。这个视角长期以来被忽视，一个原因是逻辑本身在哲学中被忽略。另一个原因是由于下面的观点占主导地位：认为规范和价值在本质上是“非逻辑的”，因此，不适于采用形式逻辑的方法进行研究。冯莱特认为，这种观点是没有根据的。错误地进行类比和错误地对不同事物做等同是这种观点的问题所在。认为“非逻辑的”和“逻辑的”之间的区别与“理论的”和“实践的”之间的区别是类似的，这在哲学上是错误的。而且，把逻辑研究看做对描述性的推理和理论的概念结构做研究也是错误的。

我们知道，在20世纪50年代，大家对规范的逻辑研究兴趣越来越大，出现了系统的形式体系，被称为道义逻辑，而冯莱特被尊为道义逻辑的创始人。当时，道义逻辑已经有了初步的发展，这个新兴学科已经建立，很多问题处于激烈的讨论中。冯莱特正是看到了这一点，因此，他认为有意义的问题是，我们应该考虑能否为人类学的概念构造一个跟道义逻辑对应的新逻辑。而在当时，逻辑学家和哲学家还没有对这个课题有很多考虑。在建构这一逻辑方面，也几乎没有令人信服和有价值的成就出现。因此，《偏好逻辑》一书就是要为一个基本的和逻辑上相当“初始的”价值类型，即偏好（preferences），给出一个形式系统。此外，我们会看到，冯莱特还对一般价值逻辑的问题做了一些非常有价值的评论，尽管他本人认为这些评论不是非常系统的。

特别地，冯莱特对规范概念和价值概念进行了比较。他说，二者之间的主要区别似乎在于前者没有程度（degree）可言，而后者则可以谈论程度的问题。更好（better）和更坏（worse）等比较性概念与好和坏这样的绝对概念一样常见，也同等重要。但是，要思考是否存在关于义务和禁止的比较性概念，则似乎是有问题的。也许我们有时候会说，一个行为比另一个行为是更迫切的义务，或一个行为比另一个行为更严格地禁止。但是，这样的说法不是很常见。而且，若不跟“迫切”或“严格”等词汇一起出现，很少有人会使用“更义务”（more obligatory）或“更禁止”（more prohibited）。

“更好”和“更坏”两个词语之间的关系可以被看做逻辑学家们所谓的*逆*（converses）。当我们对它们做这样的理解时，说 x 比 y 更好就是在说 y 比 x 更坏，反之亦然。这两个概念是可以相互定义的。在某种意义上说，可以把它们看做是一个概念。这里，作者加注说明语词“更好”和“更坏”的一些其他用法。他说，尽管词语“更好”和“更坏”可以并且也有时被用来指称一个关系和它的逆，但是我们并非总是这样使用它们。“更好”有时跟“在更高程度上是好的”意思相同，而“更坏”则跟“在更高程度上是坏的”意思相同。更好的逆被称为“不那么好”（less good），而更坏的逆被称为“不那么坏”。在“更好”和“更坏”的后一种用法下，说两个（同样）好的事物中一个比另一个更坏，就是不正确的。同样，说两个坏的事物中一个比另一个更好也是不正确的。

价值概念构成三元组（triples），两个价值的绝对概念（在每一个端点）和一个价值比较级（在二者之间），这似乎是一般为真的。“好”、“坏”和“更好”不是唯一的例子。再如，“美”、“丑”和“更美”。

对价值做逻辑研究的一个有意义的问题是对这个概念的三元组的成员之间的相互关系进行研究。例如，有没有可能用价值绝对概念中的一个定义另外一个？——因为显然可能用义务和禁止中的其中一个定义另外一个，当然要借助否定词的帮助，还要对做事（doing）和克制做事（forbearing）做出区别。或者，绝对概念能否用比较级定义，或用绝对概念对比较级进行定义？

这些问题在冯莱特之前几乎没有被研究过。当然，冯莱特希望对这一问题的解答会适用于价值概念的所有三元组。同时，他也反对假设此类问题有统一的答案的做法。

就好（goodness）而言，有不同的形式或变种。相应地，坏和更好也有不同的形式。我们可以不谈论好的形式，而只是说语词“好”的不同意义和用法。因此，三元组“好－坏－更好”不是概念的一个三元组。存在具有同一名字的多个三元组。冯莱特指出，我们也不能想当然地认为，当考虑三元组元素之间的关系时，所有具有名字“好－坏－更好”的三元组都具有相同的逻辑模式。

在当时，还没有（不借助比较概念）对好和坏进行相互定义或利用绝对概念对更好进行定义的任何成功尝试（或有希望的可能性）。因此，在冯莱特的著作中，他试图说明至少有一个序对“好”和“坏”可以通过“更好”来定义。

B2 偏好概念的类型和特征

冯莱特明确指出，更好的概念不是他研究的出发点，他以偏好作为讨论的起点。

偏好的类型有很多种，人们可以依照不同的根据做出区分。其中，一种区分方式是根据事物的一般特征，在这些事物的一般特征之间偏好关系成立。冯莱特提出三种类型：

（1）有时候，为了某种目的，一种工具（的使用）比另一种工具更受偏爱。例如，就切肉而言，这把刀比那把刀更受偏爱。

（2）有时候，做事的一种方式比另一种方式更受偏爱。例如，我们偏爱乘火车去某个目的地胜过乘公共汽车。

（3）有时候，一种事态比另一种事态更受偏爱。正常的人在正常的情况下偏好健康胜过疾病。有些人会偏好收入稍微低一点却有更多闲暇的工作胜过高收入和责任大的工作。其他人则持相反的偏好。

他同时说明，根据比较对象的不同而得到的偏好的类型的列表并不是绝对全面的。而且，我们也并不是说，这些类型都是逻辑独立的。然而，也许可以这样说，在上面提到的三种偏好类型中，事态之间的偏好是最基本的偏好，其他的两种可以在某种程度上“规约”（reduced）为或“翻译”（translated）为事态之间的偏好。他没有对这个问题进行深入研究和讨论。不过，他明确说明，他的这部著作将要构造的逻辑形式理论仅仅局限于事态上的偏好。

偏好有两个重要特征。

第一，任何一种类型的偏好必然是相对于一个主体而言的。一个偏好总是某人的偏好。当我们不明确说明是某个具体个体的偏好时，有时我们就使用被动语态“被偏爱”，而不使用主动语态说“某人偏爱什么”。

第二，一个偏好不仅是相对于一个主体而言的，而且还是相对于某个主体生命中的一个时刻或场合或位置而言的。不同的人可能有不同的偏好，而且，同一个人也许在他的一生中会修正他的偏好。也许，一个人年轻的时候喜欢在度假的时候去狩猎胜过去坐游艇，但是人到中年，他则更喜欢坐游艇而不是去狩猎。

B3 偏好与选择

偏好的概念与更好的概念相关，而且，它跟选择的概念也相关。更好是一个典型的价值论概念。选择属于人类学概念的那一类。由于偏好与更好和选择都有关系，因此可以说它本身是位于这两类概念之间。

偏好的概念是如何跟更好的概念相联系的？似乎有一些“更好”的形式（“好”的形式）跟偏好没有直接的、内在的关系。例如，有一种“好”的形式可以被称作是“技术的”（technical）。这里的好指的是技巧（能力，天赋）的好。那么 x 是一个比 y 更好的棋手或画家这一事实跟偏好有什么关系？二者似乎没有直接的联系，但是可以说它们之间存在一些间接的联系。例如，有时技术的好与工具意义上的好是有联系的，即，对某个目标而言是好的。如果 x 是比 y 更好的医生，当我们要医治重病的时候我们会偏好寻找 x 咨询而不去找 y。这个例子正像我们想要削铅笔的时候偏好一把利刃胜过一把钝刀。

偏好的所有形式似乎都与“好”有本质的联系。但是这种本质联系有两种：有时候一个事物比另一个事物受偏爱，因为我们知道或认为前者比后者（在某些方面）更好。例如，某人说他偏爱红葡萄酒胜于白葡萄酒，因为他的医生曾经告诉他或他凭经验发现，第一种酒对他的健康更好。在这种情况下，关于更好的判断成了偏好的理由或根据。冯莱特把与“更好”有这种关系的偏好称为外在的（extrinsic）偏好。

然而，情况也可能是这样的：他偏爱红葡萄酒胜于白葡萄酒并不是因为他认为（持有观点）第一种酒对他的健康更好，而仅仅是因为他更喜欢第一种。那么他对一种酒的喜爱就不成为他偏好的原因。严格地说，说他偏好一种酒因为他喜欢这种酒胜过另外一种，这样说是不正确的。他偏好一种酒与他偏好一种酒胜过另外一种，这两种说法是相同的。但是，他可以选择（“偏好选择”）一种酒，因为他更喜欢（=偏好）这种酒胜过另外一种。在这种情况下，偏好是更好的依据。冯莱特把与“更好”有这种关系的偏好称为内在的偏好。

而冯莱特在书中提出的形式理论所关注和研究的偏好就是，也只是，内在的偏好。我们可以说，内在的偏好是更好的一种形式。有点技术的术语“内在的偏好”与日常语言中的“更喜欢”的意思大体相当。根据《牛津词典》，（内在的）偏好指的是“喜欢一个事物胜过另一事物”。

当然，偏好和选择可以更为紧密地联系在一起。基于偏好的选择称为优先选择（preferential choice）。内在的偏好如何跟优先选择联系在一起？显然，即使不需要确实做出选择，也可以存在内在的偏好。一个人可以郑重其事地说他偏好温和的雨天胜过炎热的阳光，即使他无法在二者之间进行选择。我们通常都偏好健康胜过疾病。但是只有在很极端的情况下，一个人才可以严肃地说他选择健康或疾病（我怀疑是否曾经有过这样的情况）。同样，我们也无法选择天气。

但是，我们可以问下面的问题：偏好是否蕴涵对事物或状态的一个潜在选择(potential choice)。我们可以有理由认为，一个偏好温和气候胜过炎热的阳光的人会去一个气候温和的地方，而不是一个阳光普照、非常炎热的地方，如果他可以做出选择，并且，如果他的其他偏好不会受到这一选择的影响。

冯莱特强调说，把偏好和优先选择等同是错误的，他所研究的是偏好，而不是优先选择。

B4 偏好、效益与概率

众所周知，偏好的概念在经济学理论中占有非常重要的地位。关于偏好和价值的形式研究在经济学和相关领域（如数量经济学和决策论）中都是十分显著的。冯莱特在为偏好提出形式逻辑之前，对经济学中的偏好概念做了一些评论。

在经济学中，对偏好的研究与对效益（utility）和概率（probability）等概念的研究密切联系。这三个概念之间的关系本身就是一个十分有意义的问题。根据当时大家都接受的一个观点，可以使用偏好的概念来定义等值（主观的）概率的概念。偏好概念和等值概率的概念又可以被用来定义效益的（距离）概念。最后，利用偏好和效益，可以定义任意度的概率概念①。

冯莱特表明，在他的著作中他不会探讨效益或“可测度值”（measurable value）的问题，也不会讨论概率。这里提到它们的原因在于以下考量：

我们似乎可以合理地认为，对于效益和主观概率而言，没有一个能够离开偏好概念而被独立定义。效益能否独立于概率而被定义，或概率能否独立于效益而被定义，这些问题则是有争议的。但是，偏好，至少一些基本的偏好，可以独立于效益和概率而被研究，这似乎是非常合理的。无论如何，冯莱特表明，据他所知，对偏好的这种独立研究还从来没有从形式逻辑的角度系统地进行过。研究者们通常想当然地假定偏好的一些逻辑性质，如非对称性和传递性，然后急于研究

① 偏好、效益和主观概率之间的相互联系好像是在 F. P. Ramsay 的天才文章 *Truth and Probability* 中首先提出的，这篇论文在作者死后的 *Foundation of Mathematics and other Logical Essays* 一书中出版（伦敦，1931）。Davidson、McKinsey 和 Suppes 也持有同样的观点，参见他们的重要论文：Outlines of a Formal Theory of Value *Philosophy of Science*，1955，vol. 22. 冯莱特在下面的论文中对这种观点做了重述，也做了批判性评价：Remarks on the Epistemology of Subjective Probability. *Logic*，*Methodology and Philosophy of Science*. Proceedings of the 1960 International Congress. Stanford，1962。

效益/概率。他们似乎想尽快从对“逻辑”现象的“从质的”（qualitative）考察转到对“数学”现象的“量化”（quantitative）考虑。这样做也许是可以理解的。然而，冯莱特认为，不要急于转移，先为（“纯”）偏好构造一个系统的形式理论是值得一试的：其中最重要的是当我们考虑偏好与效益的相互关系时，偏好逻辑可以看做最新的效益理论所需要的最紧迫之物。

谈到他之前的关于偏好的研究，冯莱特高度评价了哈尔登的工作，他说，据他所知，唯一跟他的研究有些相似的研究是由哈尔登在《关于“更好”的逻辑》① 中做出的。冯莱特认为，把哈尔登的工作看做先驱工作一点都不为过。我们知道，哈尔登所处理的“更好”概念是关于状态之间的关系。这个方面跟冯莱特要研究的偏好概念是类似的。哈尔登的许多结果在现在的系统中是有效的。但是，两个理论在选取基本原则的时候也存在根本的区别。

B5 偏好逻辑的形式语言

冯莱特用小写字母 p，q，r，…表示任意的事态，将把这些字母看做句子的模式表示，它们描述一般的事态。

我们将说状态是一般的（generic），这意味着这样的状态不是在任一给定的情景下都要出现，另外，它们也有可能不只在一种情景下出现。健康和生病都是一般的状态；一个人现在是健康的，一个人现在是生病的，在一生中他可能多次生病。

利用变元 p，q，r，…，可以通过真值-联结词构造分子复合句（molecular compounds）。其他一些符号约定：他用“~”作为否定符号，“&”作为合取符号，“∨”作为析取符号，“→”作为（实质）蕴涵符号，“↔”作为等值符号。

并且，冯莱特的工作将预设读者熟悉形式逻辑的一个基本分支“命题逻辑”（或叫命题演算，有时候也较句子演算）。特别是，在这个基本理论中，最重要、最有用的两个技术：构造真值表和把表达式转换成所谓的*范式*（normal forms）。

他用大写字母 P 表示偏好关系。一个表达式由字母 P 和变元或由几个变元组成的复合句分别在 P 的左边和右边构成，我们称其为*原子的*（atomic）P-表达式或偏好表达式。

因此，例如，pPq 和 $p\&qP\sim r$ 都是原子的 P-表达式。第一个表达式可以读作：（状态）p 比（状态）q 更受偏爱。第二个表达式读作：（状态）p 和 q 比

① Library of Theoria. No. 2. Uppsala，1957。

（状态）非-r 更受偏爱。

我们应当时刻记着，偏好是相对于一个主体和一个情景（位置，时间）而言的。因此，pPq 是用符号表示某个没有明确标明的主体在没有明确说明的情景中的偏好，即偏好状态 p 胜过 q。而且，这时我们会说，pPq 是用符号表示一般的（generic）偏好。如果这种偏好正好是某个个体在某个具体情景下的偏好，我们将把它称做个体的（individual）偏好。

原子的 P-表达式能够跟分子复合式借助真值联结词进行组合。原子的 P-表达式和它们的分子复合式将被称作 P-表达式或偏好表达式①。

例如，$\sim(pPq)\rightarrow(p\&q)P\sim r$ 是一个（分子）P-表达式，可以读做：若 p 比 q 更受偏爱不成立，则 p 和 q 比非-r 更受偏爱。需要记着的是，整个（entire）P-表达式一定是相对于某个主体和一个情景而言的。它用符号表示没有说明的同一个主体在没有说明的同一种情景下偏好。

我们把关于 P-表达式的形式研究和形式理论称为（基本的）偏好逻辑（Logic of Preference）。

B6　偏好逻辑的五条公理

冯莱特想要构造的偏好逻辑有五条基本原则。我们可以将它们称做“公理”。但是，他没有按照公理演算的形式给出形式系统而是以介绍技巧的形式给出判定任意给定的 P-表达式是否表达一个逻辑为真的命题的方法。

五条基本原则可以分为两组。第一组包括两条，第二组包括三条。属于第一组的两条原则是关于偏好关系的形式属性的。而属于第二组的三条原则使得任意

① 冯莱特著作中更多的约定：首先，符号表达式外面使用引号的约定：在短语譬如符号 P，变元 p，或表达式 pPq，我们不用引号。同样适用于短语状态 p 或偏好 pPq。当没有使用属性词如“符号”或“状态”来表明我们谈论的是符号还是符号所形式化的事物，若上下文中提到符号，我们将使用引号，若上下文提到被符号化的事物，我们不使用引号。例如，《“pPq”中的“p”在“P”的左边》谈论的是符号。“个体偏好 $p\&q$ 胜过 $\sim r$”谈论的是被一些符号形式化的事物（状态）。

我们使用括号的约定读者可以从上下文看出。但是，我们这里也明确说明，合取符的结合力比析取符强。例如，公式 $p\&q\vee p\&r$ 应该读做由两个双项构成的合取式形成的析取式，而不是一个由三个合取肢构成的合取式（其中，一个合取肢是一个析取式）。这里所说的第二种读法写做 $p\&(q\vee p)\&r$。

“否定”、“合取”、“析取”和其他一些词项被用来既指符号，也指符号所符号化的事物。因此，例如，我们会谈论两个或多个表达式的合取，也会谈论两个或多个状态的合取。第一个合取是一个（复合的）表达式，第二个是一个（复合的）状态。

当谈论表达式时，我们会说它们是一致的或不一致的，会说一个表达式蕴涵另一个表达式或一个表达式是重言式，或一个表达式是其他表达式的真值涵项。根本上，表达式的这些性质（一致性等）是由表达式表示的命题的性质。

给定的 *P*-表达式可以转换成标准形式，从而判定技巧可以适用。

偏好关系的形式性质是非对称性（asymmetry）和传递性（transitivity）。

非对称性意思是，如果第一个状态比第二个状态更受偏爱，那么必然第二个状态不比第一个状态更受偏爱：当然，被同一个主体在同一种情景下。这似乎十分清楚，没有争议。

传递性的意思是，如果第一个状态比第二个状态受偏爱，第二个状态比第三个状态受偏爱，那么第一个状态必然比第三个状态受偏爱。

偏好关系的传递性不是完全没有争议的。完全有可能想像一些情景，在那里出现传递性的反例。

例如，假定一个人面前有一个橘子和一个香蕉进行选择，它们“在盘子上”。他选择橘子。然后，盘中的水果换成一个香蕉和一个苹果。他选择香蕉。最后，他必须在橘子和苹果之间进行选择。他会“根据逻辑的规律”一定选择橘子吗？如果他选择苹果，是否说明他在思维或行动上“自相矛盾”？

应当如何回答这些问题，这并不显然。注意，我们利用在连续情景中的选择来描述上面的例子。选择显然是优先选择。但是我们把选择背后的偏好看做外在的或是内在的在上面的描述中没有明确回答。

如果一个主体第三次做选择时与传递性相反，冯莱特表示我们应该对这样的例子采取下面的两种反应中的一种。或者我们应该说主体在情景的连续中已经改变（changed）了他的偏好。或者我们必须寻找原因（reasons）来解释他的选择，问他为什么之前偏好橘子胜过香蕉，之前为什么偏好香蕉胜过苹果，尽管有这些偏好，但是现在为什么偏好苹果胜过橘子。也许可以找到原因能够解释矛盾或不可比较的情形（我不是很确信）。但是，这样，主体的偏好必须是我称为外在偏好的那种类型。如果主体坚持认为他的偏好是内在的（说它们是“纯粹的喜欢”），冯莱特说，我们的反应将是，他一定或者已经改变了偏好——否则我们无法理解他的行为。

这就是说，冯莱特所要研究的偏好只是主体在一种情境下的内在偏好。故他同时排除了偏好的原因和偏好改变的可能性。

问题是以下情况是否是逻辑可能的？一个主体在某一情景下可能内在偏好第一个状态胜过第二个状态，偏好第二个状态胜过第三个状态，但是偏好第三个状态胜过第一个状态。在冯莱特看来，无论各种各样的非传递的例子如何真实和有趣，它们都不能支持对这个问题的肯定回答。因此他假设我们这里研究的偏好关系是传递的。

接着，冯莱特开始研究偏好的真正含义，利用“变化”理解偏好的意义。换句话说，什么是偏好一个事态胜过另外一个事态？或者说偏好一个事态胜过另外一个事态是什么意思？他说，我们不可能考虑这个复杂而难以解决的问题的方方面面。但是我们对一些与内在偏好的形式研究相关的方面进行评论，首先是关于偏好和变化之间的联系。

考虑两个一般的状态 p 和 q。在任意给定的时刻（给定的情景）两种状态也许都会出现，或其中之一出现，或两种都不出现。我们可以说，一个世界必然是 $p\&q$-世界，或 $p\&\sim q$-世界，或 $\sim p\&q$-世界，或 $\sim p\&\sim q$ – 世界。

一个主体说他偏好 p 胜过 q。将主体的这种价值趋向与由 p 和 q 构成的主体的当下世界的四种可能方式的联系中进行考虑将是有益的。

假设 p 和 q 都出现。主体“在他的世界中”已经“有” p 和 q。他偏好 p 胜过 q 一定意味着，他宁愿失去 q（保留 p）而不愿失去 p（保留 q）。换句话说，他宁愿看到当下的情景从 $p\&q$ 变化到 $p\&\sim q$，而不愿看到从 $p\&q$ 变化到 $\sim p\&q$。

假设情形 $p\&\sim q$ 出现。在 p 真 q 假的世界里，主体偏好 p 胜过 q 一定意味着，他宁愿看到这个世界保持目前的状态而不愿看到它变成 $\sim p\&q$ 的世界。换句话说，主体宁愿保持 p 并且继续没有 q 而不愿失去 p 而“作为补偿”获得 q。

假设情形 $\sim p\&q$ 出现。偏好 p 胜过 q 一定意味着，主体愿意看到世界从 $\sim p$ 变成 p，从 q 变成 $\sim q$ 而不愿看到世界保持不变。

最后假设 p 或 q 都没有出现。偏好 p 胜过 q 一定意味着，主体宁愿得到 p 并且继续没有 q，而不愿得到 q 并且继续没有 p。换句话说，主体宁愿看到当下的世界从 $\sim p\&\sim q$ 变化到 $p\&\sim q$ 而不愿看到从 $\sim p\&\sim q$ 变化到 $\sim p\&q$。

因此在上面的四种情况下，说一个主体偏好 p 胜过 q，等于说，他偏好 $p\&\sim q$ 胜过 $\sim p\&q$ 作为在当下情景下可能变化的结果状态（不管什么样的变化）。可以说，这种理解是冯莱特偏好逻辑的实质所在。

那么，按照这种思路，我们能否考虑介于析取状态之间的偏好，或介于单个状态和多个状态的析取之间的偏好？例如，说偏好状态 p 或 q 胜过状态 r，这是什么意思？

根据上面的解释，进一步回答这个问题立即变得清晰起来。偏好 $p\vee q$ 胜过 r 就是偏好 $(p\vee q)\&\sim r$ 胜过 $\sim p\&\sim q\&r$。$(p\vee q)\&\sim r$ 跟下面的状态相同：$p\&q\&\sim r\vee p\&\sim q\&\sim r\vee\sim p\&q\&\sim r$。因此，偏好 $p\vee q$ 胜过 r 的意思就等于说偏好刚才提到的由三个析取肢构成的析取式胜过状态 $\sim p\&\sim q\&r$，而析取式中每个析取肢都是由三个项构成的合取式。

现在我们要回答的问题是上面最后提到的偏好是否是“分配的”（distributive)，是如何分配的。冯莱特给出下面的例子来考虑这个问题。

一个人说他偏好增加薪水或更长的假期胜过减少一天的工作时间。让我们假定这个析取式的两个选项不是互相排斥的。那么他的偏好意味着他会偏好更高的薪水和更长的假期并且不削减日常工作或更高的薪水但没有更长的假期也不削减日常工作或更长的假期但得不到更高的薪水也不削减日常工作胜过削减日常工作但却得不到更高的薪水也没有更长的假期。"会偏好"这里的意思大体上等同于"如果他得到了，他会更喜欢（越多越好）"。

正像上面刚刚描述的，从这个例子可见，这个人的偏好显然等于下面三个偏好的一个合取：他偏好更高的薪水和更长的假期胜过减少工作时间；他也偏好（仅仅有）更高的薪水胜过减少工作时间；他偏好（仅仅有）更长的假期胜过减少工作时间。

一般而言，偏好 p 或 q 胜过 r 就是偏好 $p\&q\&\sim r$ 胜过 $\sim p\&\sim q\&r$ 并且偏好 $p\&\sim q\&\sim r$胜过 $\sim p\&\sim q\&r$，并且偏好 $\sim p\&q\&\sim r$ 胜过 $\sim p\&\sim q\&r$。做类似的分析我们可以得到以下结果：偏好 p 胜过 q 或 r 就是偏好 $p\&\sim q\&\sim r$ 胜过 $\sim p\&q\&r$ 并且偏好 $p\&\sim q\&\sim r$ 胜过 $\sim p\&q\&\sim r$，并且偏好 $p\&\sim q\&\sim r$ 胜过 $\sim p\&\sim q\&r$。我们可以如下概括分配原则：析取的偏好是合取分配的。

但是，有一个论证反对上面的分配原则。例如，假设一个雇主为他的一个雇员提供下面的选择：雇员会得到更高的薪水或更长的假期或他的工作时间会减少。但是，他没有被告知会得到选项更高的薪水或更长的假期中的哪一个，如果他选择第一个析取肢作为他的选项。这时，这位雇员被要求做出选择。

假设这位先生最喜欢增加收入，但是他会偏好减少工作时间胜过更长的假期。他也许会做以下的论证，例如，根据他关于雇主的了解或对他工作性质的认识：

有极大的可能，如果我选择第一个选项，我将会得到我最想要的，即增加薪水。有可能但是相当没有把握的是，我会得到我最不想要的，即更长的假期。因此我冒险选择第一个选项。从概率论的角度说，我认为这是两个选项中更好（更有利）的一个。

冯莱特将把这种偏好叫做包含冒险的偏好（preference involving risk）。更合适的名字也许是包含冒险的优先选择。包含冒险的析取偏好不是合取分配的。在上面的例子中，这个主体偏好一个析取式的状态 $p\&q\&\sim r \vee p\&\sim q\&\sim r \vee \sim p\&q\&\sim r$ 胜过状态 $\sim p\&\sim q\&r$，并且偏好 $\sim p\&\sim q\&r$ 胜过 $\sim p\&q\&\sim r$。这不仅是一致的而且在有些情况下也是非常理性的。

但是，面对上面的选择，一个人也可以做以下的论证。

也许，如果我选择第一个选项，我会得到我最想要的，即增加薪水。但是也许我得到我最不想要的，即更长的假期。我不知道这两种情况哪种更有可能发生。我可以冒险选择第一种。但是我不能说第一个选择比第二个选择更好（更有利），原因在于我不知道它们发生的概率。依据我的知识和信念，我可能认为第一种选择比第二种更好，只有当以下情况为真：如果我选择第一个，不管我得到什么，都是比我选择第二个得到的东西更有价值。

当偏好状态的一个析取胜过单个状态（或者偏好单个状态的胜过对状态的一个析取），若这种偏好是独立于析取肢所描述状态的发生概率时，冯莱特将这样的偏好称为不含冒险的偏好（preference not involving risk）。

包含冒险的偏好和不含冒险的偏好是偏好的两种类型。它们遵循不同的规律。介于析取状态之间的不含冒险的偏好是合取分配的，而包含冒险的偏好则不满足这个属性。在冯莱特的著作中，他所研究的是不含冒险的偏好。

与前面探讨的偏好、选择之间的关系相联系，冯莱特认为，这两种不同的偏好之间的区别与优先选择和（纯粹）选择之间的区别有联系。从根本上说，跟冒险相联系的事物主要是选择。而我们所说的喜欢，则独立于概率。

此外，在他看来，那种用来定义主观概率的偏好一定是“没有冒险”的偏好——否则这样的定义一定包含着恶性循环。

偏好逻辑的第五条原则是关于冯莱特称之为偏好的整体（holistic）性质。从逻辑看，这也许是偏好最特别的一个性质。然而，在当时，研究者们似乎习惯于忽略这一问题。

之前，我们说过，偏好状态 p 胜过状态 q 就是喜欢从当下状态变化到状态 $p\&\sim q$ 胜过从变化到 $\sim p\&q$，不管是什么样的变化。应该把这理解为我们偏好一种变化胜过另一个变化，而不顾除了 p 和 q 之外世界其他特征的变化？显然有几种可能性需要考虑。

（1）第一种可能性是主体实际上喜欢导致 $p\&\sim q$ 的变化胜过导致 $\sim p\&q$ 的变化，不顾同时发生的其他变化。如果情况是这样，我们说他绝对偏好 p 胜过 q。

令 r 是不同于 p 和 q 的一个状态，它也不是其他状态的真值函数。状态 r 或者出现在目前的世界中，或者不出现。如果一个主体绝对偏好 p 胜过 q，那么，不顾现在的情景是什么，他会喜欢向状态 $p\&\sim q\&r$ 或 $p\&\sim q\&\sim r$ 的变化胜过向状态 $\sim p\&q\&r$ 或 $\sim p\&q\&\sim r$ 的变化。换句话说，他会偏好 $p\&\sim q\&r$ 胜过 $\sim p\&q\&r$，他会偏好 $p\&\sim q\&r$ 胜过 $\sim p\&q\&\sim r$；他会偏好 $p\&\sim q\&\sim r$ 胜过 $\sim p\&q\&r$，他会偏好 $p\&\sim q\&\sim r$ 胜过 $\sim p\&q\&r$（这与我们之前根据分配原则得到的结果是一致的）。

因此，绝对偏好 p 胜过 q 意味着每一个包含 p 和 $\sim q$ 的世界的总状态比每一个包含 $\sim p$ 和 q 的世界的总状态更受偏爱。

冯莱特说，绝对偏好的概念似乎没有什么意思。这也许是因为绝对偏好具有下面的逻辑特性。

在任意给定的时刻，对于给定的主体而言，最多有一个绝对的偏好。可以用归谬法进行论证。

假设某人绝对偏好 p 胜过 q，绝对偏好 r 胜过 s。从第一个偏好可以得到此人偏好 $p\&\sim q\&\sim r\&s$ 胜过 $\sim p\&q\&r\&\sim s$。由第二个偏好看到，此人偏好 $\sim p\&q\&r\&\sim s$ 胜过 $p\&\sim q\&\sim r\&s$。这些结论相互矛盾，因为它与偏好的非对称性性质相矛盾。因此，如果某人绝对偏好 p 胜过 q，他不能绝对偏好 r 胜过 s，并且反之亦然。

（2）第二种可能性是主体喜欢从状态 $p\&\sim q$ 到状态 $\sim p\&q$ 的变化，而不管世界的状态是什么，但是假定除了 p 和 q 世界的其他情况都没有发生变化。如果是这种情况，我们说主体无条件偏好 p 胜过 q。

假设 r 是不同于 p 和 q 的状态，而它本身也不是其他状态的真值涵项。r 在世界中或者出现，或者不出现。假设 r 出现，那么如果一个主体无条件偏好 p 胜过 q，那么他更愿意看到世界从现在的状态变化到 $p\&\sim q\&r$ 而不是变化到 $\sim p\&q\&r$。假设 r 不出现，那么主体更愿意看到世界从现在的状态变化到 $p\&\sim q\&\sim r$ 而不是变化到 $\sim p\&q\&\sim r$。在第一种假设下，主体偏好 $p\&r$ 胜过 $q\&r$。（根据前面的解释，偏好 $p\&r$ 胜过 $q\&r$ 就是偏好 $p\&r\&\sim(q\&r)$ 胜过 $q\&r\&\sim(p\&r)$，而 $p\&r\&\sim(q\&r)$ 就是状态 $p\&\sim q\&r$，并且 $q\&r\&\sim(p\&r)$ 就是状态 $\sim p\&q\&\sim r$。）在第二种假设下，主体偏好 $p\&\sim r$ 胜过 $q\&\sim r$。

因此，无条件偏好 p 胜过 q 意味着，任意给定的包含 p 但不包含 q 的世界总状态比包含 q 而不包含 p 的世界总状态更受偏爱。这两个世界除了在 p 和 q 上的区别，其他都完全一致。

一个无条件偏好就是一个其他情形均同的偏好。我们说，一个人无条件偏好雨衣胜过雨伞，这意味着，如果他有这两样物品，宁愿失去雨伞而不愿失去雨衣，同时，我们假定他不会失去其他他之前拥有的任何物品，也不会得到任何他之前没有的新物品。但是，一个人无条件偏好雨伞胜过雨衣，也许他会愿意失去雨衣胜过失去雨伞并且失去鞋子。此外，一个人无条件偏好雨伞胜过雨衣，也许他会愿意失去雨衣胜过失去雨伞，只要他得到一件毛线衫保护自己不受寒。

（3）第三种可能性是主体喜欢向 $p\&\sim q$ 的变化胜过向 $\sim p\&q$ 的变化，其前提条件为，$p\&\sim q$ – 世界和 $\sim p\&q$ – 世界在某些具体的特征方面都是相同的，在其他方面不同。这时主体有所谓的条件偏好 p 胜过 q。具体来说，如果主体偏好 $p\&\sim q\&r$ 胜过 $\sim p\&q\&r$，但并不偏好 $p\&\sim q\&\sim r$ 胜过 $\sim p\&q\&\sim r$，我们将把主体对 p 胜过对 q 的偏好称为以 r 为条件的偏好。

例如，一个人可能宁愿失去他的衬衣而不愿失去他的鞋子，如果他保留裤子的话。但是不论在哪种情况下，如果他必须选择失去裤子的话，他也许选择失去鞋子而不愿意失去衬衣。

在下文，当我们谈论偏好时，没有加诸如“绝对的”、“无条件的”或“条件的”等限定语，我们指的是无条件的偏好。因此，我们这里介绍的冯莱特的偏好逻辑是关于介于事态之间内在的无条件的偏好逻辑。正是无条件偏好的其他情形均同属性构成其“整体的”（holistic）特征。

也许有人会问：确实存在无条件偏好吗？至少基于下面的两个理由，可以认为这个问题的答案否定的。第一个理由是事态的数目。在任意给定的时刻这些事态会出现，也许是无穷的并且在任意情形下事态的数目如此巨大以至于没有人能够通盘考虑所有出现或不出现的事态。一个人如何能够确信他的某个偏好相对于附属环境的所有组合都是不变的——因为如果偏好是无条件的，这一点必须成立吗？第二个理由与无条件偏好的概念有关。正如我们已经定义的那样，似乎这个概念要求有一些基本的事态，这些事态本身不是其他事态的真值涵项。但是这样关于“简单”（simples）或“逻辑原子主义”（logical atomism）的假设不是不好的形而上学吗？

出于形式演算的考虑，我们可以避免上面两个问题提出的困难，我们可以规定将把偏好的无条件性看做相对于一个对一般事态进行描述的给定集合。冯莱特把这样的集合称做论域（universe of discourse）。例如，一个包括（作为模式的）句子 p、q 和 r 的集合就是一个论域。某人无条件偏好状态 p 胜过状态 q 指的是，在论域范围内，此人偏好状态 $p\&r$ 胜过 $q\&r$ 并且偏好状态 $p\&\sim r$ 胜过 $q\&\sim r$。

我们约定，论域（相对于这个论域，由一个给定偏好表达式的原子构件描述的偏好是无条件的）是出现在表达式中所有变元 p，q，r，…组成的集合。我们将这个集合称做公式的论域。

利用无条件偏好的概念，我们可以如下定义“好”和“坏”的概念。

我们说，一个状态 p 是好的（good），如果相对于它的否定 $\sim p$，它本身被无条件地偏爱，即它的出现比其不出现被无条件地偏爱。

我们说，一个状态 p 是坏的（bad），如果它的否定比它自己被无条件偏爱，即，它的不出现比其出现被无条件地偏爱。

好或坏的概念也是相对于一个主体和一个情境而言的。在某种情境下对一个主体而言是好的也许在同一种情境下对其他主体而言不是好的，或在另外的情境下对不同的主体而言不是好的。

好或坏的概念也是在内在意义上说的好或坏。“好/坏”在这里并不意味着“为了某种目的而好或坏”或者“为了某一存在而好或坏”。这些概念是外在价值的概念。某物对某人而言是好的/坏的应该理解为主体判断（认为）这个事物是好的，而不考虑这个事物导致的后果或它所服务的目标。

无条件内在地偏好一个状态胜过其否定大体的意思是喜欢（like）这个状态（本身）。无条件内在地偏好一个状态的不出现胜过其出现大体的意思是不喜欢

（dislike）或怨恨（resent）或避免（shun）这个状态。说事物是好的有时就是说我们喜欢它们，而说事物是坏的，就是说我们不喜欢它们——仅此而已。但是这只是词语“好”和“坏”的多种用法中的其中一种。例如，在“喜欢”和“不喜欢”意义上的好和坏一定要与在“同意”和“不同意”意义上的好和坏区别开来。第一种用法具有享乐主义的味道，而第二种用法则常常有道义的味道。

B7　*P*-表达式的变形规则和 *P*-重言式

假设给定任意的 *P*-表达式（偏好表达式）。它是由原子 *P*-表达式构成的某个分子组合式。

我们（依照公理）假设 *P*-表达式可以根据命题逻辑的重言变形原则进行变形。例如：如果 *P*-表达式是由原子 *P*-表达式构成的一个合取，合取肢的顺序可以改变，这不会影响表达式的真值。

我们也假设符号 *P* 左边和右边的表达式也可以根据命题逻辑的重言变形原则进行变形——只要在变形过程中这些表达式里不会引入新的变元。例如，如果一个表达式在 *P* 的左边或右边是由变元构成的一个合取式，改变合取肢的顺序不会影响 *P*-表达式的真值。

我们列出所有的变元，p，q，r，…，它们出现在整个 *P*-表达式中。它们决定公式的论域。

然后，我们对 *P*-表达式依照顺序进行下列三个运算（变形）。

（1）考虑表达式的任意一个原子构件。我们把 *P* 左边的表达式与其右边表达式的否定放在一起作为新 *P*-表达式的左边，把 *P* 右边的表达式与其左边表达式的否定放在一起作为新 *P*-表达式的右边。我们将这个运算称做“合取”（conjunction）。

例如，假设我们在考虑的原子构件是表达式 $(p\&q)P\sim r$。如果我们做上面的运算，就得到 $(p\&q\&\sim\sim r)P(\sim r\&\sim(p\&q))$。

我们用新的原子构件替换给定 *P*-表达式中的所有原子构件，这些新的原子构件是从原来的表达式通过实施合取运算得到的。在 *P*-表达式的所有原子构件中，变形之后，我们再把 *P* 左右两边的表达式用它们的析取范式替换，这些析取范式是由出现在表达式中的变元表达的。例如，我们首先用“$(p\&q\&\sim r)P(\sim r\&\sim(p\&q))$”替换“$(p\&q)P\sim r$”，然后我们接着把前者替换成“$(p\&q\&r)P(\sim p\&q\&\sim r\vee p\&\sim q\&\sim r\vee\sim p\&\sim q\&\sim r)$”。

（2）在通过上面的变形得到的 *P*-表达式中，我们利用析取偏好的合取分配律把原子的 *P*-表达式替换成原子表达式的合取式。例如，表达式

$$(p\&q\&r)P(\sim p\&q\&\sim r \lor p\&\sim q\&\sim r \lor \sim p\&\sim q\&\sim r))$$

就被替换成下面的表达式：

$$((p\&q\&r)P(\sim p\&q\&\sim r))\&((p\&q\&r)P(p\&\sim q\&\sim r))$$
$$\&((p\&q\&r)P(\sim p\&\sim q\&\sim r))。$$

我们把这个步骤的运算称做“分配”（distribution）。

（3）考虑根据上面的变化得到的 P-表达式中的任意原子构件。为论证方便起见，假设这个原子构件包含变元 p、q 和 r，但是它不包含 s，而 s 也属于论域（“s”将会出现在公式的其他原子构件中）。我们用两个原子 P-表达式的合取替换原子构件。第一个是在 P 原先的左右构件的表达式上添加“s”。第二个是在 P 原先的左右构件的表达式上添加“$\sim s$”。例如：我们把表达式（$p\&q\&r$）P（$p\&\sim q\&\sim r$）替换为

$$((p\&q\&r\&s)P(p\&\sim q\&\sim r\&s))\&((p\&q\&r\&\sim s)P(p\&\sim q\&\sim r\&\sim s))$$

这个运算叫做“扩充”（amplification）。

扩充运算运用在 P-表达式的每一个原子构件，直到用完论域中所有的变元，即，直到每一个 P-表达式的原子构件都包含在整个表达式中出现的所有变元。

读者也许已经注意到，上面提到的这三个运算如何分别对应前面解释的偏好逻辑中的三条公理化原则。

在一个给定的包含（命题）变元的论域中，一个状态－描述（state-description）通常被理解成是所有变元和/或它们的否定的一个合取。n 个变元可以得到 2^n 个在逻辑上不同的状态描述。可以说，这是对一个世界的不同的可能全局或总状态进行描述，而我们可以用逻辑上相互独立的初等的 n 个事态来对世界进行描述。

当我们对给定的 P-表达式实行合取、分配和扩充的运算时，变形后的表达式的原子构件就有统一的结构。这种结构的一个典型特征是，P 的左右两边作为原子构件的表达式是给定公式论域内的状态描述。我们可以说，变形后的公式的原子构件描述一个世界的总状态之间的偏好关系，而这样的世界是可以在论域中进行描述的。

当我们对给定的公式实施上面的三个运算后，我们得到的公式的原子构件将被称做给定 P-表达式的 P-构件（P-constituent）或偏好－构件（preference-constitutent）。

每一个 P-表达式是关于它的 P-构件（它所表达的命题）的一个真值函数。如果一个 P-表达式表示它的 P-构件的重言式，我们说它是（表达）一个 P-重言式或偏好-重言式。

给定的 P-表达式是其 P-构件的什么真值涵项可以在真值表中加以研究和判

定。但是，关于构件的真值赋值要遵循以下两个限制条件。这些条件的依据是偏好关系的非对称性和传递性，限制条件的具体内容如下：

（1）形如 w_1Pw_2 和 w_2Pw_1 的构件不能同时为真（在同一个真值赋值下）。

（2）如果形如 w_1Pw_2，w_2Pw_3，…，$w_{n-1}Pw_n$，w_nPw_n 的序列的前 $n-1$ 个构件都是真的，那么第 n 个构件也必须为真。

这里，带下标的 w 用做元变元，表示在所讨论的 P-表达式的论域中任意的状态描述。

下面五个公式"反映了"（reflected）前面我们所引入并解释的五个偏好逻辑的基本原则。

$$(pPq)\to\neg(qPp) \tag{B1}$$

$$(pPq)\&(qPr)\to(pPr) \tag{B2}$$

$$(pPq)\leftrightarrow(pP\sim q)P(\sim pPq) \tag{B3}$$

$$\begin{aligned}(p\vee q)P(r\vee s)\leftrightarrow&((p\&\sim r\&\sim s)P(\sim p\&\sim q\&r))\\ &\&((p\&\sim r\&\sim s)P(\sim p\&\sim q\&s))\\ &\&((q\&\sim r\&\sim s)P(\sim p\&\sim q\&r))\\ &\&((q\&\sim r\&\sim s)P(\sim p\&\sim q\&s))\end{aligned} \tag{B4}$$

$$(pPq)\leftrightarrow((p\&r)P(q\&r)\&(p\&\sim r)P(q\&\sim r)) \tag{B5}$$

B6 节描述的变形可以用来证明这五个公式是 P-重言式。公式的证明是不足道的，因为这些公式也"反映"了用来把公式变形为 P-构件的分子组合式和构造真值表的所依据的那些原则。

作为偏好逻辑中重言式一个样本，我们研究下面的公式

$$(pP\sim p)\&(\sim qPq)\to(pPq) \tag{B6}$$

第一步，合取，在把公式变成一个 P-构件的复合式的过程中得到以下公式：

$$(pP\sim p)\&(\sim qPq)\to(pP\sim q)\&(\sim pPq)$$

第二步，分配，在这里没有实质的意义。

第三步，扩充，得到下面的公式：

$$\begin{aligned}&((p\&q)P(\sim p\&q))\&((p\&\sim q)P(\sim p\&\sim q))\\ &\&((p\&\sim q)P(p\&q))\&((\sim p\&\sim q)P(\sim p\&q))\&\\ &\to(pP\sim q)\&(\sim pPq)\end{aligned}$$

这个公式有五个 P-构件：

第一个是

$$(p\&q)P(\sim p\&q)$$

第二个是

$$(p\&\sim q)P(\sim p\&\sim q)$$

第三个是

$$(p\& \sim q)P(p\&q)$$

第四个是

$$(\sim p\& \sim q)P(\sim p\&q)$$

第五个是

$$(pP\sim q)P(\sim pPq)$$

偏好的非对称性在这里没有对构件的真值赋值强加任何限制条件。但是传递性有一个限制条件。即如果第二、四个构件是真的，那么第五个必须为真。

有关真值分配的限制条件足以保证整个公式是一个重言式。因为整个公式为假，当且仅当，前四个构件都为真并且第五个构件为假。但是如果前四个构件都为真，则第二、四个就应该也是真的。因此，如果第二、四个构件为真，则第五个就为真。因此，唯一使得整个公式为假的真值组合，即 TTTTF，不会在真值表中出现。所以，这个公式是偏好 - 重言式。

前面我们曾经谈到过利用偏好定义“好”和“坏”，我们可以把被证明的公式读做：“好的事态比坏的事态受偏爱”。我们也曾经说过偏好是更好的一种类型，我们可以把公式读做：“一个好的事态比坏的事态更好”，或者简单地说“好比坏更好”。

这个结果并不惊人，但是它是偏好逻辑企图证明的逻辑真理的一个例子。

好比坏更好显然是一个逻辑真理。但这不是“普通（ordinary）”逻辑的一个真理。也许有人会说，这是一个“根据定义”而得的真理。但是，“好”、“坏”和“更好”的定义是什么，哪个定义表明好比坏更好？如何回答这个问题并不那么显然。因此从偏好逻辑的原则中推演得到一些结果并非“纯粹是不足道的”。

（1）假设有一个原子的 P- 表达式。我们把 P 左边或右边的表达式替换成其他的表达式，并且根据命题逻辑的法则用来替换的表达式重言等值于先前的表达式并且包含相同的变元。那么根据偏好逻辑的法则，新得到的原子 P- 表达式就与原先的 P- 表达式是重言等值的。这是在前面关于 P- 表达式变形的描述中所不言而喻地预设的情况。

因此，$pP\sim\sim q$ 与 pPq 表达相同的偏好，而且，$(p\&q)\ P\sim r$ 和 $(q\&p)\ P\sim r$ 表达相同的偏好。

我们可以依照前面的变形规则证明表达式$(pP\sim\sim q)\leftrightarrow(pPq)$是 P- 重言式。对这个表达式运用合取运算，我们先得到下面的表达式：

$$(p\&\sim\sim\sim q)P(\sim\sim q\&\sim p)\leftrightarrow(p\&\sim q)P(q\&\sim p)$$

如果我们把符号 P 左边和右边的表达式用它们的完美析取范式替换，其中使用出现在表达式中的变元表达，我们就得到表达式$(p\&\sim q)P(\sim p\&q)\leftrightarrow(p\&\sim q)P(\sim p\&q)$。这是一个$P$-重言式。

（依据命题逻辑的法则得到的任意的P-重言式也是偏好逻辑的重言式。这一点可以从真值表的性质看出。）

上面关于P-重言式的证明也许看起来“没有什么意思”，因为它允许符号P左边或右边的表达式被它的完美的析取范式所替换。要是能够这样做的话，我们同样完全可以允许把符号P左边和右边的表达式用它们的任意重言变形来替换（用相同的变元）。

（2）考虑一个原子P-表达式。我们把符号P左边或右边的表达式用另一个表达式替换，这两个表达式根据命题逻辑的法则是重言等值的，并且只包含出现在给定P-表达式中的变元。那么根据偏好逻辑的法则，替换得到的新原子P-表达式就与原先的P-表达式是逻辑等值的。根据偏好逻辑的原则可以证明这一点（这个证明并非不足道）。

例如，我们考虑表达式pPq。然后用“$p\&q\vee p\&\sim q$”替换“p”，用“$p\&q\vee\sim p\&q$”替换“q”，得到表达式$(p\&q\vee p\&\sim q)P(p\&q\vee\sim p\&q)$。运用合取运算，得到下面的表达式

$$((p\&q\vee p\&\sim q)\&\sim(p\&q\vee\sim p\&q))P((p\&q\vee\sim p\&q)\&\sim(p\&q\vee p\&\sim q))$$

如果我们把符号P左边和右边的表达式用它们的完美析取范式替换，其中使用仅出现在表达式中变元，我们得到表达式$(p\&\sim q)P(\sim p\&q)$。我们知道，$(pPq)\leftrightarrow(p\&\sim q)P(\sim p\&q)$是一个$P$-重言式。

（3）考虑一个原子P-表达式。我们把符号P左边或右边的表达式用另一个表达式替换，这两个表达式根据命题逻辑的法则是重言等值的，并且后者只包含未出现在给定P-表达式中的变元。那么根据偏好逻辑的法则，替换得到的新原子P-表达式就与原先的P-表达式是逻辑等值的。这一点容易从例子中看出。

例如，考虑表达式pPq。用“$p\&r\vee p\&\sim r$”替换“p”，“$q\&r\vee q\&\sim r$”替换“q”，我们得到表达式$(p\&r\vee p\&\sim r)P(q\&r\vee q\&\sim r)$。如果我们运用合取运算，就得到下面的表达式：

$$((p\&r\vee p\&\sim r)\&\sim(q\&r\vee q\&\sim r))P((q\&r\vee q\&\sim r)\&\sim(p\&r\vee p\&\sim r))$$

如果我们把符号P左边和右边的表达式用它们的完美析取范式替换，使用出现在这些表达式中的变元，我们得到下面的表达式：

$$(p\&\sim q\&r\vee p\&\sim q\&\sim r)P(\sim p\&q\&r\vee\sim p\&q\&\sim r)$$

如果我们运用析取运算，最后得到下面的表达式：

$$((p\&\sim q\&r)P(\sim p\&q\&r))$$

$$\&((p\&\sim q\&r)P(\sim p\&q\&\sim r))$$
$$\&((p\&\sim q\&\sim r)P(\sim p\&q\&r))$$
$$\&((p\&\sim q\&\sim r)P(\sim p\&q\&\sim r))$$

但是，最后的一个表达式不是重言等值于表达式 pPq，这一点可以构造一个真值表看出。如果二者是等值的，那么表达式 pPq 就会蕴涵如下面的表达式

$$(p\&\sim q\&r)P(\sim p\&q\&\sim r)$$

这个表达式等值于 $(p\&r)P(q\&\sim r)$。这就意味着：偏好 p 胜过 q 会蕴涵偏好 $p\&r$ 胜过 $q\&\sim r$。这显然是荒谬的。

逻辑学家们在多种意义上使用术语“外延的”和“内涵的”。有一种是在下面的意义上使用“外延的”这个术语，说一个演算 C_1 相对于演算 C_2 而言是外延的，当且仅当，在 C_2 中可证是等值的表达式在 C_1 的表达式中是可以互相替换的。

从这种“外延的”意义讲，我们说偏好逻辑相对于命题逻辑而言不是外延的。因为在命题逻辑中是逻辑等值的表达式在偏好逻辑中不能毫无限制地相互替换。这里说的限制是指，替换一定不能在实施替换的原子 P-表达式中引入新的变元。如果没有引入新变元，替换就可以进行。因此，在这种意义上，或许我们可以说偏好逻辑是半－外延的演算。

对替换必须有这样的限制也是很自然的事情，想想我们在前面提到的关于偏好所谓的“整体”性质。一个偏好是要考虑到其他情形均同的句子。一个其他情形均同的句子是相对于一个论域而言的。如果两个这样的句子包含不同的状态描述，它们是不同的句子。在第一个句子中偏好一个事态胜过另一个事态不一定与第二个句子中关于这两个事态之间的偏好相同。我们不必否认 p 与 $p\&r\vee p\&\sim r$ 表示同一个状态，或者 q 与 $q\&r\vee q\&\sim r$ 表示同一个状态。但是，在对 r 的出现或不出现的有所要求的情况下偏好 p 胜过 q 跟对 r 的出现或不出现没有要求的情况下偏好 p 胜过 q 不是同一个偏好。

因此，当我们把注意力集中在偏好的“整体”性质上时，乍看是因为偏好逻辑的半－外延性质引起的悖论感觉就消失殆尽了。

B8 图表证明方法

考虑任意的 P-表达式。根据变形规则我们把它变形成一个 P-构件的分子复合式。于是，我们把分子复合式变成它的完美的析取范式（把 P-构件看做简单的句子）。这个范式是由 P-构件和（或）P-构件的否定的合取形成的析取。我们将这个范式称为原先 P-表达式的（完美析取）范式。

有一种方便方法来验证 P-表达式的范式的合取是否是一致的，通过利用包含点和箭头的图表。我们把每一个状态－描述用平面上的一个点表示，这里说的状态是指在符号 P 左边和右边的 P-构件。对于合取式中的每一个非否定的 P-构件，我们用一个箭头表示，箭头从表示符号 P 左边的状态－描述指向右边的状态－描述。如此画出非否定的 P-构件后，我们按照下面的规则完成整个图表：如果从第一点到第二点有一个箭头，从第二点到第三点有一个箭头，那么从第一点到第三点必须有一个箭头。这样完成的图表表示 P-构件和（或）P-构件的否定的合取是一致的，当且仅当，下面两个条件成立：

（1）没有两个点之间有相反方向的两个箭头。(偏好的非对称性。)

（2）没有两个点表示合取的某个否定的 P-构件的左边和右边的状态－描述，并且有一个箭头，从符号 P 左边的状态－描述指向 P 右边的状态－描述。

如果 P-表达式范式的所有合取式都是不一致的，我们就可以得到结论说 P-表达式的否定是一个 P-重言式。

我们将使用图表方法证明公式 $(pP\sim p)\&(\sim qPq)\&\sim(pPq)$ 是不一致的。首先，把这个公式变形成一个 P-构件的分子复合式，我们就得到下面的公式

$$((p\&q)P(\sim p\&q))\&((p\&\sim q)P(\sim p\&\sim q))$$
$$\&((p\&\sim q)P(p\&q))\&((\sim p\&\sim q)P(\sim p\&q))$$
$$\&\sim((p\&\sim q)P(\sim p\&q))。$$

这个公式已经是完美的析取范式了。(它是一个项的析取式。)

图 B1 是对合取式中四个非否定 P-构件的表示。

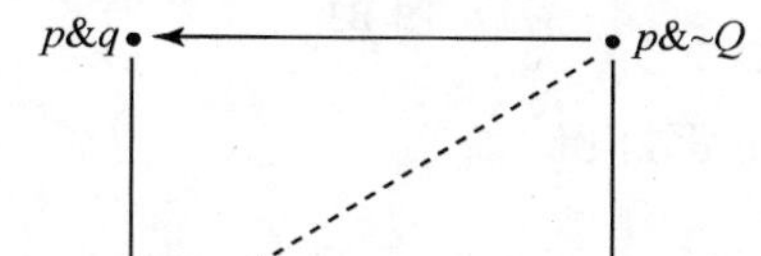

图 B1

当我们根据传递性完成图 B1 时，我们使用虚线箭头。

公式的不一致性（自相矛盾）可以从以下事实看出：有一个箭头（即虚线箭头）从符号 P 左边的状态描述指向 P 右边的状态描述，在一个否定的 P-构件中（即合取肢“$(p\&\sim q)P(\sim p\&q)$”）。

因为公式 $(pP\sim p)\&(\sim qPq)\&\sim(pPq)$ 是不一致的，因此它的否定一定是重言式。根据明命题逻辑的规则，它的否定重言等值于公式 $(pP\sim p)\&(\sim qPq)\rightarrow(pPq)$。这个公式在前面已经证明了是 P-重言式。

更有意思的是，我们可以利用包含点和箭头的图表证明偏好逻辑的下列元定理。

（1）公式$(pP\sim p)\&(qP\sim q)\&\sim(pPq)$是一致的。这说的是“就两个好事态而言，一个会比另一个更好一些（更坏一些）”。

（2）公式$(\sim pPp)\&(\sim qPq)\&\sim(pPq)$是一致的。这说的是“就两个坏事态而言，一个会比另一个更坏一些（更好一些）”。

第一个定理可以由图 B2 证明。

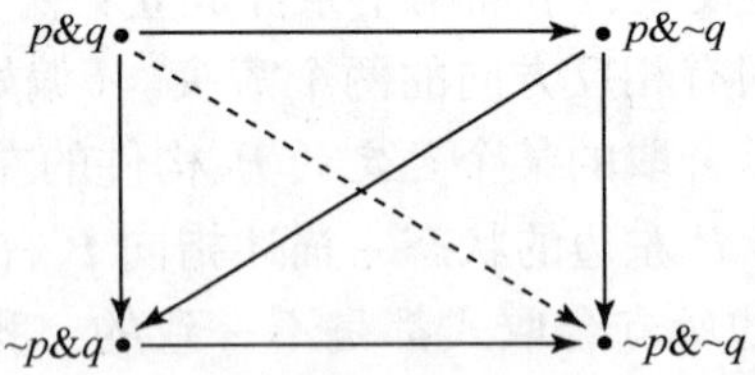

图 B2

第二个定理可以由图 B3 证明。

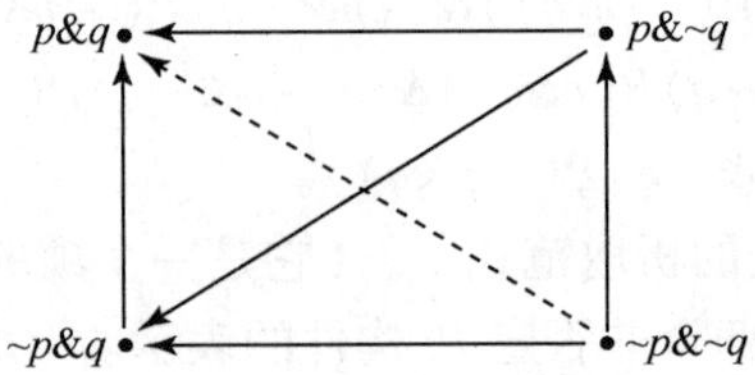

图 B3

图 B4 表示状态 p 和 q 都好：

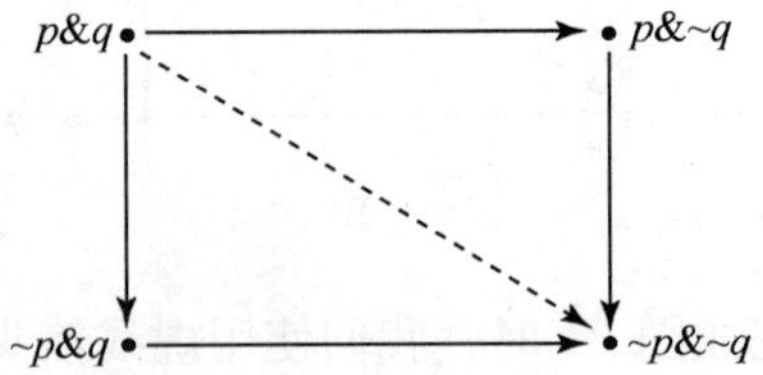

图 B4

对角线的箭头，即从表示状态 $p\&q$ 的点指向表示状态 $\sim p\&\sim q$ 的点必须存在，这是因为有传递性。从图 B4 可以“读出”下面偏好逻辑的定理：“两个好的状态同时出现比其中一个出现更好，也比两个都不出现更好。”

B9　关于无殊性的理论

此外，冯莱特特别研究了无殊的状态。他把一个既不好也不坏的状态称为其本身是无殊的（indifferent）。可以写出其形式定义：“p 本身是无殊的” = “$\sim(pP\sim p)\&\sim(\sim pPp)$”。

两个状态中没有一个比另一个更受偏好，我们称它们是“相互之间”(between themselves)无殊的。定义是：“p 和 q 相互之间是无殊的” = “$\sim(pPq)\&\sim(qPp)$。”

我们可以引入一个符号 I 表示无殊性。表达式 pIq 表示 p 和 q 相互之间是无殊的，$pI\sim p$ 表示 p 本身是无殊的。

考虑两个状态 p 和 q，它们本身分别是无殊的。那么 p 和 q 之间是否一定是无殊的？即 $(pI\sim p)\&(qI\sim q)\rightarrow(pIq)$ 是重言式吗？

这个公式是下面公式的简化：

$$(\sim(pP\sim p)\&\sim(\sim pPp)\&\sim(qP\sim q)\&\sim(\sim qPq))\rightarrow(\sim(pPq)\&\sim(qPp))$$

如果我们把这个公式变形为 P-构件的分子复合式，就得到

$$\begin{aligned}&(\sim((p\&q)P(\sim p\&q))\&\sim((p\&\sim q)P(\sim p\&\sim q))\\&\&\sim((\sim p\&q)P(p\&q))\&\sim((\sim p\&\sim q)P(p\&\sim q))\\&\&\sim((p\&q)P(p\&\sim q))\&\sim((\sim p\&q)P(\sim p\&\sim q))\\&\&\sim((p\&\sim q)P(p\&q))\&\sim((\sim p\&\sim q)P(\sim p\&q)))\\&\rightarrow(\sim((p\&\sim q)P(\sim p\&q))\&\sim((\sim p\&q)P(p\&\sim q)))\end{aligned}$$

如果我们重新引入 I 的简化写法，上面的公式可以写成以下形式：

$$\begin{aligned}&(((p\&q)I(\sim p\&q))\&((p\&\sim q)I(\sim p\&\sim q))\\&\&((p\&q)I(p\&\sim q))\&((\sim p\&q)I(\sim p\&\sim q)))\\&\rightarrow(p\&\sim q)I(\sim p\&q)\end{aligned}$$

这是一个 P-构件的复合式，利用真值表可以证明它不是 P-重言式。更简单的证明可以通过图表获得。图 B5 说明，当两个状态之间是无殊的，有可能其中一个比另一个更受偏好。

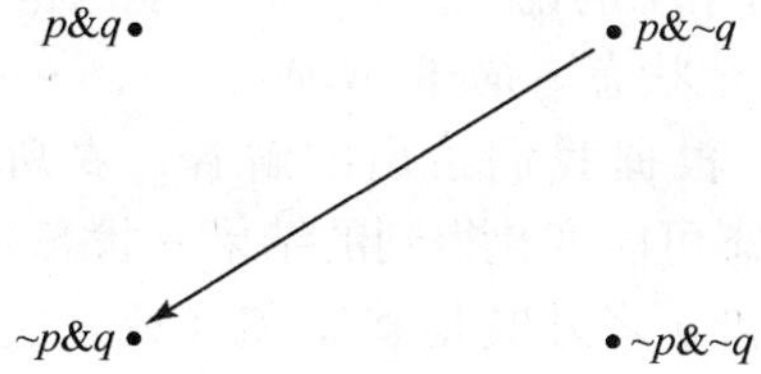

图 B5

在图 B5 中，在表示状态 - 描述的 $p\&q$ 和 $\sim p\&q$ 两点之间没有箭头，在表示状态 - 描述的 $p\&\sim q$ 和 $\sim p\&\sim q$ 两点之间也没有箭头。这说明 p 本身是无殊的。同样，在表示状态描述 $p\&q$ 和 $p\&\sim q$ 的两点之间没有箭头，在表示状态描述的 $\sim p\&q$ 和 $\sim p\&\sim q$ 的两点之间也没有箭头。这说明 q 本身是无殊的。在表示状态 $p\&\sim q$ 和 $\sim p\&q$ 的状态的两点之间有一个箭头。这表明 p 比 q 更受偏爱。以上提及的关于无殊性和偏好的三个事实就这样在同一个图中得以表示，这是它们之间逻辑兼容性的一个证明。

再考虑两个状态 p 和 q，它们之间是无殊的。假设比第三个状态 r 更受偏爱。那么，是不是 q 一定比 r 更受偏爱？表达式 $(pIq)\&(pPr)\rightarrow(qPr)$ 是偏好 - 重言式吗?

用真值表或图表可以证明，对上面问题的回答是否定的。当然，不可能 p 和 q 之间无殊，p 比 r 更受偏爱并且 r 比 q 更受偏爱。（因为这会跟传递性和无殊性的定义相抵触。）但是，以下情况则是可能的：p 和 q 之间无殊，p 比 r 更受偏爱，q 不比 r 更受偏爱，r 也不比 q 更受偏爱。（q 和 r 本身是无殊的。）

当两个状态或者都比第三个状态更受偏爱，或者第三个状态比它们更受偏爱，或者三个状态相互之间是无殊的，我们称这两个状态跟第三个状态具有相同的值。公式 $(pIq)\ \&\ (pPr)\rightarrow(qPr)$ 不是重言式的事实可以用来说明两个状态之间的无殊性并不蕴涵两个状态相对于其他任何一个状态具有相同的值。

也许有人会认为关于无殊性的这些结论并不十分令人满意。本身无殊的状态相互之间不应该也是无殊的？相互之间是无殊的状态不应该对其他所有的状态而言具有相同的值？因此，我们难道不应该修改关于无殊性的定义使得这个概念适合这两个条件?

但是，对此还有一种不同的回应。我们可以不去修订有关无殊性的定义，我们可以区分无殊性的两个概念。一个是*弱无殊性*（weak indifference）。这是我们已经定义的概念，我们已经引进了符号 I 来表示。另一个是*强无殊性*（strong indifference）。这个概念还没有定义。冯莱特把强无殊性叫做（值 -）相等，用符号 E 表示。

这里，区分无殊性两个概念的原因与偏好的“整体”性质有联系。

考虑有三个变元 p、q 和 r 的论域。有 8 种可能的世界状态，可以在这个论域中进行描述。它们是用 8 个状态 - 描述 $p\&q\&r$，…，$\sim p\&\sim q\&\sim r$ 描述的状态。

表达式 pPq 意思是，根据我们给出的解释，在所有的情况下，$p\&\sim q$ 比 $\sim p\&q$（作为当下世界状态可能变化得到的结果 - 状态）更受偏爱。短语“所有的情况”指的是“除 p 和 q 之外其他状态和（或）它们的否定构成的所有合取”。偏好在“所有的情况下”都成立，这意味着，$p\&\sim q$ 与由状态和（或）其否定构成的任意合取的合取比 ~*p*&*q* 与由状态和（或）其否定构成的同一合取的合取更受偏爱。

如果世界的总状态是用变元 *p*、*q* 和 *r* 表示的，则“所有的情况”就是指状态 *r* 和 ~*r*。*p* 比 *q* 更受偏爱意味着，*p*& ~*q*&*r* 比 ~*p*&*q*&*r* 更受偏爱，并且，*p*& ~*q*& ~*r* 比 ~*p*&*q*& ~*r* 更受偏爱。

由此得出，表达式 ~(*pPq*) 将意味着，在一些情况下，*p*& ~*q* 不比 ~*p*&*q* 更受偏爱。（我们并不能推出，在一些情况下，~*p*&*q* 比 *p*& ~*q* 更受偏爱。）

例如，如果 *p*& ~*q*&*r* 比 ~*p*&*q*&*r* 更受偏爱，但 *p*& ~*q*& ~*r* 不比 ~*p*&*q*& ~*r* 更受偏爱，那么 *p*（无条件地）不比 *q* 更受偏爱。

因此，表达式 ~(*pPq*)& ~(*qPp*) 或 *pIq* 将意味着，在一些条件下，状态 *p*& ~*q*不比状态 ~*p*&*q* 更受偏爱，并且，在一些情况下，状态 ~*p*&*q* 不比状态 *p*& ~*q*更受偏爱。注意，这里出现的两个“一些”并不一定指的是同一个情况。

因此下面的情况是可能的：例如，*p* 和 *q* 相互之间是无殊的，这是因为在情况 *r* 下，*p* 不比 *q* 更受偏爱，*q* 也不比 *p* 更受偏爱，在情况 ~*r* 下，*q* 不比 *p* 更受偏爱，但是 *p* 比 *q* 更受偏爱。下面的表达式

$$
\begin{aligned}
&\sim[(p\&\sim q\&r)P(\sim p\&q\&r)]\\
&\&[(\sim p\&q\&r)P(p\&\sim q\&r)]\\
&\&\sim[(\sim p\&q\&\sim r)P(p\&\sim q\&\sim r)]\\
&\&[(\sim p\&q\&\sim r)P(p\&\sim q\&\sim r)]
\end{aligned}
$$

蕴涵表达式 ~(*pPq*)& ~(*qPp*)，即 *pIq*。

不像偏好，无殊性不是“在所有情况下”的一个态度，而是“在一些情况下”的态度。正像我们所定义的那样，无殊性在与偏好相同的意义上说不是无条件的，相反，无殊性是无条件的。所以我们正在寻找的强无殊性的概念就是一个“无条件的无殊性”或“在所有情况下的无殊性”。我们把这个概念称作（值 -）相等。定义如下。

状态 *p* 和状态 *q* 的值相等意味着，没有情况使得状态 *p*& ~*q* 比状态 ~*p*&*q* 更受偏好，反之亦然。

如果一个状态和它的矛盾状态的值相等，我们将说这个状态（和它的矛盾状态）的值为零。

值相等是比无殊性更强的一个概念，即值相等的两个状态相互之间一定是无殊的——但是相互之间无殊的两个状态不一定值相等。这可以从相等和无殊性的定义中直接得出。

一个状态的值为零比它本身是无殊的具有更强的意义。这也可以从定义中直接得到。

关系 E 是对称的。可以从关系的定义和以下的事实证明：如果我们在表达式 $\sim(pPq)\&\sim(qPp)$ 中用 q 替换 p，用 p 替换 q，就得到重言等值的表达式 $\sim(qPp)\&\sim(pPq)$。

关系 E 是传递的。这是“自明的”。

状态 p 与状态 q 的值相等，当且仅当，状态 $p\&\sim q$ 与状态 $\sim p\&q$ 的值相等。第一个相等意味着，根据我们的定义，没有情况使得状态 $p\&\sim q$ 比状态 $\sim p\&q$ 更受偏爱。第二个相等意味着，没有情况使得状态 $p\&\sim q\&\sim(\sim p\&q)$ 比状态 $\sim p\&q\&\sim(p\&\sim q)$ 更受偏好。但是 $p\&\sim q$ 与 $p\&\sim q\&\sim(\sim p\&q)$ 是相同的状态，$\sim p\&q$ 与 $\sim p\&q\&\sim(p\&\sim q)$ 是相同的状态。

状态 $p\vee q$ 与 r 的值相等，当且仅当，状态 $p\&q\&\sim r$ 与状态 $\sim p\&\sim q\&r$ 的值相等，并且，状态 $p\&\sim q\&\sim r$ 与状态 $\sim p\&\sim q\&r$ 的值相等，并且，状态 $\sim p\&q\&\sim r$ 与状态 $\sim p\&\sim q\&r$ 的值相等。这同样是“自明的”。据此和值相等关系的对称性可以得到对以下情况成立的一个分配规则：单个的状态 p 与状态 $q\vee r$ 的值相等。

令 r 是一个不同于 p 和 q 的状态，它本身也不是其他状态的真值函数。那么 p 与 q 的值相等，当且仅当，$p\&r$ 与 $q\&r$ 的值相等，并且 $p\&\sim r$ 与 $q\&\sim r$ 的值相等。我们可以用归谬法从值相等的定义中对此做出证明。假设，在某些情况下，$p\&r$ 比 $q\&r$ 更受偏爱，或者 $q\&r$ 比 $p\&r$ 更受偏爱。那么在某些情况下，即那些包含 r 的情况，p 比 q 更受偏爱或者 q 比 p 更受偏爱。这就与 p 和 q 的值相等的事实相矛盾。因此，如果 p 与 q 的值相等，则 $p\&\sim r$ 与 $q\&\sim r$ 的值一定相等。接着，我们假设在某些情况下，p 比 q 更受偏爱，或者 q 比 p 更受偏爱。这些情况或者包含 r 或者包含 $\sim r$。如果是第一种情况，$p\&r$ 与 $q\&r$ 的值不能相等。若是第二种情况，$p\&\sim r$ 与 $q\&\sim r$ 的值不能相等。因此，如果 $p\&r$ 与 $q\&r$ 的值相等，$p\&\sim r$ 与 $q\&\sim r$ 的值相等，则 p 与 q 的值一定相等。

所谓*原子的 E-表达式*指的是这样的表达式，它由符号 E 和（原子的或分子的）命题逻辑表达式位于其左右两边构成。原子的 E-表达式和它们的分子复合式被称为 E-表达式。对于这些表达式的逻辑研究可以被称为值－相等的逻辑（logic of value-equality）。

适用于 P-表达式的“合取”、“分配”和“扩充”运算对 E-表达式而言也是有效的。因此我们可以适当调整前面介绍的方法，把任意给定的 E-表达式变形为一个由 E-构件组成的分子复合式。一个 E-表达式的 E-构件表示一个世界的两个总状态之间的值相等，这里说的状态是可以在 E-表达式决定的论域中进行描述。

任意给定的 E-表达式对它的 E-构件而言是什么样的真值函数，这是可以用真值表进行研究或判定的。在构件上的真值分配只受两个条件的限制，即值相等关系的对称性和传递性。

容易看出，下面的五个公式是E-重言式：

$$(pEq)\rightarrow(qEp) \tag{B7}$$

$$(pEq)\&(qEr)\rightarrow(pEr) \tag{B8}$$

$$(pEq)\leftrightarrow(p\&\sim q)E(\sim p\&q) \tag{B9}$$

$$\begin{aligned}(p\vee q)E(r\vee s)\leftrightarrow(&(p\&\sim r\&\sim s)E(\sim p\&\sim q\&r)\\ &\&(p\&\sim r\&\sim s)E(\sim p\&\sim q\&s)\\ &\&(q\&\sim r\&\sim s)E(\sim p\&\sim q\&r)\\ &\&(q\&\sim r\&\sim s)E(\sim p\&\sim q\&s))\end{aligned} \tag{B10}$$

$$pEq\leftrightarrow((p\&r)E(q\&r)\&(p\&\sim r)E(q\&\sim r)) \tag{B11}$$

利用真值表可以证明下面的公式是E-重言式：

$$(pE\sim p)\ \&\ (qE\sim q)\ \rightarrow\ (pEq) \tag{B12}$$

我们把式（B12）中的（$pE\sim p$）用表达式（$p\&q)E(\sim p\&q$）与（$p\&\sim q)E(\sim p\&\sim q$）的合取代替，把（$qE\sim q$）用表达式（$p\&q)E(p\&\sim q$）与（$\sim p\&q)E(\sim p\&\sim q$）的合取代替，把（$pEq$）用表达式（$p\&\sim q)E(\sim p\&q$）代替。这样，式（B12）就变形为下面的由$E$-构件形成的复合式：

$$\begin{aligned}&((p\&q)E(\sim p\&q)\&(p\&\sim q)E(\sim p\&\sim q)\\ &\&(p\&q)E(p\&\sim q)\&(\sim p\&q)E(\sim p\&\sim q))\\ &\rightarrow(p\&\sim q)E(\sim p\&q)\text{。}\end{aligned}$$

我们立即可以看出，对称性和传递性的限制条件排除了五个构件的真值组合情形$TTTTF$。因此，这个表达式是E-重言式。

这个公式的意思用自然语言表达就是：值为零的两个状态是值相等的。

我们也可以用原子的P-表达式和原子的E-表达式形成“固定的”分子组合式。我们可以称它们为PE-表达式。我们把关于PE-表达式的形式理论称作偏好和值相等的逻辑。

给定任意固定的表达式，根据P-表达式和E-表达式的变形规则，我们可以把它变形为一个由构件表达式形成的分子复合式。我们同样可以使用真值表来研究给定的表达式是否是重言式。

对于给定的PE-表达式的P-构件和E-构件的真值分配，需要遵循下面三个限制条件。

（1）形如w_1Pw_2和w_2Pw_1的构件不能同时为真（在同一真值赋值下）。

（2）如果形如w_1Pw_2，w_2Pw_3，…，$w_{n-1}Pw_n$，w_nPw_n的序列的前$n-1$个构件都是真的，那么第n给构件也必须为真。

（3）如果形如 w_1Ew_2 的一个构件为真，那么任意两个包含“w_1”和（或）“w_2”的 *PE*- 构件，并且其中一个可以通过把另一个中的“w_1”替换成“w_2”和（或）把“w_2”替换成“w_1”得到，那么这两个构件的真值必须相同。

规则（3）实际上在说，世界的值相等的总状态相对于世界的其他状态而言具有相同的值。这符合真值赋值的限制条件，即，关系 E 是对称性和传递性所要求的。

例如，假设有两个构件“w_1Ew_2”和“w_2Ew_1”。其中，每一个都可以通过把另一个构件中“w_1”替换成“w_2”和“w_2”替换成“w_1”得到。因此，如果“w_1Ew_2”是真的，“w_2Ew_1”必须为真。这样对称性所要求的条件就得到满足。假设有三个构件“w_1Ew_2”、“w_2Ew_3”和“w_1Ew_3”。其中，把第三个中的 w_1 替换成 w_2 就得到第二个构件。假设第一个构件被指派为真，那么第二个和第三个必须指派同一真值。因此，特别是，如果第二个构件为真，第三个一定为真。这满足传递性的要求。

除了真值表，包含点和箭头的图表也被用来检验一个 *PE*- 表达式是否是一个重言式。可以先把表达式变形为由构件组成的复合式。再把这个复合式变形为它的完美的析取范式。这是由 *P*- 构件和 *E*- 构件和（或）*P* 构件的否定和 *E*- 构件的否定组成的合取式的析取式。用图表示这个范式中的合取式。

构造图表的规则如下。

我们把出现在 *PE*- 构件中的状态描述用平面上的点表示。

我们把合取式的非否定的 *P*- 构件用一个箭头表示，箭头从符号 *P* 左边的表示状态－描述的点指向右边的表示状态－描述的点。

用以下两步完成图：

第一，我们考虑两个点，它们是对合取式的非否定的 *E*- 构件的状态－描述。如果有一个箭头链接这两个点中的一个和图中其他点，那么一定有另一个箭头链接这两个点中的另一个和图中的其他点。如果上面所说的第二个箭头在图中还没有出现，那么我们必须添加。

第二，我们确定是否有从第一个点到第二个点的箭头、第二个点到第三个点的箭头，但却没有从第一个点到第三个点的箭头。如果存在这样的情况，我们添加一个从第一个点到第三个点的箭头。

这样完成的图表所表示的是由 *P*- 构件、*E*- 构件和（或）*P*- 构件的否定、*E*- 构件的否定形成的一个一致的合取式，当且仅当，它满足下面三个要求：

（1）在图中不存在用双箭头链接的两个点。

（2）不存在一个箭头从第一个点指向第二个点，使得第一个点表示某些否定的 *P* 构件中符号 *P* 左边的状态－描述，第二个点表示符号 *P* 右边的状态－描述。

(3) 如果两个点表示某个否定的 E- 构件中的状态 - 描述，那么一定存在一个箭头指向其中一个点或者从一个点出发到图中的其他点，而这个点与两点中的另一点没有相同的箭头链接。如果不存在这样的箭头，我们必须添加它到图中。添加箭头后的图要满足 (1) (2) 的要求。

如果所有具有范式形式的 EP- 表达式的合取式都是不一致的，那么 EP- 表达式的否定是一个 EP- 重言式。

图 B6 证明以下的公式是一个 EP- 重言式：

$$(pEq)\&(pPr)\to(qPr) \tag{B13}$$

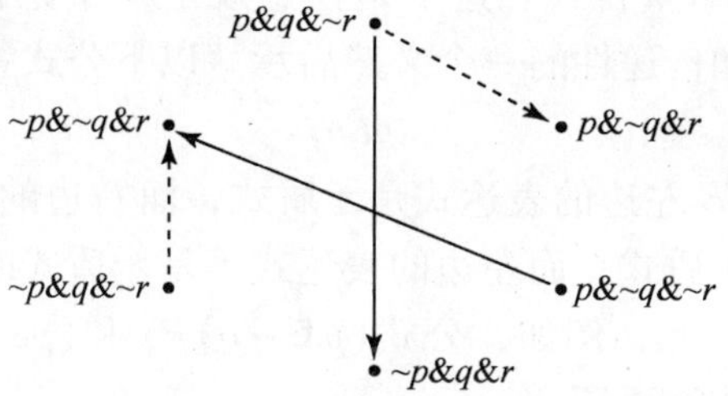

图 B6

从（表示状态 - 描述的）点 $p\&q\&\sim r$ 到 $\sim p\&q\&r$ 的箭头和从 $p\&\sim q\&\sim r$ 到 $\sim p\&\sim q\&r$的箭头表明状态 p 比状态 r 更受偏爱。从（表示状态 - 描述的）点 $p\&q\&\sim r$ 到 $p\&\sim q\&r$ 的带点箭头是为状态 $\sim p\&q\&r$ 和 $p\&\sim q\&r$ 的值相等所要求的。从 $\sim p\&q\&\sim r$ 到 $\sim p\&\sim q\&r$ 的带点箭头是为状态 $p\&\sim q\&\sim r$ 和 $\sim p\&q\&\sim r$ 的值相等所要求的。这两个值相等的条件共同构成了 p 和 q 的值相等。两个虚线箭头共同表示状态 q 比 r 更受偏爱。这两个虚线箭头必然出现在合取式 (pEq) & (pPr) 的图中的事实表明合取式$(pEq)\&(pPr)\&\sim(qPr)$是不一致的。因此，它的否定，即重言等值于式（B13），就是一个重言式。

把一个公式变形成它的构件的复合式就是要把符号 P 和 E 左右两边的公式替换成它们的完美析取范式。这一步是在对给定公式中的原子的 P- 和（或）E- 表达式实行“合取”运算后而进行的。

假设符号 P 或 E 的左右两边的公式是矛盾式（根据命题逻辑的法则）。那么它的完美析取范式就“消失了”。它是一个 O- 项析取式。这是另一种方式说矛盾的公式没有完美的析取范式。因此我们必须给出具体的规则处理 P- 或 E- 左右两边的表达式是矛盾式的情形。

(1) 当符号 P 左右两边的表达式都是矛盾式时，P- 表达式本身被看做逻辑为假的。换句话说，它的否定就是一个 P- 重言式。这不是任意规定一个条件，相反，它是偏好关系具有非对称性和传递性的一个必然后承。以下公式一定是一个 P-重言式：

$$\sim(pPp) \tag{B14}$$

如果我们对其实施“合取”运算，就得到“$\sim((p\&\sim p)P(p\&\sim p))$”。如果我们用“$O$”表示一个消失的完美析取范式，我们可以把上面的表达式变成“$\sim(OPO)$”。“OPO”可以被看做一个 P-构件，在真值表中总是被指派为“假”。这样，我们就证明了式（B14）是一个 P-重言式。

（2）当符号 E 左右两边的表达式都是矛盾式时，E-表达式被看做逻辑为真的。换句话说，它是 E-重言式。这不是任意规定一个条件，相反，它是（值）相等关系具有对称性和传递性的一个必然后承。以下公式一定是一个 E-重言式。

$$pEp \tag{B15}$$

（3）当符号 P 或 E 左边的表达式是矛盾式，而右边的表达式不是矛盾式时，或者右边的表达式是矛盾式，而左边的表达式不是矛盾式时，没有规则说明公式的真值必然是什么。因此，例如，公式$(p\&\sim p)Pq$ 和$(p\&\sim p)Eq$ 在我们系统中既不能被证明，也不能被否证。

当符号 P 或 E 左边或右边的表达式是重言式时，实施“合取”运算之后，这种情况就变成了符号 P 或 E 左边或右边的表达式是矛盾式的情形。

专有名词汉英对照

B

保守的偏好　conservative preference
保守的信念修正　conservative belief revision
包含冒险的偏好　preference involving risk
表示定理　representation theorem
博弈论　game theory
部分函数　partial function
不包含冒险的偏好　preference not involving risk
不确定性　uncertainty
不完全信息　incomplete information
不相交并　disjoint union
不相容的　imcompatible

C

策略　strategy
测试　test
乘积更新　product update
传递性　transitivity
词典顺序的　lexicographic
从质的　qualitative
簇　cluster
存在模态词　existential modality

D

代入　substitution
代数　algebra
道义的　deontological
道义逻辑　deontic logic
典范模型　canonical model
迭代　iteration
动态逻辑　dynamic logic
动态认知逻辑　dynamic epistemic logic
动态转向　dynamic turn
多主体　multi-agent

F

范式　normal form
非对称性　asymmetry
分配的　distributive
分配　distribution
负内省　negative introspection
复杂性　complexity

G

概率　probability
个体对象　object
更好　better
更坏　worse
更新　update
公开宣告逻辑　public announcement logic
公共知识　common knowledge

公设　postulate
关系转化算子　relation transformer
规范的　normative
归纳公理　induction axiom
规约的语言　reduced language
规约公理　reduction axiom

H

好　good
坏　bad
合取　conjunction
合作的主体　cooperative agents
互模拟　bisimulation
霍恩子句　Horn clause

J

价值　value
价值论的　axiological
激进的信念修正　radical belief revision
建议　suggestion
结构模型　structured model
揭示的偏好　revealed preference
禁止　prohibit
竞争的主体　competitive agents
决策论　decision theory
决定性偏好　decisive preference
局部更新　local update
均衡　equilibrium

K

可比较性　comparability
可废止的条件句　defeasible conditionals
可靠性　soundness
可能世界　possible world
扩充　amplification
扩展的语言　extended language

L

链接剪切　link cutting
连通的　connected
量化　quantitative
逻辑　logic
逻辑原子主义　logical axiomism
伦理联结词　ethical connectives
论域　universe of discourse

M

命令　command
命题　proposition
命题动态逻辑　propositional dynamic logic
模态对应理论　modal correspondence theory
模态逻辑　modal logic
模型　model
目标　goal
目标基　goal base

N

内在偏好　intrinsic preference
内省　introspection
逆　converse

O

欧性类　Euclidean class

P

偏好　preference
偏好改变　preference change
偏好关系　preference relation
偏好构件　preference-constituent
偏好的聚合　preference aggregation
偏好逻辑　preference logic
偏好升级　preference upgrade
偏序　partial order

Q

其他情形均同　*ceteris paribus*
前序　pre-order
嵌入关系　entrenchment relation
强无殊性　strong indifference
球形语义　sphere semantics
全称模态词　universal modality
全称关系　universal relation
全局更新　global update
权利　right
缺省推理　default reasoning
缺省逻辑　default logic

R

人类学的　anthropological
认知逻辑　epistemic logic
认知偏好逻辑　epistemic preference logic
弱无殊性　weak indifference

S

慎思的偏好　deliberate preference
升级　upgrade
事后条件　postcondition
事件模型　event model
事前条件　precondition
似乎合理性　plausibility

T

替换　replacement
提升　lifting
条件偏好　conditional preference
条件信念　conditional belief

W

外在偏好　extrinsic preference
完全性　completeness
无殊的　indifferent

X

显示性偏好　revealed preference
限制推理　circumscription
线性序　linear order
相对化　relativization
相容的　compatible
向后的更新　backward-looking update
效益函数　utility function
效益理论　utility theory
邪恶　evil
信念　belief
信念融合　belief merge
信念修正　belief revision
行为　action
需要　need
蓄意破坏博弈　sabotage game
选择　choice

Y

遗憾　regret
意图　intention
义务　obligation
一般的　generic
一贯性　coherence
有穷模型性　finite model property
优先基　priority base
优先图　priority graph
优先性　priority
优先性更新　priority update
优先性基础　priority base
优先序列　priority sequence
优先选择　preferential choice
优选论　optimality theory
优越于　superior
愿望　desire

原因　reason
原子的　atomic
与…一样好　equally good as
约束条件　constraint
允许　permission

Z

整体的　holistic
正内省　positive introspection
知识　knowledge
职责　duty
职责以外的问题　problem of supererogation
主体　agent
转换　transition
状态－描述　state-description
准线性序　quasi-linear order
准序　quasi-order
自返性　reflexivity
字母排序最小化　leximin ordering
最好－显现序　best-out ordering